當才子

遇

上

孟子

[明] 張岱 著

陳麗 編譯

中華書局

目 錄

序 　　　　　　　　　　　　　　　　　　　　　　　　　　　　一

張岱《四書遇》自序 　　　　　　　　　　　　　　　　　　　五

梁惠王上 ————————————————————————— 九

梁惠王下 ————————————————————————— 四一

公孫丑上 ————————————————————————— 七九

公孫丑下 ————————————————————————— 一一三

滕文公上 ————————————————————————— 一四三

滕文公下 ————————————————————————— 一六九

離婁上 ——————————————————————————— 一九七

離婁下 ——————————————————————————— 二四七

萬章上 ——————————————————————————— 三〇三

萬章下 ——————————————————————————— 三三三

告子上 —————————————————————————— 三六三

告子下 —————————————————————————— 四〇七

盡心上 —————————————————————————— 四四一

盡心下 —————————————————————————— 五〇五

序

　　錢穆先生曾開過一個書單，列出他認為中國人必讀的九本書。在這張書單上，我們常說的四書——《大學》《中庸》《論語》《孟子》——佔了四席，由此足見錢先生對於它們的認可與推崇。

　　四書是每個中國人繞不開的經典，但它們享有這樣的待遇，是在問世一千四百多年後的宋朝。當時，程頤和朱熹特別重視《禮記》中的《大學》和《中庸》兩篇文章，於是把它們抽出來變成兩個單行本，加上《論語》《孟子》，集為一套四本，稱作「四子書」或「四書」。

　　朱熹還傾注心血為四書作注解，編成《四書章句集注》。四書逐漸代替漢唐的大學教材五經，成為儒家文化的核心和基礎，家傳戶誦。朱注也成為官學正統，甚至被奉為科考的唯一標準，不僅代表了政治正確，更關係到讀書人的前途。直到陽明心學在明朝中期興起，朱注的大一統地位才開始受到挑戰。

　　明朝才子張岱的語錄體讀書札記《四書遇》，即是拋開朱注，從心學角度解讀四書的一本代表性作品。

　　張岱字宗子，又字石公，號陶庵，別號蝶庵居士，山陰（今浙江紹興）人。他的高祖張天復、曾祖張元忭、祖父張汝霖三代都是進士，且都做過高官，父親張耀芳也擔任過明藩王魯王府的右長史——相當於今天省級單位的副祕書長。所以，張岱前半生一直過着逍遙自在的公子哥生活：「少為紈綺子弟，極愛繁華，好精舍，好美婢，好孌童，好鮮衣，好美食，好駿

馬，好華燈，好煙火，好梨園，好鼓吹，好古董，好花鳥，兼以茶淫橘虐，書蠹詩魔。」

明朝滅亡，張岱的快活日子也灰飛煙滅。他披髮入山，過起了讀書寫字的隱居生活。他晚年號六休居士，意思是：粗羹淡飯飽則休，破衲鶉衣暖則休，頹垣敗屋安則休，薄酒村醪醉則休，空囊赤手省則休，惡人橫逆避則休。這份不為物役的心境，一方面反映了他一貫的自由氣質，另一方面也說明了生活的窘迫。

作為令人驚豔的小品聖手，張岱雖被黃裳譽為「天下無與抗手」的散文第一名家，他的成就卻絕非「散文家」所能涵蓋。他在經學上的建樹，標誌就是語錄體的《四書遇》。

《四書遇》的獨特價值在於，它打破了朱熹舊注的壟斷，重現了四書生命之學和心性之學的本來面目。

張岱不甘拜伏在舊說成見面前，入乎耳，出乎口，做一個亦步亦趨、人云亦云的吃瓜群眾，而是創造了學習經典的一種新方式：遇。他在序中說：他讀四書，不因襲前人注解，而是在石火電光一閃間悟出某種妙解，強調有「遇」於心。也就是根據時時處處的體認，邂逅經典中蘊含的精義，做出創造性的解釋。

在《四書遇》中，張岱以過人的見識與靈動的語言，會通三教，六經注我，「把儒家經典、諸子百家語和禪宗機鋒語陶冶在一起，說得煞有介事，娓娓動聽，文采斐然，這是枯燥乏味的高頭講章和酸腐味極重的理學著作所不能比擬的。」（朱宏達語）

而與他在書中同台亮相的，不僅有同時代的學者，還有蘇東坡、程顥等前代大咖，基本都是各個時代最聰明的頭腦。他

們就四書的內容舌燦蓮花，旁徵博引，或者深談體悟，或者辨析疑義，時而惺惺相惜，時而激烈交鋒。今日讀來，猶如觀賞一台精彩紛呈的對話節目。

為了讓讀者體味「節目」中的獨到見解與連珠妙語，我們嘗試借用今日流行的微信朋友圈的形式展現。每個人的發言，則採取古文和白話譯文相對照的方式，如實呈現原文內容。

戰國人孟軻，繼承發揚孔子的思想，被尊為僅次於孔子的儒家宗師、「亞聖」。《孟子》一書，說「惻隱之心，人皆有之」，讓人們擴充這一善念，心居仁，行由義，其浩然之氣，發人警醒，其仁政愛民的思想，澤被百代。重溫《孟子》這部修養心靈、指導處世的經典，圍觀張岱與師友、前輩大家激辯孟子微言大義，對於今天的人們也一定不無裨益。

無論是朋友圈的現代形式還是盡可能平實的翻譯，我們的這些嘗試，都是為了幫助讀者更好地進入《四書遇》的世界，從中獲得啟發和助益。千慮一得，尚待驗證；掛一漏萬，在所難免。期待您的探討交流和批評指正！

編譯者

張岱《四書遇》自序

　　四書六經，自從被後人加上注解，原有的意趣就失去十之五六了，再被人加上詮釋，原有的意趣就失去十之八九，幾乎喪失殆盡了。所以前輩曾經說：「給六經加上注解，反而不如不加。」這些經典完完整整的幾句好文章，卻被後人的訓詁弄得零散破碎，真是太可惜了！

　　我自幼遵從祖父的教導，讀六經時從不看朱熹的注解，也不參考其他各派的注疏，以免先入為主。我只是正襟危坐，朗誦幾十遍正文，對其中的意思往往就能蕭然有所領悟。間或有一些內容自己無法弄通，就把它不加理解地牢記心中。然後過個一年或兩年，或者在讀別的書時，或者在聽別人聊天時，或者在觀賞山川風物、鳥獸蟲魚時，突然間有所感觸，對那些不理解的內容就會恍然大悟。

　　我把這些感悟整理出來，就成了這本《四書遇》。

　　之所以用「遇」字，就是說這些感悟不是在家裏碰到的，也不是在旅舍遇到的，而是旅途中偶然邂逅的。古代有一位大書法家文與可，偶爾看到路旁兩條蛇絞繞纏鬥，頓時領悟到草書的竅門；「草聖」張旭欣賞公孫大娘舞劍，觸發靈感而書藝大進。大概他們的心靈也是與什麼相遇了吧？

　　古人精思靜悟，對一個東西鑽研日久，忽然石火電光般徹悟，洞察到其精深微妙的變化，別人根本無從知道他的想法是從何處而來。現在的讀書人歷經十年苦讀，在風簷寸晷的科舉考場上，爭分奪秒地構思八股文章。而主考官在醉生夢死之

餘，忽然被某一篇投合了心意，就像磁鐵吸引鐵塊和琥珀吸引草芥一樣，相悅以解，全部注意力幾乎都被吸引過去。這種莫名奧妙的邂逅，真是讓人無法理解。我們繼續深究下去，人世間的色、聲、香、味、觸、法，沒有一樣的裏頭不存在可供相遇的途徑，就只等着與用心深邃的明眼人邂逅相遇，成為情投意合的朋友。

我在戰亂中逃離家鄉，兩年裏東奔西走，身無長物，所有的東西都統統扔掉了，唯獨把這部書稿藏在行李箱底，一頁都不曾丟掉。我還記得蘇東坡當年被貶官到海南島，在渡海時遇到了颶風，所坐的船眼看就要翻了。他自言自語說：「我的《易解》和《論語解》兩本書還沒有刊行問世，即使遇險也一定會逢凶化吉。」後來他果然平安抵達。我的這部書稿將來能不能遇到知己，和會不會遇到盜賊水火，都同樣是一個遇字啊。結果到底會怎樣，誰能輕易說得清呢？

原文：

六經四子，自有注腳而十去其五六矣，自有詮解而去其八九矣。故先輩有言，六經有解不如無解，完完全全幾句好白文，卻被訓詁講章說得零星破碎，豈不重可惜哉！

余幼遵大父教，不讀朱注，凡看經書，未嘗敢以各家注疏橫據胸中，正襟危坐，朗誦白文數十餘過，其意義忽然有省，間有不能強解者，無意無義，貯之胸中，或一年，或二年，或讀他書，或聽人議論，或見山川雲物、鳥獸蟲魚，觸目驚心，忽於此書有悟，取而出之，名曰《四書遇》。

蓋遇之云者，謂不於其家，不於其寓，直於途次之中邂逅遇之也。古人見道旁蛇鬥而悟草書，見公孫大娘舞劍器而筆法

大進，蓋真有以遇之也。古人精思靜悟，鑽研已久，而石火電光，忽然灼露，其機神攝合，政不知從何處着想也。舉子十年攻苦，於風簷寸晷之中構成七藝，而主司以醉夢之餘，忽然相投，如磁引鐵，如珀攝芥，相悅以解，直欲以全副精神注之，其所遇之奧窾，真有不可得而自解者矣。推而究之，色聲香味觸發中間，無不有遇之一窾，特留以待深心明眼之人，邂逅相遇，遂成莫逆耳。

余遭亂離兩載，東奔西走，身無長物，委棄無餘，獨於此書，收之篋底，不遺隻字。曾記蘇長公儋耳渡海，遇颶風，舟幾覆，自謂《易解》與《論語解》未行世，雖遇險必濟。然則余書之遇知己，與不遇盜賊水火，均之一遇也，遇其可易言哉？

梁惠王上

梁惠章

孟子見梁惠王。王曰：「叟！不遠千里而來，亦將有以利吾國乎？」

孟子對曰：「王！何必曰利？亦有仁義而已矣。王曰：『何以利吾國？』大夫曰：『何以利吾家？』士庶人曰：『何以利吾身？』上下交徵利而國危矣。萬乘之國，弒其君者，必千乘之家；千乘之國，弒其君者，必百乘之家。萬取千焉，千取百焉，不為不多矣。苟為後義而先利，不奪不饜。未有仁而遺其親者也，未有義而後其君者也。王亦曰仁義而已矣，何必曰利？」

✳ 譯文：

孟子去謁見梁惠王。惠王說：「老先生！您不辭辛勞自千里外前來，一定是有什麼建議能讓我的國家獲得利益吧？」

孟子答道：「大王！您為什麼一開口就說利益？只要講仁義就行了。大王假若說：『怎樣才能讓我的國家獲利呢？』大夫也說：『怎樣才能讓我的封地獲利呢？』那一般士子以至老百姓就都會說：『怎樣才能讓我本人獲利呢？』上上下下競相追逐私利，國家就危險了。在擁有一萬輛兵車的國家裏，反叛殺掉國君的，必定是擁有一千輛兵車的大夫；在擁有一千輛兵車的國家裏，殺掉國君的，必定是擁有一百輛兵車的大夫。大則萬中取千，小則千中取百，這些大夫的產業不能不說是很多的了。但是，假若輕公義重私利，不全部奪取是不會滿足的。從來沒

有重視『仁』卻遺棄父母的人，也沒有重視『義』卻怠慢君主的人。大王您也只講仁義就行了，何必提利益呢？」

朋友圈縱橫談

※ 張　岱

　　梁惠王用謙卑的言辭、豐厚的禮物招攬賢人，孟子到魏都大梁拜見了梁惠王，用「仁義」勸導他，梁惠王卻認為實行仁義是迂闊不切實的辦法，不能採用。當初，孟子在子思門下學習，曾經問：「治理民眾的措施，哪個優先？」子思回答：「給他們利益。」孟子就說：「行仁義就可以了，何必講什麼利益呢。」子思說：「仁義正是人民最大的利益。」「何必曰利」，是直接倡導仁義，「未嘗不利」是權且引導仁義。一部《孟子》教導君主的，都是因勢利導，可在「行仁義」這一大原則、大主意方面，決不放鬆。

原文：

　　魏惠王卑辭厚禮以招賢者，孟子至梁見之，導以仁義，王以為迂遠而闊於事情，不能用也。初，孟子師子思，嘗問牧民之道何先？子思曰：「利之。」孟子曰：「亦仁義而已矣，何必曰利。」子思曰：「仁義固所以利之也。」「何必曰利」是正說仁義，「未嘗不利」是權說。一部《孟子》告人君，都是將機就機，只是大主意不肯放手。

※ 徐儆弦

　　「義」和「利」這兩個字，可說是治國和學術的大關竅，搞通了此點，所謂純王、雜霸、君子、小人等等概念都會豁然看

透，所以《大學》講到這一點就結束了；而《商君書》言利的七篇，又從這裏開始。董其昌先生説過：「放棄仁義之説而專門講利益，是開啟臣子爭端；重視仁義的同時講利益，也不是匡正臣子心術的做法。」這是在闡發孟子的「何必曰」，妙得很。我把他的評論附在這裏備查。

原文：

　　徐儆弦曰：「義」「利」二字，是治道學術大關頭，明此則純王、雜霸、君子、小人皆一時勘破，故《大學》之傳，以此而終；七篇之書，以此而始。玄宰云：「釋仁義而專言利，固以啟臣子之爭端；談仁義而兼言利，亦非所以正臣子之心術。」發「何必曰」，甚妙，附此存之。

※ 湯若士

　　《孟子》書中所説，在上位的人不奪取就不滿足，決定了追求利益是勢所必然；「未有仁而遺其親者」和「未有義而後其君者」兩條，揭示出仁義是大道至理。

原文：

　　湯若士曰：上不奪不厭，決求利之勢所必至。兩「未有」字，決仁義之理所必至。

治上章

孟子見梁惠王。王立於沼上，顧鴻雁麋鹿，曰：「賢者

亦樂此乎？」

　　孟子對曰：「賢者而後樂此，不賢者雖有此，不樂也。《詩》云：『經始靈台，經之營之，庶民攻之，不日成之。經始勿亟，庶民子來。王在靈囿，麀鹿攸伏，麀鹿濯濯，白鳥鶴鶴。王在靈沼，於牣魚躍。』文王以民力為台為沼，而民歡樂之，謂其台曰『靈台』，謂其沼曰『靈沼』，樂其有麀鹿魚鱉。古之人與民偕樂，故能樂也。《湯誓》曰：『時日害喪，予及女偕亡。』民欲與之偕亡，雖有台池鳥獸，豈能獨樂哉？」

＊　譯文：

　　孟子去謁見梁惠王。梁惠王站在池塘邊，一面顧盼着鳥獸，一面説道：「賢人也享受這種快樂嗎？」孟子答道：「只有賢人才能夠享受這種快樂，不賢者縱使有這種快樂也是無法享受的。《詩經・大雅・靈台》篇説：『開始築靈台，經營復經營，大家齊努力，很快便落成。王説不要急，百姓更賣力。王到鹿苑中，母鹿正安逸。母鹿光且肥，白鳥羽毛潔。王到靈沼上，滿池魚跳躍。』詩歌描述，周文王雖然用了百姓的力量來興建高台深池，可是百姓非常高興，把那個台叫『靈台』，把那池沼叫『靈沼』，還為他有許多種類的禽獸魚鱉而高興。這是因為他肯和老百姓一同快樂，所以他能得到真正的快樂。夏桀卻與此相反。《湯誓》中記載着老百姓的怨歌：『太陽（代指夏桀）呀！你什麼時候滅亡呢？我寧肯跟你同歸於盡！』作為國家的帝王，竟使百姓怨恨到想要與他同歸於盡的程度，他縱然有高台深池、奇禽異獸，難道能夠獨自享受嗎？」

※ 張　岱

> 「賢者也以此（林池苑囿）為樂嗎？」梁惠王這一問，大有不安之意。孟子並不批評他的錯誤，也不打消他的興致，而是順着他的樂趣去點化、誘導，真是妙手啊！程頤夫子直諫皇帝春天勿折柳枝的做法，跟孟子比較起來，那可就差遠了。
>
> 原文：
>
> 「賢者亦樂此乎？」只此一問，便有不安之意。孟子不言其非，不掃其樂，就他樂處點化，是何等妙手！諫折柳枝，視此遠矣。

※ 艾千子

> 「偕樂」的觀念一出，胸中天地自然舒展，眼前的境界也自然活潑。上與下能共同歡樂之處，正是能使自己歡樂之處。
>
> 原文：
>
> 艾千子曰：即此「偕樂」一念，胸中之天地自舒，目前之境界自活。偕樂處，正是能樂處。

※ 張　岱

> 《說苑》裏面說，積累恩情為愛，積累愛成就仁，積累仁獲得靈。靈台之所以「靈」，正在於積累了仁。神靈是天地的本源，萬物的起始。

原文：

《說苑》曰：「積恩為愛，積愛為仁，積仁為靈。靈台所以為靈者，積仁也。神靈者，天地之本，而萬物之始也。」

※ 張　岱

夏桀耗盡百姓財物，建造瓊宮瑤台，以美玉裝飾門樓屋宇，把肉堆成山，肉脯攢成林，他的酒池裏能泛舟，釀酒產生的醪糟堆積十里長，一聲鼓響能讓三千人同時暢飲，夏桀的妃子妹喜以此為樂。關龍逢勸諫夏桀：「做君主的謙恭敬信，節儉用度，仁愛人民，天下就會安定，社稷、宗廟穩固。現在，君主您使用財貨似乎那是無窮無盡的，您殺起人來只怕殺得不夠多，人民唯恐您死得不夠早。人心散失了，上天也不保祐，為什麼不稍微改過呢？」桀回答說：「我擁有天下，跟天上有太陽一樣天經地義；太陽滅亡了，我才會滅亡。」他於是囚禁了關龍逢並殺掉，所以《湯誓》裏有「這個太陽什麼時候才滅亡，我跟你同歸於盡」的詩句。孟子談及靈台，又引用此事，正是從正面和反面來勸諫，針對梁苑之事十分貼切。

原文：

夏桀殫百姓之財，為瓊宮瑤台，瓊室玉門，肉山脯林，酒池可以運船，糟隄可以望十里，一鼓而牛飲者三千人，妹喜以為樂。關龍逢諫曰：「人君謙恭敬信，節用愛人，故天下安而社稷宗廟固。今君用財若無窮，殺人若不勝，民惟恐君之後亡矣。人心已去，天命不祐，盍少悛乎？」桀曰：「吾之有天下，猶天之有日也；日亡，吾乃亡矣。」遂囚逢而殺之，故《湯誓》有「時日害喪，予及女偕亡」之語。引靈台而復引此，正是一反一正，且於梁苑十分關切。

盡心章

梁惠王曰：「寡人之於國也，盡心焉耳矣。河內凶，則移其民於河東，移其粟於河內。河東凶亦然。察鄰國之政，無如寡人之用心者。鄰國之民不加少，寡人之民不加多，何也？」

孟子對曰：「王好戰，請以戰喻。填然鼓之，兵刃既接，棄甲曳兵而走。或百步而後止，或五十步而後止。以五十步笑百步，則何如？」

曰：「不可。直不百步耳，是亦走也。」

曰：「王如知此，則無望民之多於鄰國也。

「不違農時，穀不可勝食也；數罟不入洿池，魚鼈不可勝食也；斧斤以時入山林，材木不可勝用也。穀與魚鼈不可勝食，材木不可勝用，是使民養生喪死無憾也。養生喪死無憾，王道之始也。

「五畝之宅，樹之以桑，五十者可以衣帛矣；雞豚狗彘之畜，無失其時，七十者可以食肉矣；百畝之田，勿奪其時，數口之家可以無飢矣；謹庠序之教，申之以孝悌之義，頒白者不負戴於道路矣。七十者衣帛食肉，黎民不飢不寒，然而不王者，未之有也。

「狗彘食人食而不知檢，塗有餓莩而不知發；人死，則曰：『非我也，歲也。』是何異於刺人而殺之，曰『非我也，

兵也』？王無罪歲，斯天下之民至焉。」

✳ **譯文：**

梁惠王對孟子說：「我對於國家，真是費盡心力了。河內地方如果遭了饑荒，我便把那裏的一部分百姓遷移到河東，同時把河東的一部分糧食運到河內。假如河東遭了饑荒，也這樣救濟。我曾經考察過鄰國的政治，沒有一個君主能像我這樣替百姓打算的。可是，那些鄰國的百姓並不因此減少，我的百姓並不因此增多，這是什麼緣故呢？」

孟子答道：「大王您喜歡戰爭，我就用戰爭來打個比喻吧。戰鼓咚咚一響，槍尖刀鋒一接觸，就有士兵拋下盔甲拖着兵器逃跑。有的一口氣跑了一百步停住腳，有的一口氣跑了五十步停住腳。那些跑五十步的戰士來恥笑跑一百步的貪生怕死，行不行？」

梁惠王說：「不行，他只不過沒有跑到一百步罷了，同樣是逃跑了。」

孟子說：「大王既然懂這個道理，那就不要再希望你的百姓比鄰國多了。

「只要在農民耕種收穫的季節，不去妨礙生產，糧食便會吃不盡。如果不用過密的漁網到大的池沼裏去捕魚，魚類也會吃不完。砍伐樹木遵循一定的時令，木材也會用不盡。糧食和魚類吃不完，木材用不盡，這樣便使百姓對養生送死沒有什麼不滿。百姓對於養生送死都沒有什麼不滿，就是王道的開端。

「在五畝大的宅園中，種植桑樹，那麼，五十歲以上的人都可以穿上絲綿襖了。雞、狗與豬等家畜，若家家都有工夫去飼養，七十歲以上的人就都可以有肉吃了。一家人百畝的耕地，不要去妨礙他們的生產，幾口人的家庭可以吃得飽飽的。用心

辦些學校，用孝順父母敬愛兄長的道理訓導他們，那麼，鬢髮花白的人也就不用背負重物在路上奔波了。七十歲以上的人有絲綿衣服穿，有肉吃，普通百姓餓不着，凍不着，這樣還不能使天下歸服的，是從來不曾有過的事。

「現在，富貴人家的豬狗吃掉了百姓的糧食，卻不加以檢查、制止；道路上有餓死的人，卻不曾開倉賑救。老百姓餓死了，竟然說：『這不是我的罪過，而是因為年成不好。』這種說法和拿着刀子殺了人卻說『這不是我殺的，是兵器殺的』又有什麼不同呢？大王要是不去歸罪於年成，而從政治上的根本改革着手，別的國家的老百姓一定都會來投奔。」

朋友圈縱橫談

※ 張　岱

「王道之始」中的「始」字，恰好與「盡心」中的「盡」字，緊密對應。「道」字跟「心」對應。

原文：

「王道之始」「始」字，恰與「盡心」「盡」字，緊緊注射。「道」字，緊與「心」字對。

※ 王弇州

孟子先用戰事（五十步笑百步）來設喻，打消了梁惠王自得、驕傲的氣焰，之後再向他闡明什麼是真正的為王之道。注重「（人民）無憾」。從古到今，國家千百年都得其利益，其源頭就是國家草創時一點民心。這是王道的依託和開始，一旦理解為具

體的事功，就可能變質。

原文：

　　王弇州曰：先設好戰一段，先抹倒梁王虛憍之意，然後告以王道。重「無憾」二字。自古國家千百年受用，只受用得草剏時一點人心。此是王道託始處，一落事為，便不屬始矣。

※ 艾千子

　　「可以衣帛」「可以食肉」，這講的是使人民富有、有資財，「庠序之教」「孝悌之義」，這是把培養人民的志節涵蓋在內，不單單是滿足口腹欲望。「借給父親鋤頭農具，面有施恩之色；母親取用一下簸箕或掃帚，就惡語相加」，這樣做的人又豈是因為貧窮和欠缺物品？這正是教育培養的用處啊。

原文：

　　艾千子曰：「可以衣帛」「可以食肉」，言富而有其資也。「庠序之教」「孝弟之義」，則養志在其中，不獨口體矣。「借父耰鋤，類有德色；母取箕箒，立而誶詬」，豈皆貧而無其具者乎？此教正所以善吾養耳。

※ 項仲昭

　　看《孟子》文中「五十歲以上的可以穿絲綿襖，七十歲以上的可以吃肉」，可以發現孝悌的意義已經蘊含其中，庠序中加以教育，是為了延伸、擴展罷了。教和養並非完全隔離的兩端。不懂得簡括，不知道引申，對於養和教兩者都毫無認識，說明這個人就是對於民生疾苦毫不關心，談什麼「盡心」呢？

雪恥章

梁惠王曰:「晉國,天下莫強焉,叟之所知也。及寡人之身,東敗於齊,長子死焉;西喪地於秦七百里;南辱於楚。寡人恥之,願比死者一灑之,如之何則可?」

孟子對曰:「地方百里而可以王。王如施仁政於民,省刑罰,薄稅斂,深耕易耨,壯者以暇日修其孝弟忠信,入以事其父兄,出以事其長上,可使製梃以撻秦楚之堅甲利兵矣。

「彼奪其民時,使不得耕耨以養其父母。父母凍餓,兄弟妻子離散。彼陷溺其民,王往而征之,夫誰與王敵?故曰:『仁者無敵。』王請勿疑!」

＊ 譯文:

梁惠王對孟子說:「魏國之強,當時天下沒有敵手,這一點,先生自然很清楚。但到了我繼位,東邊和齊國打了一仗,大敗,連我的大兒子都丟了性命;西邊又敗給秦國,喪失河西之地七百里;南邊則被楚國搶去了八個城池。我認為這是奇恥大辱,希望能夠替戰死者報仇雪恨,您說要怎樣辦才行?」

孟子答道:「只要有縱橫各一百里的小國,就可以行仁政而使天下歸服,何況魏國呢。您若是向百姓實行仁政,減免刑罰,減輕賦稅,叫百姓深耕細作,早除穢草,使青壯年在閒暇時講求孝悌、忠信,在家侍奉父兄,出門服務於上官,這樣,

就是用木棒也可以抗擊擁有堅實盔甲、銳利刀槍的秦楚軍隊。

「那秦國、楚國時時侵佔百姓的生產時間，使他們不能夠耕種來養活父母，其父母受凍挨餓，兄弟妻子逃散。秦王、楚王使他們的百姓陷在痛苦的深淵中，大王您去討伐他，有誰會來抵抗您呢？所以說：『仁德的人是無敵於天下的。』您不要懷疑！」

朋友圈縱橫談

※ 張　岱

梁惠王急於報仇雪恨，不顧惜人民疲憊。孟子教導他不可以性急，權且休養生息，等到力量強大後再行動。我方閒暇有餘力時，攻擊疲敝的敵人，自然可以無敵。這是孟子教導梁惠王強國報仇的長遠之策。勾踐失敗後，回到越國，十年生聚，十年教訓，積蓄力量，等到時機，會稽一戰，就制服了吳國。自古以來的興國雪恨，沒有其他更好的辦法。

三晉（韓趙魏三國）跟強秦毗鄰。秦國人口眾多，土地稀少，商鞅在秦國變法，從他的《開塞》《耕戰》《來民》《墾草》諸文中就可以知道，他是沒有一日不在想着招徠三晉的人民。這是因為，三晉的遊民一天天去往秦國，秦國的土地就一點點被開墾，國家也就一天天富強。孟子給梁惠王的建議，開始說「不違農時」，又說「百畝之田，勿奪其時」，之後又說「深耕易耨」，都是在強調鼓勵農業，增加財富，安撫本地人民。本地人民生活安定了，魏國就大有可為。這是戰國時候三晉的基本大勢，如此確定無疑，可惜梁惠王還質疑孟子的策略迂闊不務實。

所以說，「疑」最誤事呀。人們之所以不能都成為聖賢，治

國之君之所以不能都成就帝王之業，都是這個「疑」字在作梗。如果能消除懷疑之心，什麼事情做不好呢？所以，佛家講「信是一切功德之母」。

原文：

　　惠王急於報怨，不顧疲民。孟子教他不可性急，且休養生息，俟其力全而後用之。以我閒暇，攻彼疲敝，自然無敵。正是孟子教以報怨之長策也。勾踐歸越，十年生聚，十年教訓。會稽一出，卒以沼吳。千古報怨，別無二法。

　　三晉與秦為鄰。秦地人多土狹，商鞅為政，其《開塞》《耕戰》《來民》《墾草》諸書，無日不以來三晉之民為事。蓋三晉之遊民日入秦地，則秦地草日墾，而國日富矣。故孟子策梁，首言「不違農時」，又言「百畝之田，勿奪其時」；又言「深耕易耨」只是分田制產，安其土著之民始，土著之民安，則梁猶可為也。此是三晉大勢，鑿鑿如此，奈何為迂遠而闊於事情？

　　「疑」最害事。人之所以不聖賢，治之所以不帝王者，俱是此「疑」作梗耳。若能去此「疑」，何事不可為？故曰「信為功德母」。

人牧章

　　孟子見梁襄王，出，語人曰：「望之不似人君，就之而不見所畏焉。卒然問曰：『天下惡乎定？』

　　「吾對曰：『定於一。』」

「『孰能一之？』

「對曰：『不嗜殺人者能一之。』

「『孰能與之？』

「對曰：『天下莫不與也。王知夫苗乎？七八月之間旱，則苗槁矣。天油然作雲，沛然下雨，則苗浡然興之矣。其如是，孰能禦之？今夫天下之人牧，未有不嗜殺人者也。如有不嗜殺人者，則天下之民皆引領而望之矣。誠如是也，民歸之，由水之就下，沛然誰能禦之？』」

＊ 譯文：

　　孟子謁見了梁襄王，出來以後告訴人說：「遠遠望去，不像個國君的樣子；走近他，也看不到讓人生畏的威嚴。他一開口就突然問我：『天下要怎樣才能安定？』

　　「我答道：『天下歸於一統，就會安定。』

　　「他又問：『誰能統一天下呢？』

　　「我答：『不好殺人的國君，就能統一天下。』

　　「他又問：『那有誰來追隨他呢？』

　　「我答：『天下的人沒有不追隨他的。大王您懂得禾苗的情況嗎？七八月間，天旱無雨，禾苗就會枯槁。假若一陣烏雲，嘩啦啦落起大雨來，禾苗便又猛然茂盛地生長起來。像這樣，那有誰能夠阻擋得住呢？如今各國的君主，沒有一個不好殺人的。如果有一位不好殺人的君主，那麼，天下的老百姓都會伸長脖子期待他了。真是這樣，百姓歸附他，就如同水向低處奔流一樣，其充沛的氣勢有誰能夠阻住呢？』」

朋友圈縱橫談

※ 徐玄扈

　　世上哪有嗜好殺人的道理，哪有嗜好殺人的人心？只是源於利益，為爭利而嗜好殺人，國家之間興兵結怨就是如此。好利，故而好殺人，跟豬、狗吃人的食物一樣。國君若是能夠轉殺機為生機，就能夠使人心離散變為天下歸心。

原文：

　　徐玄扈曰：世豈有嗜殺人之理？豈有嗜殺人之心？只緣嗜利，故嗜殺，如興兵構怨是也。嗜欲故嗜殺，如狗彘食人食是也。人主能回殺機為生機，則能轉不一為歸一。

※ 張　岱

　　人們得到牛羊，會為它們找牧養管理的人，不忍心看着牠們缺乏照管而死。若是做了人民的君主，卻樂於殺人，又怎麼能算得上人民的君主呢？《孟子》文中不說「天下之人君」，而稱之為「天下之人牧」，這個「牧」字和嗜好殺人的「嗜」字，用得可謂是大有深意。

　　「（君不嗜殺，）天下莫不與」，這話聽起來挺奇突，其實是大實話。現在，諸國的君主沒有不好殺人的，他們是在將天下推讓給別人，而不是在爭取天下。假使有一個不喜歡殺人的君主出來，那他得到人民歸附的態勢就好比水向低處流動一般不可抵擋。

原文：

　　受牛羊而為之求牧與芻，尚不可立視其死，況為人之牧而

甘於殺人，惡在其為人牧哉？故不曰「天下之人君」，而曰「天下之人牧」，此「牧」字、「嗜」字中卻有深味。

「天下莫不與」，此語甚奇，而實至平。今天下之人牧未有不嗜殺人者也，則是都以天下與人矣，但無取之者耳。若有一個不嗜殺人者出來，真有如水之就下者矣。

※ 吳因之

文中提到的「孟子出去跟人說」，正是為了天下的「人牧」呀。

原文：

吳因之曰：「出，語人」，正為天下之人牧也。

※ 吳能天

鼓動元氣，雷震域中；蒸騰江河，雨露天下。國君想要成就大事，所選擇的時機，應是人民正如盼望七八月的雨水一樣盼望不好殺的明君時。

原文：

吳能天云：鼓元氣而雷域中，騰百川而雨天下，正要人主七八月間用事。

牽牛章

齊宣王問曰：「齊桓、晉文之事，可得聞乎？」

孟子對曰：「仲尼之徒無道桓文之事者，是以後世無傳焉，臣未之聞也。無以，則王乎？」

曰：「德何如則可以王矣？」

曰：「保民而王，莫之能禦也。」

曰：「若寡人者，可以保民乎哉？」

曰：「可。」

曰：「何由知吾可也？」

曰：「臣聞之胡齕曰，王坐於堂上，有牽牛而過堂下者，王見之，曰：『牛何之？』對曰：『將以釁鐘。』王曰：『捨之！吾不忍其觳觫，若無罪而就死地。』對曰：『然則廢釁鐘與？』曰：『何可廢也？以羊易之！』──不識有諸？」

曰：「有之。」

曰：「是心足以王矣。百姓皆以王為愛也，臣固知王之不忍也。」

王曰：「然，誠有百姓者。齊國雖褊小，吾何愛一牛？即不忍其觳觫，若無罪而就死地，故以羊易之也。」

曰：「王無異於百姓之以王為愛也。以小易大，彼惡知之？王若隱其無罪而就死地，則牛羊何擇焉？」

王笑曰：「是誠何心哉？我非愛其財而易之以羊也。宜乎百姓之謂我愛也。」

曰：「無傷也，是乃仁術也，見牛未見羊也。君子之於禽獸也，見其生，不忍見其死；聞其聲，不忍食其肉。是以君子遠庖廚也。」

王說，曰：「《詩》云：『他人有心，予忖度之。』夫子之謂也。夫我乃行之，反而求之，不得吾心。夫子言之，於我心有戚戚焉。此心之所以合於王者，何也？」

曰：「有復於王者曰：『吾力足以舉百鈞，而不足以舉一羽；明足以察秋毫之末，而不見輿薪，則王許之乎？」

曰：「否。」

「今恩足以及禽獸，而功不至於百姓者，獨何與？然則一羽之不舉，為不用力焉；輿薪之不見，為不用明焉；百姓之不見保，為不用恩焉。故王之不王，不為也，非不能也。」

曰：「不為者與不能者之形何以異？」

曰：「挾太山以超北海，語人曰：『我不能。』是誠不能也。為長者折枝，語人曰：『我不能。』是不為也，非不能也。故王之不王，非挾太山以超北海之類也；王之不王，是折枝之類也。

「老吾老，以及人之老；幼吾幼，以及人之幼。天下可運於掌。《詩》云：『刑於寡妻，至於兄弟，以禦於家邦。』言舉斯心加諸彼而已。故推恩足以保四海，不推恩無以保妻子。古之人所以大過人者，無他焉，善推其所為而已矣。今恩足以及禽獸，而功不至於百姓者，獨何與？

「權，然後知輕重；度，然後知長短。物皆然，心為甚。王請度之！

「抑王興甲兵，危士臣，構怨於諸侯，然後快於心與？」

王曰：「否。吾何快於是？將以求吾所大欲也。」

曰：「王之所大欲，可得聞與？」

王笑而不言。

曰：「為肥甘不足於口與？輕煖不足於體與？抑為采色不足視於目與？聲音不足聽於耳與？便嬖不足使令於前與？王之諸臣皆足以供之，而王豈為是哉？」

曰：「否。吾不為是也。」

曰：「然則王之所大欲可知已，欲闢土地，朝秦楚，蒞中國而撫四夷也。以若所為，求若所欲，猶緣木而求魚也。」

王曰：「若是其甚與？」

曰：「殆有甚焉。緣木求魚，雖不得魚，無後災。以若所為，求若所欲，盡心力而為之，後必有災。」

曰：「可得聞與？」

曰：「鄒人與楚人戰，則王以為孰勝？」

曰：「楚人勝。」

曰：「然則小固不可以敵大，寡固不可以敵眾，弱固不可以敵強。海內之地方千里者九，齊集有其一。以一服八，何以異於鄒敵楚哉？盍亦反其本矣。

「今王發政施仁，使天下仕者皆欲立於王之朝，耕者皆欲耕於王之野，商賈皆欲藏於王之市，行旅皆欲出於王之塗，天下之欲疾其君者，皆欲赴愬於王。其若是，孰能禦之？」

王曰：「吾惛，不能進於是矣。願夫子輔吾志，明以教我。我雖不敏，請嘗試之。」

曰：「無恆產而有恆心者，惟士為能。若民，則無恆產，因無恆心。苟無恆心，放辟邪侈，無不為已。及陷於罪，然後從而刑之，是罔民也。焉有仁人在位罔民而可為也？是故明君制民之產，必使仰足以事父母，俯足以畜妻子，樂歲終身飽，凶年免於死亡，然後驅而之善，故民之從之也輕。

「今也制民之產，仰不足以事父母，俯不足以畜妻子；樂歲終身苦，凶年不免於死亡。此惟救死而恐不贍，奚暇治禮義哉？

「王欲行之，則盍反其本矣：五畝之宅，樹之以桑，五十者可以衣帛矣；雞豚狗彘之畜，無失其時，七十者可以食肉矣；百畝之田，勿奪其時，八口之家可以無飢矣；謹庠序之教，申之以孝弟之義，頒白者不負戴於道路矣。老者衣帛食肉，黎民不飢不寒，然而不王者，未之有也。」

＊ 譯文：

　　齊宣王問孟子：「齊桓公、晉文公在春秋時代稱霸的事跡，您可以講給我聽嗎？」

　　孟子答道：「孔子的學生們都不談齊桓公、晉文公的事跡，所以沒有流傳到後代來，我也不曾聽說。大王如果一定要我說，我就講講王道吧！」

　　宣王問：「要有怎樣的道德才能夠成就王業，統一天下呢？」

　　孟子說：「將使百姓生活安定作為出發點，這樣去統一天下，沒有人能夠阻擋。」

　　宣王說：「像我這樣的人，能夠使百姓生活安定嗎？」

孟子説：「可以。」

宣王説：「憑什麼認為我能夠呢？」

孟子説：「我曾聽胡齕告訴我一件事：大王坐在大殿上，有人牽着牛從殿下過，大王看到了，問：『牽着牛往哪兒去？』那人答道：『準備宰了祭鐘。』大王説：『放了牠吧！我不忍看牠發抖，似乎毫無罪過，卻被送進屠場。』那人便道：『那麼，便廢除祭鐘這一禮儀嗎？』大王又説：『怎麼可以廢除呢？用隻羊來代替吧！』——不曉得是不是有這樣一回事？」

宣王説：「有的。」

孟子説：「憑這種心就可以統一天下了。老百姓都以為大王是吝嗇，用羊換牛，我卻知道大王是不忍心。」

宣王説：「是呀，確實有百姓這樣想。齊國雖然不大，但我何至於連一頭牛都捨不得？我就是不忍看着牛哆嗦，好像毫無罪過而被送進屠場，因而才用羊來代替它。」

孟子説：「百姓説大王吝嗇，大王也不必奇怪。只看到用小的羊代替大的牛，他們哪能體會到大王的深意呢？如果説可憐牠毫無罪過卻被送進屠場，那麼宰牛和宰羊又有什麼不同呢？」

宣王笑着説：「這是什麼心理，我自己真搞不懂。我的確不是吝惜錢財才去用羊代替牛。怪不得百姓要懷疑我吝嗇。」

孟子説：「百姓這樣誤解，沒有什麼關係。大王這種不忍之心正是仁愛。大王親眼看見了那頭牛，卻沒有看見那隻羊。君子對於飛禽走獸，看見牠們活着，便不忍心再看到牠們死去；聽到牠們悲鳴哀號，便不忍心再吃牠們的肉。君子把廚房設在遠離自己起居的場所，就是這個道理。」

宣王很高興地説：「《詩經》裏面説：『別人存啥心，我能揣摩到。』説的就是先生您呀。我只是這樣做了，再問自己，卻説不出所以然來。您老人家這麼一解釋，真是説到我的心裏

了。但我這種心和王道相合，又是什麼道理呢？」

孟子說：「假定有一個人向大王報告：『我的膂力能夠舉重三千斤，卻拿不起一根羽毛；我的目力能夠把秋天鳥的細毛看清楚，一車子柴擺在眼前卻瞧不見。』您肯相信這種話嗎？」

宣王說：「不信。」

孟子便接着說：「如今大王的恩德足以使動物沾光，卻不能使百姓得到好處，卻是為什麼呢？這樣看來，一根羽毛都拿不起，只是不肯用力氣的緣故；一車子柴都瞧不見，只是不肯用眼睛的緣故；老百姓得不到安定的生活，只是不肯施恩的緣故。所以大王不能行仁德來統一天下，只是不肯幹，不是辦不到。」

宣王說：「不肯幹和不能幹有什麼不同表現？」

孟子說：「要求某人把泰山夾在胳臂底下跳過北海，回答說：『這個我辦不到。』這是真不能。替老年人折取樹枝，告訴人說：『這個我辦不到。』這是不肯幹，不是辦不到。大王沒有行仁政，不同於把泰山夾在胳臂底下跳過北海一類，而是不肯做替老年人折取樹枝這類的事情。

「尊敬自己的長輩，從而推廣到尊敬別人的長輩；愛護自己的兒女，從而推廣到愛護別人的兒女。以此類推，要統一天下就像在手心裏轉動東西一樣容易了。《詩經》上說：『先給妻子做榜樣，再推廣到兄弟，進而推廣到封邑和國家。』這就是說把這樣的好心好意擴大到其他方面去就行了。所以由近及遠地把恩惠推廣開去，便足以安定天下；不這樣，甚至連自己的妻子都保護不了。古代的聖賢之所以遠遠地超越於一般人，沒有別的訣竅，只是他們善於推行他們的好行為罷了。如今您的恩德足以使動物沾光，百姓卻得不着好處，這是為什麼呢？

「稱一稱，才曉得輕重；量一量，才曉得長短。什麼東西都如此，人的心更需要這樣。大王，您考慮一下吧！

「難道説，大王必得動員全國軍隊，使將士冒着危險去和別的國家結仇結怨，這樣做您心裏才痛快嗎？」

宣王説：「不，我為什麼要這麼做才痛快呢？我這樣做，不過是想要滿足我的最大欲望。」

孟子説：「大王的最大欲望是什麼呢？可以説給我聽聽嗎？」

宣王笑了笑，卻不説話。

孟子便説：「是為了肥美的食物不夠吃呢？是為了輕暖的衣服不夠穿呢？是為了艷麗的色彩不夠看呢？是為了美妙的音樂不夠聽呢？還是為了伺候的人不夠您使喚呢？這些，您手下的人員都能夠大量供給，難道您真是為了牠們嗎？」

宣王説：「不，我不是為了這些。」

孟子説：「那麼，您的最大的欲望我知道了。您是想要擴張國土，使秦楚等國都來朝貢，自己做天下的盟主，安撫周圍的外族。不過，以您這樣的做法想實現此欲望，猶如爬到樹上去捉魚一樣不可能。」

宣王説：「竟然有這樣嚴重嗎？」

孟子説：「恐怕比這更嚴重呢。爬上樹去捉魚，雖然捉不到，卻沒有禍患。以您這樣的做法去追求您這樣的欲望，費盡心力去幹，不但達不到目的，後面一定會有禍患。」

宣王説：「可以講給我聽聽嗎？」

孟子説：「假如鄒國和楚國打仗，您認為哪一國會打勝呢？」

宣王説：「楚國會勝。」

孟子説：「由此可見，小國必然不可以跟大國為敵，人口稀少的國家必然不可以跟人口眾多的國家為敵，弱國必定不可以跟強國為敵。現在的天下，面積縱橫千里的大國有九個，齊國不過只是九分之一。以九分之一的力量跟其餘九分之八為敵，

這和鄒國跟楚國為敵有什麼分別呢？這條道路是走不通的，為什麼您不返回去從根本着手呢？

「現在大王如果能改革政治，施行仁德，會使天下的士大夫都想到齊國來做官，莊稼漢都想到齊國來種地，行商坐賈都想到齊國來做生意，來往的旅客也都想取道齊國，各國痛恨本國君主的人們也都想到您這裏來控訴。果真做到這樣，又有誰能抵擋得住您呢？」

宣王説：「我頭腦昏亂，對您的道理不能再深入體會，希望您輔佐我達到這個目標，明明白白地教導我。我雖然不聰敏，也無妨試一試。」

孟子説：「沒有穩定的產業和收入，卻有穩固的道德觀念和行為準則，只有士人才能夠做到。至於普通人，如果沒有一定的產業和收入，便也沒有穩固的道德觀念和行為準則。這樣，就會胡作非為，違法亂紀，什麼事都幹得出來。等到他們犯了罪，然後去加以處罰，這等於陷害。哪有仁愛的人管事卻陷害老百姓的呢？所以英明的君主規劃人們的產業，一定要使他們對上足以贍養父母，對下足以養活妻兒，在好的年歲裏豐衣足食，遇到壞的年歲也不致餓死。然後再誘導他們走上善良的道路，他們也就很容易聽從了。

「現在呢，大王規劃人們的產業，上不足以贍養父母，下不足以養活妻兒；在好的年歲裏艱難困苦，遇到壞的年歲只有死路一條。這樣，每個人用全力活命都還不夠，哪有閒工夫學習禮義呢？

「大王如果要施行仁政，為什麼不從根本着手呢？每家給他五畝土地的住宅，四邊種植着桑樹，那麼，五十歲以上的人都可以有絲綿襖穿了。讓他們有工夫去飼養、繁殖雞、狗與豬這類家畜，那麼，七十歲以上的人就都有肉吃了。一家給他一百

畝田地，不去妨礙他的生產，八口人的家庭便都可以吃得飽飽的了。辦好各級學校，用孝順父母、敬愛兄長的道理來教他們，那麼，鬢髮花白的人不致頭頂着、背負着物件在路上行走了。老年人穿綿吃肉，一般人不凍不餓，這樣還不能使天下歸服的，那是從來沒有的事。」

朋友圈縱橫談

※ 張　岱

孔夫子談論齊桓公、晉文公稱霸的事跡，是因為他有法子降伏齊桓公、晉文公之類的霸主。如果沒有降伏的能力，世道人心就不知會變成什麼樣子了，所以他的弟子也就不再談論霸主之事。總是稱賞堯舜，是孟子的本心。當齊宣王詢問霸王之道時，孟子回答沒聽說過，又提出，「不得已」就談談王道。這裏頭大有講究。

孟子認為齊宣王不忍心見牛無罪去死的心，足以稱王於天下，是因為他具備了不忍之心。而齊桓公、晉文公，一個在生竇殺了子糾，一個在高梁殺了懷公，都是乘亂謀權，為了權勢、利益傷害至親。他們的心殘忍啊，如何還能顧忌到其他東西呢？孟子之所以說宣王之心足以統一天下，並不是因為他憐憫一頭牛的恩德，而是他委婉曲折保全牛的心態，足以稱王於天下。下面的文章裏，孟子將此舉讚許為仁術，正是此意。

原文：

仲尼道桓、文，有力降伏桓、文。不然，世道人心未可知也，故其徒不道。必稱堯舜，是孟子本懷。「無以」二字，大有次第。

「是心足以王矣」，不忍故也。若齊桓、晉文，一則殺子糾於生竇，一則殺懷公於高梁，皆亂而後入，為利而戕至親。心則忍矣，何以及物？是心足王，不是不忍一牛之心足王，乃是委曲全牛之心，才足以王耳。下文許以仁術，正此意。

※ 楊復所

　　君子遠庖廚，要注意「君子」兩個字。君子是本身有仁愛人民責任的人，他應當養護人民的生機，杜絕他們的殺機。君子避開、不接觸廚房之事，是為了保全無數生靈的性命打算，而不是為了吃生靈之肉計算。至於小人，哪怕天天拿着刀在廚房勞作，也不能傷害一個人。所以，「君子」這兩個字，極為關鍵。

原文：

　　楊復所曰：君子遠庖廚，要看「君子」二字。君子是有仁民之責者，當養其生機，杜其殺機。遠庖廚者，亦為無數萬生靈性命計耳，非為食其肉計也。若小人者，便日日操刀入廚，亦無能害一人也。故「君子」二字，最為吃緊。

※ 張　岱

　　心性的境界本身是活潑的、靈動的，抓住它的關鍵，是很容易轉化的。但假若固執於所謂「正理」，就變得呆板而沒有活力，那些喜好財寶、美色、聲樂、鬥勇的行為，都會被看作毛病。凡是治病的人一定用藥，孟子卻絕對不用藥，他只是借着病化解它，何等地輕鬆和善於轉化！這樣的學術脈絡，是從周武王《酒誥》一脈相承的。

　　齊宣王不知自己以羊易牛是什麼心理。這裏的「不知」，最

微妙。正因不知，不刻意，才是仁術。一旦稍微刻意，就落入智謀權術的境界了。因為他不忍親眼見牛之顫慄，不忍親耳聽牛之哀鳴，他這種不明其意、自然而然的憐憫，正是仁心的發端。注釋中「預養」和「廣」字都是多餘的。若是各種計較比量，那就是數術，而不是仁術了！

「無罪就死」，其對象分明說的是人，又明顯能分辨生死、有罪無罪，這個就是機巧、權衡心的根本，是孟子從根源上針砭的，所以他用一個「若」字。如果只是抓着「牛」究問，那就跟對着牆壁無法可施一般，白白辜負隔壁東園裏繁花爛漫的美景。

齊宣王聽到此處，才恍然明白了：世上沒有罪的人都不會甘心白白送死。這可以說是孟子轉動開啟其性靈的一重機關。如果只抓着「牛」不放，那真是又白白加重了「牛」的負擔。

原文：

性地原是活潑神化，就機關轉動甚易。若執定正理，便是死機，只好貨、好色、好樂、好勇，俱是病痛。凡治病決用藥，孟子決不用藥，只借病治病，何等輕鬆脫化！此等學脈，是武王《酒誥》來。

「是誠何心哉？」不知，最妙。惟不知，所以為仁術。略着意，便是智術。不忍見，不忍聞，君子此心不知其然而然，就是仁術。注中「預養」及「廣」字俱多。種種較量，是數術，非仁術矣！

「無罪就死」，分明說人，又分明曉得生死，分明曉得有罪無罪：這就是權心根本，是孟子埋根挑剔處，所以說個「若」字。如若只去牛上尋討，面牆對壁不可入，辜負東園一片花。

齊王到此，才曉得世間人無罪不甘就死，乃轉動一機括。若只在牛上尋，可憐又加上牛的擔子。

※ 管登子

　　齊宣王不忍心看牛顫慄發抖，這一刻他不但沒有一點點殘忍之心，也沒有一點點虛偽之心，所以孟子說：這個心，足以稱王於天下。後面章節「見孺子入井而生憐憫」，也是這樣。孟子他真的是了解人性本善的宗師啊。

原文：

　　管登子曰：齊王不忍觳觫，此際不但無一毫忍心，亦無一毫偽心，故曰「是心足以王」。後章之「見孺子入井」亦然，蓋孟子真知性善之宗者也。

※ 張　岱

　　孟子說齊宣王用發動戰爭的辦法來統一天下，猶如緣木求魚，終是空想。這是破除了齊宣王隱藏的禍患，就像醫生用藥，對症解決。齊宣王想要快，孟子就用快的後果來警醒他，使他畏懼；齊宣王有統一天下的大欲望，孟子就用方法不當的禍患來提醒他；齊宣王有想要求得的結果，孟子就告訴他得到的也必然失去，以此來警醒他。

原文：

　　緣木求魚節，破其埋沒，如醫人用藥，對症而治。他有個快，便儆之以懼；他有個欲，便示之以災；他有個求得，便惕之以必失。

※ 徐儆弦

　　孟子稍微說幾句，就能使得齊宣王歡笑，又能使他高興，

又能使他笑一笑不説話，還能使得他「頭昏腦脹，不能深入理解道理」，這都是孟子鼓動齊宣王精神的做法，也是這篇文章的關鍵。人的心自然有權衡的功能，但這裏的語言文辭不是重在講權衡，而是關注權衡者的心，所以下文説「請大王考慮」。如果不分析厘清，那就是滿紙如花，只見得字像蒼蠅一樣在紙窗內飛舞，毫無所得。

原文：

　　徐儆弦曰：孟子略道幾句，便能使王笑，又使王悦，又使王笑而不言，又使王曰「吾惛，不能進於是」，皆精神鼓弄處，亦一篇中之機關也。心自有權度，然此間語意不重在權度，而重權度者之心，所以下説「王請度之」。若不分劈清伶，總滿紙如花，只看蒼蠅兒還在紙窗內。

梁惠王下

好樂章

莊暴見孟子，曰：「暴見於王，王語暴以好樂，暴未有以對也。」曰：「好樂何如？」

孟子曰：「王之好樂甚，則齊國其庶幾乎！」

他日，見於王曰：「王嘗語莊子以好樂，有諸？」

王變乎色，曰：「寡人非能好先王之樂也，直好世俗之樂耳。」

曰：「王之好樂甚，則齊其庶幾乎！今之樂由古之樂也。」

曰：「可得聞與？」

曰：「獨樂樂，與人樂樂，孰樂？」

曰：「不若與人。」

曰：「與少樂樂，與眾樂樂，孰樂？」

曰：「不若與眾。」

「臣請為王言樂。今王鼓樂於此，百姓聞王鐘鼓之聲、管籥之音，舉疾首蹙頞而相告曰：『吾王之好鼓樂，夫何使我至於此極也？父子不相見，兄弟妻子離散。』今王田獵於此，百姓聞王車馬之音，見羽旄之美，舉疾首蹙頞而相告曰：『吾王之好田獵，夫何使我至於此極也？父子不相見，兄弟妻子離散。』此無他，不與民同樂也。

「今王鼓樂於此，百姓聞王鐘鼓之聲、管籥之音，舉

欣欣然有喜色而相告曰：『吾王庶幾無疾病與，何以能鼓樂也？』今王田獵於此，百姓聞王車馬之音，見羽旄之美，舉欣欣然有喜色而相告曰：『吾王庶幾無疾病與，何以能田獵也？』此無他，與民同樂也。今王與百姓同樂，則王矣。」

＊ 譯文：

　　齊國的臣子莊暴來見孟子，說道：「我去朝見大王，大王告訴我，他愛好音樂，我不知應該怎樣應對。」接着又問：「愛好音樂，究竟好不好？」

　　孟子說：「大王如果非常愛好音樂，那齊國便會治理得差不多了。」

　　過了些時日，孟子謁見齊王，問道：「您曾經告訴莊暴，說您愛好音樂，有這回事嗎？」

　　齊王臉色變了，很不好意思地說：「我並不是愛好古代雅樂，只是喜歡一般的流行樂曲。」

　　孟子說：「只要您非常愛好音樂，那齊國便會治理得很不錯了。愛好現在流行的音樂，跟愛好古代雅樂是一樣的。」

　　齊王說：「這個道理可以說給我聽聽嗎？」

　　孟子說：「一個人單獨地欣賞音樂快樂，相比跟別人一起欣賞音樂也快樂，究竟哪一種更快樂呢？」

　　齊王說：「跟別人一起欣賞更快樂些。」

　　孟子說：「跟少數人欣賞音樂很快樂，相比跟多數人欣賞音樂也快樂，究竟哪一種更快樂呢？」

　　齊王說：「跟多數人一起欣賞更快樂。」

　　孟子馬上接着說：「那麼，就讓我跟您談談樂。假使大王

在這兒奏樂，老百姓聽到鳴鐘擊鼓和吹簫奏笛的聲音，都覺得頭痛，愁眉苦臉地互相議論：『我們國王這樣愛好音樂，為什麼使我窮苦到這般地步呢？父子不能見面，兄弟妻子東逃西散！』假使大王在這兒打獵，老百姓聽到車馬的聲音，看到儀仗的華麗，全都覺得頭痛，愁眉苦臉地互相議論：『我們國王這樣愛好打獵，為什麼使我窮苦到這般地步呢？父子不能見面，兄弟妻子東逃西散！』這沒有別的原因，是因為大王只圖自己快樂而不同大家一同歡樂的緣故。

「假使大王在這兒奏樂，百姓聽到鳴鐘擊鼓、吹簫奏笛的聲音，全都眉開眼笑地互相議論：『我們國王大概很健康吧，要不怎麼能夠奏樂呢？』假使大王在這兒打獵，老百姓聽到車馬的聲音，看到華美的儀仗，全都眉開眼笑地互相議論：『我們國王大概很健康吧，要不怎麼能夠打獵呢？』這沒有別的原因，是因為大王同百姓一同歡樂罷了。如果大王同百姓一同歡樂，就可以使天下歸服了。」

朋 友 圈 縱 橫 談

※ 焦漪園 _____

滿廳堂的人都在歡聲笑語時，若有一個人獨自朝着牆角悲傷，那滿廳堂的人都會變得哀傷，歡樂也不強烈了。若滿廳堂的人歡聲笑語，沒有什麼人獨自悲傷，那滿廳堂的歡樂就會更強烈。百姓若都歡喜而沒有怨恨、哀歎的聲音，那麼，君主的歡樂就會加倍。

原文：

　　焦漪園曰：滿堂燕笑，一人向隅而悲，滿堂之人必慘然不樂，其樂不甚矣。故滿堂燕笑，而無向隅之悲，然後滿堂之樂甚。百姓皆樂而無怨歎之聲，然後君心之樂甚。

※ 周海門

　　這個「甚」字用得很奇妙。「太極至禮」，「太」字、「至」字都是「甚」的意思。漢朝人注解說，「良知」的「良」字，也是「甚」（極）的意思。

原文：

　　周海門曰：「甚」字下得奇，太極至禮。「太」字、「至」字俱「甚」字意。漢疏：「良知」「良」字，亦「甚」也。

問囿章

　　齊宣王問曰：「文王之囿方七十里，有諸？」

　　孟子對曰：「於傳有之。」

　　曰：「若是其大乎？」

　　曰：「民猶以為小也。」

　　曰：「寡人之囿方四十里，民猶以為大，何也？」

　　曰：「文王之囿方七十里，芻蕘者往焉，雉兔者往焉，與民同之。民以為小，不亦宜乎？臣始至於境，問國之大

禁，然後敢入。臣聞郊關之內有囿，方四十里，殺其麋鹿者如殺人之罪，則是方四十里為阱於國中，民以為大，不亦宜乎？」

✳ 譯文：

　　齊宣王問孟子：「聽說周文王有一處狩獵的苑囿，縱橫各長七十里，真有這回事嗎？」

　　孟子答道：「史籍上有這樣的記載。」

　　宣王說：「真有這麼大嗎？」

　　孟子說：「老百姓還覺得太小呢。」

　　宣王說：「我的苑囿縱橫各只四十里，老百姓卻認為太大了，這是為什麼呢？」

　　孟子說：「文王的苑囿縱橫各七十里，割草打柴的可以去那裏，打鳥捕獸的也可以去那裏，他同老百姓一同享用。老百姓認為太小，這不很自然嗎？我剛到齊國邊界的時候，問明白了齊國最嚴重的禁令後，才敢入境。我聽說在齊國首都的郊外，有一個苑囿，縱橫各四十里，誰要獵殺了裏面的麋鹿，等同犯了殺人罪。那麼，這縱橫四十里的地方，對百姓來說就是在國內佈置的一個陷阱。百姓認為它太大了，不也應該嗎？」

朋友圈縱橫談

※ 蘇　轍

　　周文王縱橫七十里的范圍，一定是山林原野都跟人民一起享用，只是命名為范圍。「人民還覺得它小」，是孟子自己的發揮。

我哥哥東坡説：「想來應該是這樣。」

原文：

　　蘇子由曰：文王七十里，蓋亦山林陵麓與民共之，而以囿名焉。「民猶以為小」，是孟子自意。東坡云：「想當然耳。」

交鄰章

　　齊宣王問曰：「交鄰國有道乎？」

　　孟子對曰：「有。惟仁者為能以大事小，是故湯事葛，文王事昆夷。惟智者為能以小事大，故太王事獯鬻，勾踐事吳。以大事小者，樂天者也；以小事大者，畏天者也。樂天者保天下，畏天者保其國。《詩》云：『畏天之威，於時保之。』」

　　王曰：「大哉言矣！寡人有疾，寡人好勇。」

　　對曰：「王請無好小勇。夫撫劍疾視曰：『彼惡敢當我哉！』此匹夫之勇，敵一人者也。王請大之！

　　「《詩》云：『王赫斯怒，爰整其旅，以遏徂莒，以篤周祜，以對於天下。』此文王之勇也。文王一怒而安天下之民。

　　「《書》曰：『天降下民，作之君，作之師，惟曰其助上帝寵之。四方有罪無罪惟我在，天下曷敢有越厥志？』一人衡行於天下，武王恥之。此武王之勇也。而武王亦一怒而安天下之民。今王亦一怒而安天下之民，民惟恐王之不好

勇也。」

齊宣王問孟子：「和鄰國交往有什麼原則和方法嗎？」

孟子答道：「有的。只有仁愛的人能夠以大國的身份來服侍小國，所以商湯服侍葛伯，文王服侍昆夷。只有明智的人能夠以小國的身份服侍大國，所以周太王服侍獯鬻，勾踐服侍夫差。以大國身份服侍小國的，是悅服天命的人；以小國身份服侍大國的，是畏懼天命的人。悅服的人足以安定天下，畏懼天命的人足以保護自己的國家。這正如《詩經·周頌·我將》篇說的：『畏懼天帝的威靈，謹慎小心，所以得到安定。』」

宣王說：「您的話高明呀！不過，我有個毛病，就是崇尚勇敢，恐怕不能夠服侍別國。」

孟子就說：「請大王不要崇尚小勇。用手按着刀劍，瞪着眼睛說：『他怎麼敢抵擋我呢！』這只是個人的勇，只能敵得住一個人。希望大王能夠把它擴大。

「《詩經·大雅·皇矣》篇說：『我王勃然一怒，整頓軍隊出征，阻止侵略莒國的敵人，增強周國的威望，用以報答各國對周國的期待。』這便是周文王的勇。周文王一生氣，使天下的百姓得到安定。

「《尚書》說：『天降生一般的人，也替他們創造君主，也替他們創造師傅，這些君主和師傅的責任就是幫助上天愛護人民。因此，天底下有罪者、無罪者，都由我負責。普天之下，何人敢超越他的本分？』當時有一個人（指紂王）在世間橫行霸道，周武王便認為這是恥辱。這便是周武王的勇。周武王也一發怒，而使天下的人民得到安定。天下的人民只怕大王不夠崇尚勇敢呢。」

朋友圈縱橫談

※ 謝象三

　　孟子將大事、小事都歸結為上天的意志，是為了啟發君主畏懼的心；將悅服天命和畏懼天命都歸因於畏懼，是為了壓制君主好戰好勝的氣焰；將國家、天下的歸宿都指向安定，是破除國君好怒好爭的習氣。「畏天」這節文字，不單單是闡述安定國家，也用不着補全樂天的命題。

原文：

　　謝象三曰：合事小事大而總歸之天，所以啟人主忌憚之心；合樂天畏天而總歸於畏，所以奪人主好勝之氣；合國與天下而總歸於保，所以破人主忿爭之習。畏天節不單指保國說，亦不必補出樂天。

※ 張賓王

　　周文王國家大，而昆夷小，文王以大事小卻不能使昆夷改過向善，就發怒去討伐它，這是仁愛者的勇敢，也是悅服天命的表現；周武王國家弱，商紂王實力強，周武王曾經以小事大順從商紂王，而商紂王始終暴虐不悔改，周武王就發怒討伐商朝，這是明智者的勇敢，也是畏懼天命的表現。

原文：

　　張賓王曰：文大而密小，又嘗事小而密終不化，則一怒伐之，是仁者之勇，亦即是樂天所在；武小而紂大，武嘗事大而紂終不悔，則一怒伐之，是智者之勇，亦即是畏天所在。

　　這時候齊宣王心裏面合縱和連橫的策略相互交戰，一直拿不定主意。處理與鄰國的關係是最為要緊的事務，所以他詢問此事。孟子回答，以大國服侍小國的，有商湯服侍葛的例子，後來商湯討伐了葛；還有周文王服侍昆夷的例子，後來周文王也征服了昆夷。

　　以小國服侍大國的，有周太王服侍獯鬻的例子，而周國人最終攻滅了獯鬻；也有越國勾踐服侍吳王的例子，而越國也最終攻滅了吳國。孟子提到這些，自有他的深意——孟子絕對不認為齊國割讓土地服侍秦國的策略高明。後面提到的「一怒安民」，把孟子的心意表露無遺。眼明心亮的讀者不可以不留意此點。

原文：

　　此時宣王以合從連衡之說交戰胸中，訖無定見。交鄰其所最吃緊之事，故以為問。孟子說以大事小者：湯事葛，而後又伐葛；文王事昆夷，而後又伐昆夷。

　　以小事大者：太王事獯鬻，而周人終伐獯鬻；勾踐事吳，而越終伐吳。孟子言此，政自有意。孟子決不以割地事秦之策為得計也。後言一怒安民，則孟子之芳心盡露矣。明眼人不可不知。

　　無鹽女勸說齊王：「危險啊，大王的興國計劃！我以為齊國東邊有大海的富饒物產，西邊有泰山的險峻阻隔，有大河九條，縱橫千里的國土，是天底下的強國。不料齊國卻服侍西邊的秦國，卑稱為『東藩』，我真是迷惑啊。大王您實在應該謝絕連橫的盟約，擯棄合縱的圖謀，斥逐遊說之士，取消節慶朝賀禮儀，

在南邊修繕琅邪城，這樣楚國就不敢窺伺薛地；在北邊屯聚千輛兵車的大軍，以黃河為護城河，那麼燕國的軍士、兵馬就不敢南下騷擾；在西邊的汶水、濟南一帶，在防鄧等地佈置十萬大軍，那麼三晉的軍隊，就不敢往東邊來。這之後，齊國關閉關隘，守衛國家，開發漁業、鹽業的資源，聚攏棗子、栗子的物產，申明禮教，倡導管子富國強兵之策，向西抵抗強大的秦國，不用十年時間，就可以成為東方的霸主。現在大王您不採用這樣的策略，而聽從那些在諸侯間走動的遊說之士的說法，把那合縱、連橫當做大事。假使合縱之策成功，那麼三晉就會興盛，楚國也得到一些利益，齊國不可能越過韓、魏而去佔據秦土；假使連橫的策略成功，秦國就會享受其成果，而齊國只會得一空名，在諸侯的後面奔忙，自己耗費自己。我真是為大王遺憾啊。」這番話可說是深深切中了齊王的弊病。

原文：

　　無鹽謂齊王曰：「殆哉！王之圖國也。妾以齊國東負滄海之饒，西按岱宗之險，表裏九河，縱橫千里，天下之強國也。而西向事人，號為東藩，妾誠惑之。大主誠為謝連衡之約，擯合從之議，斥遊說之士，罷春秋之請，南城琅邪，則楚人不敢窺薛。北屯千乘，以河為池，則燕之士馬不敢南向。西盡汶濟，布十萬之師於防鄧之間，則三晉之軍，不敢東顧。然後閉關而守，興魚鹽之利，席棗栗之饒，修太廟之教，講管子之法，西向而亢強秦，不及十年，可為東帝。今大主計不出此，而聽諸侯遊說士之談，以合從連衡為事。從成，則三晉興，楚分其利，齊不能越韓魏而有秦，衡成，則秦享其成，而齊以空名奔走諸侯之後，是坐而自索也。妾誠惜之。」此言深中齊王之病。

雪宮章

齊宣王見孟子於雪宮。王曰：「賢者亦有此樂乎？」

孟子對曰：「有。人不得，則非其上矣。不得而非其上者，非也；為民上而不與民同樂者，亦非也。樂民之樂者，民亦樂其樂；憂民之憂者，民亦憂其憂。樂以天下，憂以天下，然而不王者，未之有也。

「昔者齊景公問於晏子曰：『吾欲觀於轉附、朝儛，遵海而南，放於琅邪，吾何修而可以比於先王觀也？』

「晏子對曰：『善哉問也！天子適諸侯曰巡狩。巡狩者，巡所守也。諸侯朝於天子曰述職。述職者，述所職也。無非事者。春省耕而補不足，秋省斂而助不給。夏諺曰：「吾王不遊，吾何以休？吾王不豫，吾何以助？一遊一豫，為諸侯度。」今也不然：師行而糧食，飢者弗食，勞者弗息。睊睊胥讒，民乃作慝。方命虐民，飲食若流。流連荒亡，為諸侯憂。從流下而忘反謂之流，從流上而忘反謂之連，從獸無厭謂之荒，樂酒無厭謂之亡。先王無流連之樂、荒亡之行。惟君所行也。』

「景公悅，大戒於國，出舍於郊。於是始興發，補不足。召大師曰：『為我作君臣相說之樂！』蓋《徵招》《角招》是也。其詩曰：『畜君何尤？』畜君者，好君也。」

齊宣王在他的別墅雪宮接見孟子，宣王問：「賢明的人也有這種快樂嗎？」

孟子答道：「有的。如果他們得不到這種快樂，他們就會埋怨國君了。得不到這種快樂就埋怨國王，是不對的；可是作為人民的君主，有快樂而不同百姓一同享受，也是不對的。國君以百姓的快樂為自己的快樂，百姓也會以他的快樂為自己的快樂；國君以百姓的憂愁為自己的憂愁，百姓也會以他的憂愁為自己的憂愁。和天下之人同憂同樂，這樣還不能使天下歸服，是從來不曾有過的事。

「過去，齊景公問晏子：『我想到轉附和朝儛兩個山上去遊玩，然後沿着海岸向南行，一直到琅邪。我該怎樣做，才能夠和過去的聖賢之君巡遊相比呢？』

晏子答道：『問得好呀！天子到諸侯的國家去叫做巡狩，巡狩就是巡視各諸侯所守的疆土；諸侯去朝見天子叫做述職，述職就是報告在他職責內的工作，沒有不和實際事務相聯繫的。春天裏巡視耕種情況，對貧窮的農戶加以補助；秋天裏考察收穫情況，對缺糧的農戶加以補助。夏朝時的民謠說：『我的大王不出來遊玩，我怎麼能夠得到休息？我的大王不出來走動，我怎麼能夠得到補助？我的大王遊玩走動，足以作為諸侯的法度。』現在可不是這樣了，國王一出巡，興師動眾，到處籌糧運米。飢餓者得不到吃食，勞苦者得不到休息。大家切齒側目，怨聲載道，人民就要為非作歹了。違背天意，虐待百姓，大吃大喝，浪費飲食如同流水，流連忘返，荒亡無行，使諸侯都為此而憂愁。由上游向下游遊玩樂而忘歸叫做流，由下游向上游遊玩樂而忘歸叫做連，不知厭倦地打獵叫做荒，不知節制地喝酒叫做亡。過去的聖賢之君從來沒有這種流連荒亡的行

為。您想要怎麼做，由您自己決定吧！』

「景公聽了，大為高興。先在都城內做好準備，然後駐紮郊外，拿出錢糧，救濟貧窮的人。景公又把樂官長叫來，對他說：『給我創作一些君臣同樂的歌曲！』這些樂曲就是《徵招》《角招》，歌辭中說：『畜君何尤！』『畜君』就是喜歡君主的意思。」

朋友圈縱橫談

※ 牛春宇

孟子對齊宣王說「請君主自己選擇」，不談今日的弊病。其實，孟子所講述的例子裏，晏子已經明白說了古代的聖君賢王沒有流連荒亡的行為，哪裏是真讓君主隨意看着辦呢？而且，他還明白表示，他陳述的是古代聖君賢王的做法，可以當作後世的規範，他的意思其實是：君主您努力遵照聖明之君的做法去實行吧！並不是真讓君主選擇。

原文：

牛春宇曰：惟君所行，不兼今時之弊。晏子已明說先王無流連荒亡了，豈又令君自擇所行乎？猶云臣所陳先王之道，可以為後世法程至明，惟君力行之耳，非請擇之說也。

※ 張　岱

讀「遵海而南」一句，可以知道，齊國東邊大海環繞，南邊與吳國、越國連通，北邊毗鄰遼東、濡地，有許多大山環繞，齊宣王想要去看看大海，轉附和琅邪是起點和終點。

「始興發，補不足」，這描述的正是景公春遊的情景。之所以只說「補不足」，正是從「省春耕而補不足」來的。己酉年科舉考試，南榜試卷中都夾雜「助不給」在裏面，一個朋友笑話說：「景公在鄉下住了半年，看來日子也挺難過的。」説得巧妙極了。

原文：

　　看「遵海而南」一句，齊大海東環，南通吳越，北至遼濡，諸山環列，吾欲觀海也，轉附、琅邪，是起止處。

　　「始興發，補不足」，此時正是景公春遊，故止說「補不足」，正從「春省耕而補不足」來。己酉，南畿墨卷都夾雜「助不給」在內，一友人謔之曰：「景公郊居半年，亦甚難過日子。」極妙。

※ 真西山

　　《周易》裏大畜、小畜兩卦，都把「停止、遏止」作為要義。凡是遏止君主欲望的，都是愛君主的。忠誠的臣子，只擔心君主有欲望；而那些奸邪的臣子，卻唯恐國君欲望太少。

原文：

　　真西山曰：《易》之大、小畜，皆以止為義。凡止君之欲者，乃所以愛君也。忠臣之心，惟恐君之有欲；邪臣之心，惟恐君之無欲。

明堂章

齊宣王問曰：「人皆謂我毀明堂，毀諸？已乎？」

孟子對曰：「夫明堂者，王者之堂也。王欲行王政，則勿毀之矣。」

王曰：「王政可得聞與？」

對曰：「昔者文王之治岐也，耕者九一，仕者世祿，關市譏而不徵，澤梁無禁，罪人不孥。老而無妻曰鰥，老而無夫曰寡，老而無子曰獨，幼而無父曰孤。此四者，天下之窮民而無告者。文王發政施仁，必先斯四者。《詩》云：『哿矣富人，哀此煢獨。』」

王曰：「善哉言乎！」

曰：「王如善之，則何為不行？」

王曰：「寡人有疾，寡人好貨。」

對曰：「昔者公劉好貨，《詩》云：『乃積乃倉，乃裹餱糧，於橐於囊。思戢用光。弓矢斯張，干戈戚揚，爰方啟行。』故居者有積倉，行者有裹囊也，然後可以爰方啟行。王如好貨，與百姓同之，於王何有？」

王曰：「寡人有疾，寡人好色。」

對曰：「昔者太王好色，愛厥妃。《詩》云：『古公亶父，來朝走馬，率西水滸，至於岐下，爰及姜女，聿來胥宇。』」

當是時也，內無怨女，外無曠夫。王如好色，與百姓同之，於王何有？」

* 譯文：

齊宣王問孟子：「別人都建議我把明堂拆毀掉，您說是毀還是不毀呢？」

孟子答道：「那明堂是依仗道德統一天下的王者的殿堂。您如果要實行王政，就不要把它毀掉。」

王說：「您可以講給我聽聽什麼是王政嗎？」

答道：「從前周文王治理岐周，對農民的稅率是九分抽一；對做官的人是給以世代承襲的俸祿；在關口和市場上，只稽查，不徵稅；不禁止人民到湖泊捕魚；犯罪的人，刑罰只施及本人，不牽連到妻室兒女。年老沒有妻室的叫做鰥夫，年老喪失丈夫的叫做寡婦，沒有兒女的老人叫做孤獨者，死了父親的兒童叫做孤兒。這四種人是社會上窮苦無靠的人。周文王實行仁政，一定最先考慮到他們。《詩經·小雅·正月》篇說：『有錢財的人是可以過得去的了，可憐那些孤單的無依無靠者吧。』」

齊宣王說：「這話說得真好呀！」

孟子說：「大王如果認為這話好，為什麼不實行呢？」

齊宣王說：「我有個毛病，我喜好錢財。」

孟子答道：「從前公劉也喜愛錢財，《詩經·大雅·公劉》篇寫道：『糧食真多，囤滿倉庫；包裹乾糧，裝滿囊，裝滿囊。人民安集，國威發揚。弓箭張開，干戈上場，浩蕩前行。』因此留在家裏的人有積穀，行軍的人有乾糧，這才能率領軍隊前進。大王如果喜愛錢財，能跟百姓一道，那對於大王有什麼妨礙呢？」

齊宣王又説：「我有個毛病，我喜愛美色。」

孟子答道：「從前太王也喜愛美女，非常疼愛他的妃子。《詩經·大雅·綿》篇寫道：『古公亶父清早便騎着馬，沿着邠地西邊漆水河岸，來到岐山之下。還帶領着他的妻子姜氏，都來這裏視察住處。』在這個時候，沒有找不着丈夫的老處女，也沒有找不着妻子的單身漢。大王假若能跟百姓一道喜愛美色，那有什麼妨礙呢？」

朋友圈縱橫談

※ 王仁忠

建設明堂的做法，起源很久遠了。上天顯示徵兆，聖明的人仿照它，規定以蒿為柱、用茅草蓋屋簷，上面圓、下面方，核查大概，不超過三跟七之間。「定之方中」（參考定星來定位），一定在丙巳之地建造，難道不是要使房屋正中施行政治的地方，正好對應着太微宮上帝的居所嗎？

原文：

唐王仁忠議曰：明堂之建，其所從來遠矣。自天垂象，聖人則之。蒿柱茅簷之規，上員下方之制，考之大數，不逾三七之間。「定之方中」，必居丙巳之地者，豈非得房心佈政之所，當太微上帝之宮乎？

王臣章

　　孟子謂齊宣王曰：「王之臣有託其妻子於其友而之楚遊者，比其反也，則凍餒其妻子，則如之何？」

　　王曰：「棄之。」

　　曰：「士師不能治士，則如之何？」

　　王曰：「已之。」

　　曰：「四境之內不治，則如之何？」

　　王顧左右而言他。

＊　譯文：

　　孟子對齊宣王說道：「您有一個臣子把妻室兒女付託給朋友照顧，自己到楚國去遊玩了。等他回來的時候，他的妻室兒女卻在捱餓受凍。對待這樣的朋友，應該怎樣辦呢？」

　　齊宣王說：「和他絕交。」

　　孟子說：「假若管刑罰的長官不能管理他的下級，那應該怎樣辦呢？」

　　齊宣王說：「撤掉他！」

　　孟子說：「假若一個國家治理得不好，那又該怎樣辦呢？」

　　齊宣王回過頭去左右張望，把話題扯到別處去了。

※ 張　岱

　　齊國國內治理不善，都是由於齊王的僚屬使得人民捱餓受凍、訴訟不斷而導致。孟子之所以稱「王臣、負友、士師、鰈官」，是因為齊宣王的左右皆在，對他們不好直接批評，所以用假名假託，暗指殺死阿地官員、封賞墨宰的舊事。齊宣王顧左右而言他，也是領會了這一意思。可惜的是，齊宣王行政缺乏毅力，努力一陣，消沉一陣，昏瞶漸深，最終未能治理好齊國。

　　《周禮》裏面記載，卿士是掌管官員們的刑罰；縣士，是管理一縣的刑獄；而士師是他們的長官。不能治士，是針對刑罰事務處置不當而言。

原文：

　　齊之四境不治，皆由王之左右凍餒其民，訟獄繁興所致。其曰王臣負友、士師鰈官，皆因王之左右在前，不容直指，故為託名，拈此烹阿封即墨公案耳。王顧左右，亦會此意。無奈一暴十寒，迷惑日甚，齊之所以不治也。

　　《周禮》：卿士，掌六卿之獄；縣士，掌一縣之獄；而士師為之長。不能治士，就刑獄失宜說。

喬木章

　　孟子見齊宣王，曰：「所謂故國者，非謂有喬木之謂也，有世臣之謂也。王無親臣矣，昔者所進，今日不知其亡也。」

王曰：「吾何以識其不才而捨之？」

曰：「國君進賢，如不得已，將使卑逾尊、疏逾戚，可不慎與？左右皆曰賢，未可也；諸大夫皆曰賢，未可也；國人皆曰賢，然後察之；見賢焉，然後用之。左右皆曰不可，勿聽；諸大夫皆曰不可，勿聽；國人皆曰不可，然後察之；見不可焉，然後去之。左右皆曰可殺，勿聽；諸大夫皆曰可殺，勿聽；國人皆曰可殺，然後察之；見可殺焉，然後殺之。故曰，國人殺之也。如此，然後可以為民父母。」

＊ 譯文：

孟子謁見齊宣王，對他說：「我們平日所說的『故國』，並不是指那個國家有根深葉茂的樹木，而是指累代有功勳的老臣。您現在沒有親信的臣子啦，過去所進用的人想不到今天都消失了。」

齊宣王問：「怎樣去識別那些缺乏才能的人而不用他呢？」

孟子答道：「國君選拔賢人，如果迫不得已要用新進的人，就要把卑賤者提拔在尊貴者之上，把疏遠的人提拔在親近者之上，對這種事能不慎重嗎？左右親近的人都說某人好，不可以輕信；眾位大夫都說某人好，也不可以輕信；全國的人都說某人好，才去考察他；發現他真有才幹，再任用他。左右親近的人都說某人不好，不要聽信；眾位大夫都說某人不好，也不要聽信；全國的人都說某人不好，才去考察；發現他真不好，再罷免他。左右親近的人都說某人可殺，不要聽信；眾位大夫都說某人可殺，也不要聽信；全國之人都說某人可殺，才去考察；發現他該殺，再殺他。所以說，此人是全國人殺的。這樣，才可以做百姓的君主。」

※ 蘇東坡

世臣的功勞德望已經取信於民，用喬木作比，經過厚土深植，好好護養，從一手能握長到合抱之木，不是一朝一夕的功夫。平常沒什麼事時，討論如何興商逐利，上殿辦公，世臣確實比不上新進之士。等到了緊要關頭，確定大政方針，安定民眾，叫他來就來，讓他去就去的，就只有世代功勳的世臣和大家族才能做得到。

原文：

蘇東坡曰：世臣，蓋功業德望已信於人，譬之喬木，封殖愛養，自拱把以至合抱，非一日之故也。平居無事，商功利，課殿最，誠不如新進之士。至於緩急之際，決大策，定大眾，呼之則來，揮之則散者，惟世臣巨室為能耳。

※ 黃貞父

過去用漫不經心的態度選拔人才，本來欠缺為國家品鑒、選用真正人才的心，所以過去選拔的人今天都消失了。這怎麼能得到賢良者去使用呢？孟子所言「如不得已」，真正是對着昏病下針治療呀！

原文：

黃貞父曰：昔者以忽略心進人，原無為國鑒別真才之心，故昔進今亡。何能得賢者之用？「如不得已」四字，真是對昏病下針。

　　並不是君主的左右臣屬、諸位大夫比不上國民有判斷力，
而是君主的左右臣屬、諸位大夫為國君打算時，一定不如國民為
自己打算那麼周全，所以事情可行、不可行，都要依據國民的
判斷。

原文：

　　李卓吾曰：非左右、諸大夫不如國人，以左右、諸大夫之為
君，必不如國人之自為，故可不可總以國人為憑。

※ 張　岱 _____

　　「這樣才可以做人民的父母」，孟子此處説法與《大學》不
一致。《大學》重視民心，這裏則是強調兢兢業業，在選用賢人
方面重視國民的意見，這才與上文的「慎」字對應。

原文：

　　「如此，然後可以為民父母」，此與《大學》不同：彼重民
心，此要得它兢兢業業，就進賢上體恤國人意，方與上「慎」字
相合。

獨夫章

齊宣王問曰：「湯放桀，武王伐紂，有諸？」
孟子對曰：「於傳有之。」

曰：「臣弒其君，可乎？」

曰：「賊仁者謂之『賊』，賊義者謂之『殘』。殘賊之人謂之『一夫』。聞誅一夫紂矣，未聞弒君也。」

* 譯文：

齊宣王問孟子：「商湯流放了夏桀，周武王討伐殷紂，真有這樣的事嗎？」

孟子答道：「史籍上有這樣的記載。」

宣王說：「做臣子的殺掉他的君主，這行嗎？」

孟子說：「破壞仁愛的人叫『賊』，破壞道義的人叫『殘』。這樣的人，我們就叫他『獨夫』。我只聽說過周武王誅殺了獨夫殷紂王，沒有聽說過他弒殺君主。」

朋 友 圈 縱 橫 談

※ 張　岱

宋高宗問尹焞：「商紂王也是國君，孟子為什麼說他是『獨夫』？」尹焞回答說：「這不是孟子的話，而是周武王誓師伐紂時說的：『獨夫得到天下，作威作福。』」高宗又問：「國君對待臣下如同草芥，臣民竟然可以看待他的君主如同強盜、仇人嗎？」尹焞回答說：「這也不是孟子說的。《尚書》裏說：『愛護我的就是君主，虐待我的則是仇人。』」

宋高宗大為高興。像尹焞這樣的人，可以說是善於解讀孟子的呀。

原文：

　　宋高宗問尹焞曰：「紂亦君也，孟子何以謂之獨夫？」焞對曰：「此非孟子之言，武王誓師之言也：『獨夫受，洪惟作威。』」高宗又問曰：「君視臣如草芥，臣可遽視君如寇仇乎？」焞對曰：「此亦非孟子之言。《書》云：『撫我則后，虐我則仇。』」

　　高宗大喜。若焞者，可謂善言孟子者矣。

巨室章

　　孟子見齊宣王，曰：「為巨室，則必使工師求大木。工師得大木，則王喜，以為能勝其任也。匠人斫而小之，則王怒，以為不勝其任矣。夫人幼而學之，壯而欲行之，王曰：『姑捨女所學而從我。』則何如？今有璞玉於此，雖萬鎰，必使玉人雕琢之。至於治國家，則曰：『姑捨女所學而從我。』則何以異於教玉人雕琢玉哉？」

＊　譯文：

　　孟子謁見齊宣王，說：「建一所大屋，必定要派工師去找大木料。工師得到了大木料，大王就高興，認為他能夠勝任工作。如果木工把那木料砍小了，大王就會發怒，認為他擔負不了他的職責。有的人從小學習一門技術，長大了便想運用。可是大王卻對他說：『把你所學的暫且放下，聽我的吧！』這又怎麼行呢？假使大王有一塊未經雕琢的玉石，縱使它價值萬金，

也必定請玉匠來雕琢它。可是一說到治理國家，卻對執政的人說：『把你所學的暫且放下，聽我的吧！』這跟您讓玉匠按照您的辦法雕琢玉石，又有什麼兩樣呢？」

朋 友 圈 縱 橫 談

※ 張 岱

> 「雖萬鎰」，不是說價值低，而是說價值高，以此表達出愛惜、重視的意思。
>
> 原文：
>
> 「雖萬鎰」，不是說價少，而是說價多，方形容愛的意思得出。

勝 燕 章

　　齊人伐燕，勝之。宣王問曰：「或謂寡人勿取，或謂寡人取之。以萬乘之國伐萬乘之國，五旬而舉之，人力不至於此。不取，必有天殃。取之，何如？」

　　孟子對曰：「取之而燕民悅，則取之。古之人有行之者，武王是也。取之而燕民不悅，則勿取。古之人有行之者，文王是也。以萬乘之國伐萬乘之國，簞食壺漿以迎王師，豈有他哉？避水火也。如水益深，如火益熱，亦運而已矣。」

　　齊國攻打燕國，大獲全勝。齊宣王問孟子：「有些人勸我不要吞併燕國，也有些人勸我吞併它。以一個擁有萬輛兵車的大國去攻打同樣擁有萬輛兵車的大國，只用五十天便打下來了，光憑人力是做不到的呀，一定是天意如此。如果我們不把它吞併，上天定會降下災害來。吞併它怎麼樣？」

　　孟子答道：「如果吞併它，燕國百姓很高興，便吞併它。古人有這樣做的，周武王便是如此。如果吞併它，燕國的百姓不高興，那就不要吞併它。古人有這樣做的，周文王便是如此。以齊國這樣擁有一萬輛兵車的大國來攻打燕國這樣擁有一萬輛兵車的大國，燕國的百姓卻用筐盛着乾飯，用壺盛着酒漿來歡迎您的軍隊，難道有別的原因嗎？只不過是想逃開那水深火熱的苦日子罷了。如果吞併後他們的日子更加水深火熱，那只是統治者由燕王轉為齊王罷了。」

朋友圈縱橫談

※ 清風氏

　　周文王如果只管憑藉武力佔有商朝天下，他怎麼知道民心歡迎他？若是考慮人民不高興，恰恰應了用文治來統治之意。

原文：

　　清風氏曰：文王惟知有商，曷知民心之悅已？則真謂民之不悅，正深當於以文服侍之心。

取燕章

齊人伐燕，取之。諸侯將謀救燕。宣王曰：「諸侯多謀伐寡人者，何以待之？」

孟子對曰：「臣聞七十里為政於天下者，湯是也。未聞以千里畏人者也。《書》曰：『湯一征，自葛始。』天下信之，東面而征，西夷怨；南面而征，北狄怨，曰：『奚為後我？』民望之，若大旱之望雲霓也。歸市者不止，耕者不變，誅其君而弔其民，若時雨降。民大悅。《書》曰：『徯我後，後來其蘇。』今燕虐其民，王往而征之，民以為將拯己於水火之中也，簞食壺漿以迎王師。若殺其父兄，繫累其子弟，毀其宗廟，遷其重器，如之何其可也？天下固畏齊之強也，今又倍地而不行仁政，是動天下之兵也。王速出令，反其旄倪，止其重器，謀於燕眾，置君而後去之，則猶可及止也。」

✻ 譯文：

　　齊國攻打燕國，吞併了燕國。別的國家計議救助燕國。齊宣王便問孟子：「很多國家正在商議着來攻打我，怎麼辦？」

　　孟子答道：「我聽說過有憑藉着縱橫各長七十里的國土而統一天下的，商湯就是，卻沒聽說過擁有縱橫千里的國土而害怕別國的。《尚書》說過：『商湯征伐，從葛國開始。』天下人都很信服商湯，因此，他向東方進軍，西方國家的百姓便不高興；向南方進軍，北方國家的百姓便不高興，都說：『為什麼

把我們放在後面呢？』人們盼望他，猶如久旱盼望烏雲和虹霓一樣。湯征伐時，做買賣的照常來往，種莊稼的照常下地，只是誅殺暴君來慰撫被殘害的百姓。他的來到，正像天上及時降下甘霖一樣，老百姓非常高興。《尚書》又說：『等待我們的國君，他到了，我們也就有活路兒了！』如今燕國的君主虐待百姓，您去征伐他，那裏的百姓認為您是要把他們從水深火熱中解救出來，因此都用筐盛着乾飯，用壺盛着酒漿來歡迎您的軍隊。若是您卻殺掉他們的父兄，擄掠他們的子弟，毀壞他們的宗廟祠堂，搬走他們的國家寶器。這怎麼可以呢？天下各國本來就害怕齊國強大，現在齊國的土地又擴大了一倍，而且還暴虐不行仁愛之政，自然會招致各國興兵動武。大王您趕快發出命令，遣回老老小小的俘虜，停止搬運燕國的寶器，再和燕國的人協商擇立一位燕王，然後從燕國撤退。這樣做還是來得及阻止事情惡化的。」

朋友圈縱橫談

※ 張　岱

　　這裏的「怨」和「望」，表達的訴求是一致的 —— 盼望商湯，根本只因「天下信之」。「信」這個字極妙，這個信不是臨時形成的。商湯征伐，市場上的人商貿「不止」，耕田的人耕作「不變」，都在於部隊行軍有紀律，這跟齊國攻打燕國正相反，不單單是因為民心歡迎商湯而成就。

原文：

　　怨與望只一意，精神全本「天下信之」。「信」字極妙，此「信」不在臨時。「不止」「不變」，全在師行有紀，正與齊之取燕相反，非獨民情慶湯師之來。

魯哄章

鄒與魯哄。穆公問曰：「吾有司死者三十三人，而民莫之死也。誅之，則不可勝誅；不誅，則疾視其長上之死而不救，如之何則可也？」

孟子對曰：「凶年饑歲，君之民老弱轉乎溝壑，壯者散而之四方者，幾千人矣；而君之倉廩實，府庫充，有司莫以告，是上慢而殘下也。曾子曰：『戒之戒之！出乎爾者，反乎爾者也。』夫民今而後得反之也。君無尤焉！君行仁政，斯民親其上，死其長矣。」

＊ 譯文：

鄒國同魯國發生衝突。鄒穆公問孟子：「這一次衝突，我的官吏犧牲了三十三個，老百姓卻沒有一個為他們死難的。殺了他們吧，殺不了那麼多人；不殺吧，他們眼睜睜看着長官被殺卻不去營救。怎樣辦才好呢？」

孟子答道：「當災荒年歲，您的百姓中年老體弱的棄屍於山溝荒野之中，年輕力壯的四處逃荒，這樣的人有上千；而在您的穀倉中堆滿了糧食，庫房裏裝滿了財寶，您的官吏誰也不來報告，這就是上級不關心老百姓，並且還殘害他們。曾子說過：『警惕，警惕啊！你怎樣去對待人家，人家就將怎樣回報你。』現在，大王您的百姓可得到報復的機會了。您不要責備他們吧！您如果實行仁政，百姓自然就會愛護他們的上級，情願為他們的長官去捨命了。」

※ 賈　誼

　　那人民是最低賤卻不可簡慢的，是最愚魯卻不可欺騙的，從古到今以來，凡是跟人民作對的，不管早晚，人民一定會戰勝他。

原文：

　　賈太傅曰：夫民者至賤而不可簡也，至愚而不可欺也，故自古至於今，與民為仇者，有遲有速而民必勝之。

※ 張　岱

　　孟子本意只是責備君主，假使有人拘泥於文章中間一段的言辭，把罪名加諸有關官吏，那是活活冤枉了官吏。

　　「君之民」三個字要特別留意。鄒穆公只曉得官吏是自己的官吏，而不懂人民也是自己的人民。

原文：

　　孟氏原只是責君，泥卻中間一段，羅織有司，便是屈生屈死。

　　「君之民」三字要看。公只曉得有司是自家的，而不知民也是君的。

效死章

滕文公問曰：「滕，小國也，間於齊、楚。事齊乎？事楚乎？」

孟子對曰：「是謀非吾所能及也。無已，則有一焉：鑿斯池也，築斯城也，與民守之，效死而民弗去，則是可為也。」

＊ 譯文：

滕文公問道：「滕國是一個弱小的國家，處在齊國和楚國兩個大國中間，是服侍齊國呢，還是服侍楚國呢？」

孟子答道：「這個問題不是我所能解決的。如果您一定要我談談，那就只有一個主意：把護城河挖深，把城牆築堅固，跟老百姓一道來保衛它，百姓寧肯獻出生命都不離開，那就有辦法了。」

朋友圈縱橫談

※ 張 岱 _____

民心要是不穩固，死守城池有什麼用處？這裏，「與民」（跟人民一起）兩個字，孟子用得極有深意。不然的話，怎麼能說孟子決不是固執迂腐的人呢？

築薛章

滕文公問曰：「齊人將築薛，吾甚恐，如之何則可？」

孟子對曰：「昔者大王居邠，狄人侵之，去之岐山之下居焉。非擇而取之，不得已也。苟為善，後世子孫必有王者矣。君子創業垂統，為可繼也。若夫成功，則天也。君如彼何哉？強為善而已矣。」

＊ 譯文：

滕文公問孟子：「齊國人準備加築與我國相鄰的薛城，我很害怕，這要怎麼辦才好？」

孟子答道：「從前周太王居於邠地，狄人來侵犯。他便避開，搬到岐山下定居。這不是太王主動選擇要這麼做，實在是不得已！要是一個君主能實行仁政，他的後代子孫一定會有成為帝王的。有德君子創立功業，傳之子孫，正是為着一代一代地能夠承繼下去。至於能不能成功呢，就要看天命了。大王您能把齊人怎麼辦？只需努力實行仁政就行了。」

朋友圈縱橫談

※ 張　岱

孟子一生的志向是做姜尚、伊尹那樣的人，但他的志向是不可能指望滕這樣的小國來實現的。如果說他能幫助滕國長久存續，也就可以了。比較別的國家僥幸求存，孟子的策略大不一樣。遊說之士喜歡採用誇張的言辭，好比曹國大臣公孫強提出不切實的策略，使得曹國迅速滅亡，危害極大。因此，教導聖賢的學問，一定要擅於審時度勢。

原文：

孟子一生志願欲為尚父、阿衡，然非可以望之滕者。若曰滕能長世則已可矣。較之以人國僥幸，大是不同。策士好為誇詞，如公孫強頃刻亡曹，其害甚烈。故知聖賢之學，必審於時務。

竭力章

滕文公問曰：「滕，小國也；竭力以事大國，則不得免焉，如之何則可？」

孟子對曰：「昔者大王居邠，狄人侵之。事之以皮幣，不得免焉；事之以犬馬，不得免焉；事之以珠玉，不得免焉。乃屬其耆老而告之曰：『狄人之所欲者，吾土地也。吾聞之也：君子不以其所以養人者害人。二三子何患乎無君？我將去之。』去邠，逾梁山，邑於岐山之下居焉。邠人曰：『仁

人也，不可失也。』從之者如歸市。

「或曰：『世守也，非身之所能為也。效死勿去。』」

「君請擇於斯二者。」

＊ 譯文：

滕文公問孟子：「滕是個弱小的國家，盡心竭力地服侍大國，仍然難免於禍害，應該怎麼辦？」

孟子答道：「古時候太王居於邠地，狄人來侵犯他。太王貢獻皮裘和絲綢，狄人沒有停止侵犯；太王又獻上好狗名馬，狄人也沒有停止侵犯；太王又把珍珠寶玉去送給他們，狄人還是沒有停止侵犯。太王便召集邠地的長老，向他們宣佈：『狄人所要的是我們的土地。我聽說過：有道德之人不能為養人之物反而使人遭到禍害。你們何必擔心沒有君主？我準備離開這兒。』於是他離開邠地，越過梁山，在岐山下重新建築一個城邑定居下來。邠地的百姓說：『這是一位有仁德的人呀，不可以失去他。』追隨而去的人好像趕集一樣踴躍。

「也有人這麼說：『這是祖宗傳下來讓子孫代代保守的基業，不是我本人可以擅自作主捨棄的。寧可獻出生命，也不離開。』」

「以上兩條路，大王您可以擇取。」

朋友圈縱橫談

※ 張　岱 _____

周太王遷居之事，別的地方無從考證。讀《詩經·大雅·綿》，可能是周國當時物產、實力強盛，計劃詳細，才遷移的，

並不是由於狄人侵擾而遷居。孟子一生發表言論，不怎麼拘泥於細節，也許當時周人遭遇的是來自狄人的小騷擾吧，但其遷居並不是由於狄人。學習者不可以不了解這點。

原文：

> 太王之遷，他無可考。誦《大雅·綿》，大抵物力強盛，區劃精明，非因狄而播遷也。孟子生平立言，不甚拘泥，或當時小有狄患乎？遷非為狄也。學者不可不知。

臧倉章

魯平公將出，嬖人臧倉者請曰：「他日君出，則必命有司所之。今乘輿已駕矣，有司未知所之，敢請。」

公曰：「將見孟子。」

曰：「何哉，君所為輕身以先於匹夫者？以為賢乎？禮義由賢者出，而孟子之後喪逾前喪。君無見焉！」

公曰：「諾。」

樂正子入見，曰：「君奚為不見孟軻也？」

曰：「或告寡人曰：『孟子之後喪逾前喪。』是以不往見也。」

曰：「何哉君所謂逾者？前以士，後以大夫；前以三鼎，而後以五鼎與？」

曰：「否；謂棺椁衣衾之美也。」

曰：「非所謂逾也，貧富不同也。」

樂正子見孟子，曰：「克告於君，君為來見也。嬖人有臧倉者沮君，君是以不果來也。」

曰：「行，或使之；止，或尼之。行止，非人所能也。吾之不遇魯侯，天也。臧氏之子焉能使予不遇哉？」

＊ 譯文：

魯平公準備外出，他寵倖的小臣臧倉請示道：「平日您出外，一定把要去的地方通知管事的人。現在車馬已經都預備好了，管事的人還不知道您要往哪裏去，因此來請示。」

魯平公說：「我要去拜訪孟子。」

臧倉說：「您這樣不尊重自己而去拜訪一個普通人，是為什麼呢？是因為您認為孟子是賢德之人嗎？賢德之人的行為應該合乎禮義，而孟子辦他母親的喪事大大超過他以前辦父親的喪事。您不要去看他！」

魯平公說：「好吧。」

樂正子去見魯平公，問道：「您為什麼不去看孟軻呢？」

魯平公說：「有人告訴我：『孟子辦他母親的喪事大大超過他以前辦父親的喪事。』所以不去看他了。」

樂正子說：「您所說的超過是什麼意思呢？是辦父親的喪事用士禮，辦母親的喪事用大夫之禮嗎？是辦父親的喪事用三個鼎擺設供品，辦母親的喪事用五個鼎擺設供品嗎？」

平公說：「不，我指的是棺槨衣衾的精美度。」

樂正子說：「那便不能叫『超過』，只是前後貧富不同罷了。」

樂正子去見孟子，説道：「我同魯君講了，他打算來看您。可是他所寵倖的一個小臣臧倉阻止了他，他因此就不來了。」

　　孟子説：「一個人要幹一件事情，是有一種力量在支使他；不幹，也是有一種力量在阻止他。幹與不幹，不是單憑人力所能做到的。我不能和魯侯遇合，是由於天命。臧家那個小子，他哪裏能使我不與魯侯相遇合呢？」

朋友圈縱橫談

※ 王鳳洲

　　這章的大意跟《公伯寮愬子路章》一樣。在這裏，聖賢並不是用天命來推諉，而是揭曉天命關聯的都是大事，小人沒有辦法干涉。這恰是警示奸邪小人的意思。

原文：

　　王鳳洲曰：此章與《公伯寮愬子路章》同意。聖賢於此，不是以天命自諉，乃揭出天命所關之大，而小人無能為也。正是警制奸邪之意。

※ 夏古訥

　　氣數這事雖然不是小人能干涉的，但是遇到小人也是氣數。

原文：

　　夏古訥曰：氣數雖不關小人，小人亦是氣數。

公孫丑上

當路章

公孫丑問曰：「夫子當路於齊，管仲、晏子之功，可復許乎？」

孟子曰：「子誠齊人也，知管仲、晏子而已矣。或問乎曾西曰：『吾子與子路孰賢？』曾西蹴然曰：『吾先子之所畏也。』曰：『然則吾子與管仲孰賢？』曾西艴然不悅，曰：『爾何曾比予於管仲？管仲得君如彼其專也，行乎國政如彼其久也，功烈如彼其卑也；爾何曾比予於是？』」曰：「管仲，曾西之所不為也，而子為我願之乎？」

曰：「管仲以其君霸，晏子以其君顯，管仲、晏子猶不足為與？」

曰：「以齊王，由反手也。」

曰：「若是，則弟子之惑滋甚。且以文王之德，百年而後崩，猶未洽於天下；武王、周公繼之，然後大行。今言王若易然，則文王不足法與？」

曰：「文王何可當也？由湯至於武丁，賢聖之君六七作，天下歸殷久矣，久則難變也。武丁朝諸侯，有天下，猶運之掌也。紂之去武丁未久也，其故家遺俗，流風善政，猶有存者；又有微子、微仲、王子比干、箕子、膠鬲 —— 皆賢人也 —— 相與輔相之，故久而後失之也。尺地，莫非其有也；

一民，莫非其臣也；然而文王猶方百里起，是以難也。齊人有言曰：『雖有智慧，不如乘勢；雖有鎡基，不如待時。』今時則易然也：夏后、殷、周之盛，地未有過千里者也，而齊有其地矣；雞鳴狗吠相聞，而達乎四境，而齊有其民矣。地不改辟矣，民不改聚矣，行仁政而王，莫之能禦也。且王者之不作，未有疏於此時者也；民之憔悴於虐政，未有甚於此時者也。飢者易為食，渴者易為飲。孔子曰：『德之流行，速於置郵而傳命。』當今之時，萬乘之國行仁政，民之悅之，猶解倒懸也。故事半古之人，功必倍之，惟此時為然。」

* 譯文：

　　公孫丑問孟子：「您如果在齊國當權，管仲、晏子的功業可以再度興盛起來嗎？」

　　孟子說：「你不愧是一個齊國人，只曉得管仲、晏子。曾經有人問曾西：『你和子路相比，誰強？』曾西不安地說：『他是我父親所敬畏的人。』那人又說：『那麼你和管仲相比，誰強？』曾西馬上不高興了，說：『你為什麼竟拿我跟管仲相比？管仲得到齊桓公的信賴是那樣專一，行使國家的政權是那樣長久，而功績卻那樣卑小。你為什麼竟拿我跟他相比？』」過了一會兒，孟子又說：「管仲是曾西不願相提並論的人，你以為我會願意學他嗎？」

　　公孫丑說：「管仲輔佐齊桓公使他稱霸天下，晏子輔佐齊景公使他名揚諸侯。管仲、晏子難道還不值得學習嗎？」

　　孟子說：「憑藉齊國來統一天下，易如反掌。」

　　公孫丑說：「您這樣講來，我更加不懂了。像文王那樣的德

行，而且活了將近一百歲，他推行的德政還沒有周遍於天下，武王、周公繼承他的事業，然後才廣泛地推行了王道。現在你把統一天下說得那樣容易，那麼，文王也不值得效法嗎？」

孟子說：「周文王怎麼能夠比得上呢？從湯到武丁，賢明的君主總有六七位，天下的人歸服殷朝已經很久了，時間一久便很難變動。武丁使諸侯來朝，把天下治理好，就好像在手掌中運轉東西一樣輕易。紂王的年代距武丁並不很久，當時的勳舊世家、善良習俗、先民遺風、仁惠政教還有些存世，又有微子、微仲、王子比干、箕子、膠鬲——這些賢德的人，共同來輔助他，所以經歷相當長久的時間才亡了國。當時沒有一尺土地不是紂王所有，沒有一個百姓不是紂王的臣民，然而周文王還是能憑藉縱橫一百里的小國而創立豐功偉業，所以是很困難的。齊國有句俗話：『即便聰明，不如利用形勢；即便有鋤頭，不如等待農時。』現在的時勢要推行王政，就容易多了：縱使在夏、商、周最興盛的年代裏，任何國家的國土也沒有超過縱橫一千里的，現在齊國卻有這麼廣闊的土地；雞鳴狗叫的聲音，從首都一直到四方的國界線，處處相聞，齊國有這麼多的百姓。國土不必再開拓，百姓也不必再增加，只要實行仁政來統一天下，就沒有人能夠阻止得了。而且統一天下的賢君未興起的時間，從來沒有間隔這樣長久；老百姓因暴虐的政治而備受壓迫，也從來沒有這樣厲害過。肚子飢餓的人不擇食物，口舌乾燥的人不擇飲料。孔子說過：『德政的流行，比驛站傳達政令還要迅速。』現在這個時候，擁有萬輛兵車的大國實行仁政，老百姓的高興勁，就好像倒掛着的人被解救了一般。所以，只需幹古人一半的事兒，功業卻能超過古人一倍，也只有這個時代才行。」

※ 楊龜山

　　從孟子以後，沒有人敢小瞧管仲，只因為不能徹底看透管仲。近代以來的儒士，比如王安石，雖然會鄙視管仲，但他的認識其實不透徹。人們如果知道車夫王良拒絕與小人嬖奚坐一個車，是有「哪怕相對容易獲得禽獸，如果是丘陵也不去」的意思，那麼自然會認為管仲微不足道了。

原文：

　　楊龜山曰：自孟子後，人不敢小管仲，只為見他不破。近世儒者如荊公，雖知卑管仲，其實亦識他未盡。人若知王良羞與嬖奚乘，「比而得禽獸，雖若丘陵弗為」之意，則管仲自卑不足道。

養氣章

　　公孫丑問曰：「夫子加齊之卿相，得行道焉，雖由此霸王，不異矣。如此，則動心否乎？」

　　孟子曰：「否；我四十不動心。」

　　曰：「若是，則夫子過孟賁遠矣。」

　　曰：「是不難，告子先我不動心。」

　　曰：「不動心有道乎？」

　　曰：「有。北宮黝之養勇也：不膚撓，不目逃，思以一毫挫於人，若撻之於市朝；不受於褐寬之博，亦不受於萬乘

之君；視刺萬乘之君，若刺褐夫；無嚴諸侯，惡聲至，必反之。孟施舍之所養勇也，曰：『視不勝猶勝也；量敵而後進，慮勝而後會，是畏三軍者也。舍豈能為必勝哉？能無懼而已矣。』孟施舍似曾子，北宮黝似子夏。夫二子之勇，未知其孰賢，然而孟施舍守約也。昔者曾子謂子襄曰：『子好勇乎？吾嘗聞大勇於夫子矣：自反而不縮，雖褐寬博，吾不惴焉；自反而縮，雖千萬人，吾往矣。』孟施舍之守氣，又不如曾子之守約也。」

日：「敢問夫子之不動心與告子之不動心，可得聞與？」

「告子曰：『不得於言，勿求於心；不得於心，勿求於氣。』不得於心，勿求於氣，可；不得於言，勿求於心，不可。夫志，氣之帥也；氣，體之充也。夫志至焉，氣次焉，故曰：『持其志，無暴其氣。』」

「既曰：『志至焉，氣次焉。』又曰『持其志，無暴其氣』者，何也？」

日：「志壹則動氣，氣壹則動志也，今夫蹶者趨者，是氣也，而反動其心。」

「敢問夫子惡乎長？」

日：「我知言，我善養吾浩然之氣。」

「敢問何謂浩然之氣？」

日：「難言也。其為氣也，至大至剛，以直養而無害，則塞於天地之間。其為氣也，配義與道；無是，餒也。是集義所生者，非義襲而取之也。行有不慊於心，則餒矣。我故

曰，告子未嘗知義，以其外之也。必有事焉，而勿正，心勿忘，勿助長也。無若宋人然：宋人有閔其苗之不長而揠之者，芒芒然歸，謂其人曰：『今日病矣！予助苗長矣！』其子趨而往視之，苗則槁矣。天下之不助苗長者寡矣。以為無益而捨之者，不耘苗者也；助之長者，揠苗者也 —— 非徒無益，而又害之。」

「何謂知言？」

曰：「詖辭知其所蔽，淫辭知其所陷，邪辭知其所離，遁辭知其所窮 —— 生於其心，害於其政；發於其政，害於其事。聖人復起，必從吾言矣。」

「宰我、子貢善為說辭，冉牛、閔子、顏淵善言德行。孔子兼之，曰：『我於辭命，則不能也。』然則夫子既聖矣乎？」

曰：「惡！是何言也？昔者子貢問於孔子曰：『夫子聖矣乎？』孔子曰：『聖則吾不能，我學不厭而教不倦也。』子貢曰：『學不厭，智也；教不倦，仁也。仁且智，夫子既聖矣。』夫聖，孔子不居 —— 是何言也？」

「昔者竊聞之：子夏、子游、子張皆有聖人之一體，冉牛、閔子、顏淵則具體而微，敢問所安。」

曰：「姑捨是。」

曰：「伯夷、伊尹何如？」

曰：「不同道。非其君不事，非其民不使；治則進，亂則退，伯夷也。何事非君，何使非民；治亦進，亂亦進，伊

尹也。可以仕則仕，可以止則止，可以久則久，可以速則速，孔子也。皆古聖人也，吾未能有行焉，乃所願，則學孔子也。」

「伯夷、伊尹於孔子，若是班乎？」

曰：「否。自有生民以來，未有孔子也。」

曰：「然則有同與？」

曰：「有。得百里之地而君之，皆能以朝諸侯，有天下；行一不義，殺一不辜，而得天下，皆不為也。是則同。」

曰：「敢問其所以異。」

曰：「宰我、子貢、有若，智足以知聖人，污不至阿其所好。宰我曰：『以予觀於夫子，賢於堯、舜遠矣。』子貢曰：『見其禮而知其政，聞其樂而知其德，由百世之後，等百世之王，莫之能違也。自生民以來，未有夫子也。』有若曰：『豈惟民哉？麒麟之於走獸，鳳凰之於飛鳥，太山之於丘垤，河海之於行潦，類也。聖人之於民，亦類也。出於其類，拔乎其萃，自生民以來，未有盛於孔子也。』」

＊ 譯文：

公孫丑問孟子：「老師假若做了齊國的卿相，能夠實現自己的主張，從此小則可以成就霸業，大則可以成就王業，那是不足奇怪的。如果遇到這種情況，您是不是會動心呢？」

孟子說：「不；我從四十歲以後就不再動心了。」

公孫丑說：「這麼看來，老師比孟賁強多了。」

孟子說：「這個不難，告子比我還早能夠做到不動心呢。」

公孫丑說：「做到不動心有方法麼？」

孟子說：「有。北宮黝培養勇氣：肌膚被刺，毫不顫動；眼睛被戳，一眨不眨。他以為受一點點挫折，就好像在稠人廣眾之中捱了鞭打一樣。既不能忍受卑賤者的侮辱，也不能忍受大國君主的侮辱。把刺殺大國的君主看成刺殺卑賤的人一樣。對各國的君主毫不畏懼，捱了罵一定回擊。孟施舍的培養勇氣又有所不同，他說：『我對待不能戰勝的敵人，跟對待足以戰勝的敵人一樣。如果先估量敵人的力量才前進，先考慮勝敗才交鋒，這種人若碰到數量眾多的軍隊一定會害怕。我哪能一定打勝仗呢？不過是能做到無所畏懼罷了。』——孟施舍的養勇像曾子，北宮黝的養勇像子夏。這兩個人的勇氣，我也不知道誰強誰弱，孟施舍的方法比較簡易可行。從前曾子對子襄說：『你喜歡勇敢嗎？我曾經從孔夫子那裏聽過關於大勇的理論：反躬自問，如果正義不在我這裏，對方縱是卑賤的人，我也不去恐嚇他；反躬自問，如果正義確在我這裏，對方縱是千軍萬馬，我也勇往直前。』——孟施舍的養勇只是保持一股無所畏懼的盛氣，自然又不如曾子這一方法簡易可行。」

公孫丑說：「我大膽地問問您：老師的不動心和告子的不動心，可以講給我聽聽嗎？」

孟子說：「告子曾經講過：『假若沒有從禮的成說中找到行為指導，便不要向內心中去尋求；假若沒有從內心中找到指導，便不要從氣魄中去尋求。』沒有從內心中找到指導，便不要從氣魄中去尋求，這是對的；沒有從禮的成說中找到行為指導，便不向內心中去尋求，是不對的。因為心志是氣魄的統帥，氣魄是充滿人身體的力量。心志到了哪裏，氣魄也就會在哪裏表現出來。所以我說：『要堅定自己的心志，不要濫用自己的氣魄。』」

公孫丑說：「您既然說：『心志到了哪裏，氣魄也就在哪裏

表現出來。』但是您又說:『要堅定自己的心志,不要濫用自己的氣魄。』這是什麼道理呢?」

孟子說:「心志若專注於某一方面,氣魄自然為之轉移;氣魄假若專注於某一方面,也一定會影響到心志,因為心志不能不為之動蕩。譬如跌倒和奔跑,這只是氣魄專注於某一方面的震動,然而也不能不影響到思想,造成心的浮動。」

公孫丑問道:「請問,老師長於哪一方面?」

孟子說:「我善於從禮的成說中得到指導,也善於培養我自己的浩然之氣魄。」

公孫丑又問:「請問什麼叫做浩然之氣呢?」

孟子說:「這就難說明白了。那一種氣最偉大,最剛強。用正義去培養它,一點不加傷害,就會充滿上下四方,無所不在。那種氣,必須與義和道配合;缺乏義與道,它就虛弱了。那一種氣,是由正義的經常積累所產生的,不是偶然和暫時的正義行為所能取得的。只要做一件於心有愧的事,那種氣就會疲軟了。所以我說,告子不曾懂得義,因為他把義看成心外之物。必須把集義看成心內之事,但不要過高期待;時刻記住它,但是也不能違背規律地幫助它生長。不要學宋國人那樣——宋國有一個擔心禾苗不長而去把它拔高的人,十分疲倦地回去,對家裏人說:『今天累壞了!我幫助禾苗生長了!』他兒子趕快跑去一看,禾苗都枯槁了。其實天下不幫助禾苗生長的人是很少的。以為培養工作沒有益處而放棄不幹的,就是種莊稼不鋤草的懶漢;違背規律去幫助它生長的,就是拔苗的人。這種助長行為,不但沒有益處,反而會傷害它。」

公孫丑問:「怎麼樣才算善於分析別人的說法呢?」

孟子答道:「不全面的說法我知道它片面之所在;過分的說法我知道它不足之所在;不合正道的說法我知道它與正道分歧

之所在；躲閃的說法我知道它理屈的地方。這四種說法，從思想中產生出來，必然會在政治上產生危害；如果把它體現於政治行為，一定會危害國家的事務。哪怕聖人再現，也一定會認可我的話。」

公孫丑說：「宰我、子貢善於說話，冉牛、閔子、顏淵善於闡述道德，孔子則兼有兩長，但是他還說：『我對於辭令，不擅長。』那麼，您已經超越他們，是聖人了嗎？」

孟子說：「哎！這是什麼話！從前子貢問孔子：『老師已經是聖人了嗎？』孔子說：『聖人，我做不到；我只不過是學習不知滿足，教誨不嫌疲勞罷了。』子貢便說：『學習不知滿足，這是智；教誨不嫌疲勞，這是仁。既仁且智，老師已經是聖人了。』聖人，連孔子都不敢自居，你說的是什麼話！」

公孫丑說：「從前我曾聽說過，子夏、子游、子張都各有孔子的一部分長處；冉牛、閔子、顏淵大體近於孔子，卻不如他那樣博大精深。請問老師自認為是哪一種人？」

孟子說：「暫且不談這個。」

公孫丑又問：「伯夷和伊尹怎麼樣？」

孟子答道：「也不相同。不是他理想的君主，他不去服侍；不是他理想的百姓，他不去使喚；天下太平就出來做官，天下昏亂就退而隱居，伯夷是這樣的。任何君主都可以去服侍，任何百姓都可以去使喚；太平時世也做官，不太平的歲月也做官，伊尹是這樣的。能夠做官就做官，應該辭職就辭職，能夠繼續幹就繼續幹，應該馬上走就馬上走，孔子是這樣的。他們都是古代的聖人，他們的境界我都沒有做到；至於我所希望的，是學習孔子。」

公孫丑問：「伯夷、伊尹與孔子他們不是一樣的人嗎？」

孟子答道：「不，從有人類以來沒有能比得上孔子的。」

公孫丑又問：「那麼，他們有相同的地方嗎？」

孟子答道：「有。如果得到縱橫各一百里的土地，讓他們做君主，他們都能夠使諸侯來朝覲，統一天下。如果叫他們做一件不合道理的事，殺一個沒有犯罪的人，由此得到天下，他們都不會做的。這就是他們相同的地方。」

公孫丑說：「請問，他們不同的地方又在哪裏呢？」

孟子說：「宰我、子貢、有若三人，他們的聰明知識足以了解聖人，即使他們有不好，也不致偏袒他們所愛好的人。宰我說：『以我來看老師，比堯舜都強多了。』子貢說：『看見一國的禮制，就了解它的政治；聽到一國的音樂，就知道它的德教。即使在百代以後去評價百代以來的君主，任何一個君主都不能違離孔子之道。從有人類以來，沒有能比得上他老人家的。』有若說：『難道僅僅人類有高下的不同嗎？麒麟對於走獸，鳳凰對於飛鳥，太山對於土堆，河海對於小溪來說，何嘗不是同類，聖人對於百姓來說，亦是同類，但遠遠超出了他那一類，大大高出了他那一群。從有人類以來，沒有比孔子還要偉大的人。」

朋 友 圈 縱 橫 談

※ 張　岱

《路史》說：賢人和君子，是國家的地基和柱石。桀、紂虐待人民很久了，應該滅亡了，然而因為兩位賢良的人還在朝，三位仁者也沒有離開，所以能夠維持一陣。等到賢人君子不在了，王朝的基礎就坍塌了，柱石也倒下了，廳堂還能存在嗎？所以《商書》在微子死亡時終結，《夏書》寫到女鳩、女方就結束了。

這是說，賢人君子的去留關係着社稷國家的存亡。

原文：

《路史》曰：賢人君子，國之基址柱石也。桀、紂之虐久矣，可以亡矣，然兩賢猶在，三仁未亡，則猶未喪。及一旦去之，基址傾矣，柱石僵矣，堂其能存乎哉？是故《商書》終於微子之命，《夏書》終於女鳩、女方。言賢人君子之去留，社稷存亡之所繫也。

※ 董思白

這一章名叫「養氣（培養正氣）」，其實沒有一個字在「氣」字上着力。整章講的都是「持志（堅定自己的意志）」，而所謂「持」的要領，在「必有事焉（貫穿於實際事務）」幾句。文章講的正義在此，用正直養護在此，善於領會話意的人要留意此點，養氣的人要學習此點。

原文：

董思白曰：此章叫做「養氣」，實無一字於氣上討力。通章只是「持志」二字，而持之妙，在「必有事焉」數句。所謂縮者在此，直養者在此，知言者知此，養氣者養此。

※ 張　岱

北宮黝、孟施舍的勇敢，孟子都用「養」字來形容，這一點不可以匆匆忽略。他們的高下都要放在有關不動心的法門方面比較，讀到後面「也還比不上曾子」一句，就可以知道，迂腐的儒士是不可以隨意評論他們的——畢竟他們也已經可以拿來同曾

子相比較了。你看秦舞陽在大街上殺人時何等勇悍，無人敢於直視。等到他到了秦國的朝廷上，就被嚇得臉色大變，驚恐不已。這是因為秦舞陽的心裏在意秦王，也即是所說的「畏懼諸侯的威嚴」。這是僅有勇氣，沒有加以養護。

原文：

　　北宮黝、孟施舍之勇，俱下個「養」字，亦不得草草看過二子，故均於不動心道中比擬，看下文「又不如曾子」一句，可見腐儒莫大趁口。秦舞陽殺人，莫敢忤視。比至秦庭，變色震恐。只為胸中見有秦王在，所謂嚴諸侯也。此勇而無養者。

※ 蘇東坡

　　孟子說：「我善於培養我胸中的浩然之氣。」這種氣魄也蘊含在平常事物之中，充滿了天地間。突然間同它相遇，王公大臣顯不出貴氣，晉國、楚國算不得富強，張良、陳平之徒不能說有智慧，孟賁、夏育這樣的勇士喪失勇武，張儀、蘇秦不敢稱善辯。是什麼導致了這樣的情況呢？那裏面必定有不依託形體而成立，不憑藉力氣而行動，不依附活着而存在，不隨着死亡而消失的東西。它在天上就化作星辰，在大地上就造就山嶽、河流，出沒變作鬼神，顯明就成為人。這是尋常的道理，不值得大驚小怪。

原文：

　　東坡曰：孟子曰：「吾善養吾浩然之氣。」是氣也，寓於尋常之中，而塞乎天地之間。卒然遇之，則王公失其貴，晉、楚失其富，良、平失其智，賁、育失其勇，儀、秦失其辯。是孰使之然哉？其必有不依形而立，不恃力而行，不待生而存，不隨死而

亡者矣。故在天為星辰，在地為河嶽，出則為鬼神，而明則復為人。此理之常，無足怪者。

※ 丘月林

　　《孟子》文章中的「守約」，不是指守住「約」。「約」，是要點的意思，是説守護時要抓住要點。守護住了要點，那這個「守」就活了；若是只守着要點，那「守」就是一個僵化的行為。這一點要辨析仔細。

原文：

　　丘月林曰：「守約」不是守這約。約，要也，言所守者得其要也。守得其約，則「守」字活；言守這約，則「守」字死。須辨。

※ 梁無知

　　孟子這兩個「似」字用得好呀。所謂「似是」，卻並不是。只因為告子跟孟子相似，擔心人們搞錯了學術脈絡，所以孟子説：「告子比我先達到不動心的境界。」首先要分辨這個相似之處。

原文：

　　梁無知曰：二「似」字最妙，所謂似是而非也。只為告子似孟子，恐人誤學脈，故曰：「告子先我不動心。」急欲辨此似處。

※ 楊升庵

　　人心志抵達的地方，氣魄一定到達。所以，此章文中的「至」是抵至的至，而不是極致的致。「次」是到達居所的次，不是先後次第的次。舉例來説，想到火感覺灼熱，驚恐的時候出

汗，哀傷自然流淚，這就是「志至」（心志抵達）而「氣次」（氣
魄到達）的證明。

原文：

　　楊升庵曰：志之所至，氣必至焉。故「至」者，至到之至，
而非極致之致。「次」者，次舍之次，而非次第之次也。思水而
寒，思火而熱，驚而汗出，哀而淚下，此「志至」而「氣次」
之驗。

※ 張　岱

　　氣魄是先天具備的，道義是後天培養而成的。先天稟賦一定
要和後天的培養配合才生長，就好像陰陽、夫婦配合在一起才能
孕育一樣。這裏說的「氣配」，後面說的「氣生」，都是指的此事。

　　孟子「故曰」，原本就不是闡述古代已有的觀點，也不是反
覆說明本章內容，他正是就他的「心法」而說。乙卯年科考的南
榜狀元卷，就是單單用這兩個字作成了一篇絕妙文章。

　　培養氣魄，不是在氣上講究，如同善辨言辭不是在話語上講
究。培養氣魄重在養心，知曉言辭貴在了解人心，這是孟子觀察
心的收穫。告子沒有明白也不去追求，不明而勿求，他的心早就
動了。告子在乎做還是不做，孟子則只在意有收穫沒收穫。

　　不能明辨說法，也不在內心研求，這是告子。明辨說法，察
知內心，由知心而貫通到擅長政務，這是孟子。

原文：

　　氣是先天，道義是後天。先天必合後天而始生，如陰陽伉
儷夫婦，配合方有孕誕之理。此言氣配，下言氣生，皆是物也。

　　「故曰」，原非述古成說，亦非復證本章，政就自己心脈指

言之。乙卯南京元墨只將此二字成一篇妙局。

養氣非求之於氣，知言非求之於言。養氣者養心，知言者知心，此孟子之得於心者也。告子不得而勿求，兩不得處，其心早已動矣。告子只論求不求，孟子只論得不得。

不得於言，勿求於心，是告子。知言以知心，知心以知政事，是孟子。

※ 周介生

看看那個「塞」字，到了充滿天地的程度，它的精神仍然一點都不散亂，這是不動心的投影。

原文：

周介生曰，看一「塞」字，到得充斥天地，精神仍是一毫不走散，此是不動心的影像。

※ 朱　熹

事事合乎道義，是培養氣魄的藥，在事務中歷練是其鍛造方法。不要有特定的目的，時刻記住它，也不要人為拔苗助長，最好在處理事務中培養，而不是一時正一時反地練習。就跟練琴一樣，不過慢也不着急；也像是煉丹，不一時冷一時熱。這不是讀死書的儒生們能懂的。

原文：

朱子曰：集義是養氣丹頭，必有事便是集義的火法。勿正，勿忘，勿助長，正是有事處，非一正一反也。如調琴弦，勿緩勿急；如養丹砂，勿冷勿熱。此義非經生所曉。

　　培養氣魄要這麼做：不隨便接受錢財，不隨便接觸女色，做人的品行、根基牢固，才可以積累正氣（培養善行）。城中市集雜亂，人來人往，喧囂紛然，但其中自然有一段清新、質樸的浩然之氣，一呼一吸間，同我默默地應和。君子有三戒 —— 戒色、戒鬥、戒得，這正是善於培養浩然之氣的規矩。從少年到老年，認認真真遵循天理，沒有一點違犯之處，這就是培養氣魄。刻意、忽略、人為助長，這正是人們想要培養浩然之氣反而失去的緣故。至於告子，則是不追求培養正氣。見識短淺的人，把告子強行跟刻意、忽略、人為助長聯繫在一起，其實他們有什麼關係？外義、襲義本來就不同；外義是佛家的說法，指悍然不顧一切，六根六塵接觸而生起，與心性沒有關係；襲義是偶然擷取，暫時擁有，就像齊桓公、晉文公假裝仁義一般。過去常說「出類拔萃」，對孔夫子跟諸位聖人都這麼稱讚，不明白注釋裏說過：「出，是高於；拔，是特別突出；萃，是集合。」諸位聖人是高於普通民眾，孔子則是在集合了諸位聖人的群體中尤其突出。因此，「拔萃」這個詞應該專門用來形容孔子，才跟文中語氣一致。

原文：

　　養氣須是：錢不妄受，色不妄交，立定根基，方可集義。城市混雜，人氣紛囂，自有一段清真灝氣，一吸一呼，與我默默相應。君子有三戒，正是善養氣法度。自少至老，兢業循理，無少逾越，是為集義。正、忘、助三項，人俱是求於氣而失之者，若告子則勿求於氣矣。無識者，把告子紐入助、長、內，什麼相干？

　　外義、襲義原不同；外義是釋氏，有悍然不顧一切，皆因緣根塵、於性無與之意；襲是桓、文假仁假義之意。向言「出類拔

萃」，孔子與群聖人公共的，不知注曰：「出，高出也。拔，特起也。萃，聚也。」群聖人是出民之類，孔子是聚群聖人而又拔乎其萃也。則「拔萃」宜專屬孔子，方與語氣相合。

五霸章

孟子曰：「以力假仁者霸，霸必有大國；以德行仁者王，王不待大——湯以七十里，文王以百里。以力服人者，非心服也，力不贍也；以德服人者，中心悅而誠服也，如七十子之服孔子也。《詩》云：『自西自東，自南自北，無思不服。』此之謂也。」

＊ 譯文：

孟子說：「仗恃實力並假借仁義之名號召征伐的可以稱霸天下，稱霸一定要憑藉國力強大；依靠道德來實行仁義的可以使天下歸服，這樣做不必以強大國家為基礎——湯就僅僅用他縱橫七十里的土地，文王也就僅僅用他縱橫百里的土地，使得天下服從。仗恃實力來使人服從的，人家不會真心服從，只是因為他本身的實力不夠而服從；依靠道德來使人服從的，人家才會心悅誠服，好像七十多位弟子歸服孔子一樣。《詩經》說過：『從東從西，從南從北，無不心悅誠服。』正是這個意思。」

※ 張 岱

　　這裏引用《詩經》「無思不服」，只是為了說明上文的心悅誠服，並不是又把孔夫子和周武王扯出來造勢。不過，孔夫子的品行為萬世師表；而「自西自東」這首詩，跟在「鎬京辟雍」之後，那麼周武王也有盡到他做民之師的職責。所以，結論才說「此」，「此」（這樣）就是將孔夫子、周武王兩個加以對照。

原文：

　　引《詩》之思服，只證上文心服耳，非又以孔、武作眼。然孔子是德師世的，而自西之《詩》，跟「鎬京辟雍」來，則是武王亦有盡其作師之責，故致此，「此」，即孔子、武王兩兩對照處。

仁榮章

　　孟子曰：「仁則榮，不仁則辱；今惡辱而居不仁，是猶惡濕而居下也。如惡之，莫如貴德而尊士，賢者在位，能者在職；國家閒暇，及是時，明其政刑。雖大國，必畏之矣。《詩》云：『迨天之未陰雨，徹彼桑土，綢繆牖戶。今此下民，或敢侮予？』孔子曰：『為此詩者，其知道乎！能治其國家，誰敢侮之？』今國家閒暇，及是時，般樂怠敖，是自求禍也。禍福無不自己求之者。《詩》云：『永言配命，自求

多福。」《太甲》曰：『天作孽，猶可違；自作孽，不可活。』此之謂也。」

＊ 譯文：

　　孟子說：「如果實行仁政，就會有榮耀；如果行不仁之政，就會遭受屈辱。如今這些人厭惡屈辱，但仍自處於不仁之地，就好比一方面厭惡潮濕，一方面又住在低窪之地一樣。假若真厭惡屈辱，最好是以德為貴而尊敬士人，使有德行的人掌權、有才能的人任職；國家無內憂外患，趁這個時候修明政治法典，縱使強大的鄰國也一定會畏懼它了。《詩經》上說：『趁着沒起雲、沒下雨，桑樹根上剝些皮，把門兒窗兒修理下。下面的人們，誰敢把我欺？』孔子說：『做這一篇詩的人，他深明道理呀！能夠治理他的國家，誰敢侮辱他？』如今國家沒有內憂外患，追求享樂，怠惰遊玩，這等於自己招惹禍害。禍害和幸福沒有不是自己招來的。《詩經·大雅·文王》篇又說：『我們要永遠與天命相配，自己去尋求更多的幸福。』《太甲》也說過：『天降的災害還可以躲避，自作罪孽很難活下去。』正是這個意思。」

朋友圈縱橫談

※ 焦漪園

　　國家安定，可以說是沒有禍患了，但必須存有一個擔心禍患的心。宋代的邵雍先生說太平年月是暢飲欲醉、繁華燦爛的時候；而朱熹先生則認為這距離危險滅亡只是一步，必須戰戰兢兢如同捧着一盤水，才能夠保全。這就是修明政令刑法，施行起來

不可寬鬆的緣故。

原文：

焦澹園曰：國家閒暇，可謂無事了，然須存個有事的心。康節子以太平時為飲酒酩酊、開花離披時候；晦庵子以為這處去危亡只是一間，要兢兢如捧盤水，方可保得。此明其政刑，所以為不可緩也。

天吏章

孟子曰：「尊賢使能，俊傑在位，則天下之士皆悅，而願立於其朝矣；市，廛而不征，法而不廛，則天下之商皆悅，而願藏於其市矣；關，譏而不徵，則天下之旅皆悅，而願出於其路矣；耕者，助而不稅，則天下之農皆悅，而願耕於其野矣；廛，無夫、里之布，則天下之民皆悅，而願為之氓矣。信能行此五者，則鄰國之民仰之若父母矣。率其子弟，攻其父母，自有生民以來，未有能濟者也。如此，則無敵於天下。無敵於天下者，天吏也。然而不王者，未之有也。」

✳ 譯文：

孟子說：「尊重有道德的人，使用有能力的人，讓傑出的人物掌權，那麼天下的士子都會高興，願意到那個朝廷做官；在市場，給與空地以儲藏貨物，卻不徵收貨物稅；如果滯銷就

依法徵購，不讓它長久積壓，那麼天下的商人都會高興，願意到那市場做生意了；關卡只稽查而不徵稅，那麼天下的旅客都會高興，願意經過那裏的道路了；對耕田的人實行井田制，只助耕公田，不再徵稅，那麼天下的農夫都會高興，願意在那裏的田野上種莊稼了；人們居住的地方，不徵額外的錢稅，那麼天下的百姓都會高興，願意在那裏居住了。做君主的確實能夠做到這五項，那麼，鄰近國家的老百姓都會像對待爹娘一樣地愛慕他了。如果鄰國之君率領這樣的人民來攻打他，正好比率領他的兒女來攻打他們的父母，從有人類以來，這種事沒有能夠成功的。像這樣，就會天下無敵。天下無敵的人就叫做『天吏』。這樣做卻不能統一天下，是從來不曾有過的。」

朋 友 圈 縱 橫 談

※ 楊升庵

「氓」字，以「亡」和「民」做偏旁，指的是流亡的民眾。《周禮》說，凡是治理「野」（邊遠地區），用下等的徒役，用土地招徠流民，用物產安定流民，教導他們並建立新僑民的治理辦法，因為這些是離開本鄉本土在別的國家居住的人。史書上記載，陳相從楚國來到滕，願意得到一塊土地做農民，就是一個例子。

原文：

　　楊升庵曰：氓字從亡，從民，流亡之民也。《周禮》：「凡治野以下劑，致氓以田里，安氓以土宜，教氓又立新氓之治，蓋去其本土，而佔籍於他國者也。」陳相自楚至滕，願受一廛而為氓，是一證。

能夠天下無敵，就不需要使用武力了。「天吏」是侍奉天之子民的人，管理人民、教導人民，使人民回復天然本性，是「天吏」的職責。如果存在敵對者，一定會發生戰爭；有戰爭就有殺戮，這是「天吏」玩忽職守。沒有敵手也就沒有戰爭，撫育人民，讓他們休養生息，這就是順應天意的好帝王。所以說：「無敵於天下的人，就是天吏。」

原文：

　　無敵於天下，則不復用兵矣。天吏奉天子民者也，治而教之以復其性，吏之職也。有敵則必戰，戰則必殺戮，溺其職矣。無敵則無戰，牧養咻噢之為天循良之吏而已。故曰：「無敵於天下者，天吏也。」

四端章

　　孟子曰：「人皆有不忍人之心。先王有不忍人之心，斯有不忍人之政矣。以不忍人之心，行不忍人之政，治天下可運之掌上。所以謂人皆有不忍人之心者，今人乍見孺子將入於井，皆有怵惕惻隱之心 —— 非所以內交於孺子之父母也，非所以要譽於鄉黨朋友也，非惡其聲而然也。由是觀之，無惻隱之心，非人也；無羞惡之心，非人也；無辭讓之心，非人也；無是非之心，非人也。惻隱之心，仁之端也；羞惡之

心，義之端也；辭讓之心，禮之端也；是非之心，智之端也。人之有是四端也，猶其有四體也。有是四端而自謂不能者，自賊者也；謂其君不能者，賊其君者也。凡有四端於我者，知皆擴而充之矣，若火之始然，泉之始達。苟能充之，足以保四海；苟不充之，不足以事父母。」

＊ 譯文：

孟子說：「每個人都有憐恤別人的心情。先王因為有憐恤別人的心情，於是就有憐恤別人的政治了。憑着憐恤別人的心情來實施憐恤別人的政治，治理天下可以像在手掌上轉動小東西一樣容易。我所以說每個人都有憐恤別人的心情，道理就在於：譬如現在突然看到一個小孩子要跌到井裏去了，任何人都會有驚駭同情的心情。這種心情的產生，不是為了和這小孩的爹娘攀結交情，不是為了在鄉里朋友中博取名譽，也不是厭惡那小孩的哭聲才這樣做。由此看來，一個人，如果沒有同情心，簡直不算是一個人；如果沒有羞恥心，簡直不算是一個人；如果沒有推讓心，簡直不算是一個人；如果沒有是非心，簡直不算是一個人。同情心是仁的萌芽，羞恥心是義的萌芽，推讓心是禮的萌芽，是非心是智的萌芽。人有這四種萌芽，正好比有手足四肢一樣。有這四種萌芽卻自認為不行的人，是自暴自棄的人；認為他的君主不行的人，便是殘害君主的人。所有具有這四種萌芽的人，如果曉得把它們擴充起來，便會像剛剛燒燃的火或剛剛流出的泉水。假若能夠擴充它們，便足以安定天下；假若不擴充它們，便連贍養父母都做不到。」

朋友圈縱橫談

※ 石竹林

　　石頭裏面隱藏着火，碰擊它就會顯現。現在的人們突然見到小孩子掉到井裏，沒有不產生警惕、憐憫之心的。孟子獨獨揭示出那火花閃現的瞬間，是想要人們從擊石取火的現象中，領悟出火種本來蘊藏在石中，即便不去擊打也是存在的。（同樣道理，人們見孺子入井的惻隱之心，在沒有看到孺子入井時也是具備的。）

原文：

　　石竹林曰：石中有火，擊之乃見。今人乍見孺子入井，莫不有怵惕惻隱之心。孟子特於石火見處點之，欲人因擊之火悟火在石中，不擊亦有。

※ 張　岱

　　上蔡先生謝良佐見到明道先生程顥，談起文史篇章能夠通篇背誦，明道先生批評他是玩物喪志，背離了大道，謝上蔡不由得汗流浹背，滿面紅雲。明道先生説：「你這也是惻隱之心。」有人就問：「這明明是羞惡之心，怎麼説是惻隱之心呢？」

　　朱熹解釋説：「唯獨惻隱之心才會被觸動，而只有心被觸動了，才產生羞愧、推讓、是非感，那心浮動的地方便是惻隱。如果心不能被觸動，就算不得是一個人。天地、自然生生不息，向天地學習（大道）也只擔心有中斷。」

原文：

　　上蔡見明道先生，舉史文成誦，明道謂其玩物喪志，上蔡汗流浹背，面發赤色。明道云：「此便是惻隱之心。」或問：「此

分明是羞惡之心，如何見得是惻隱？」

朱子曰：「惟有是惻隱之心方會動，惟是先動，方始有羞惡，有辭讓，有是非，動處便是惻隱。若不會動，便不成人。天地生生，未嘗止息，學者只怕間斷。」

※ 張　岱

東漢的辛敞對老師特別好，為了他而背棄漢朝侍奉王莽；三國的王祥孝順母親，因母親之故背叛了曹魏依附司馬氏。他們是有同情心、羞恥心、推讓心、是非心四種萌芽而不能將之擴充的人嗎？文中「然」和「達」兩個字，不是說火自己燃燒、水自己流溢，實際上指的是點燃火和讓水流溢的力量。

原文：

辛敞厚於師，背漢事莽；王祥孝於母，叛魏附晉。有是四端而不能充之者與？「然」「達」二字，不作水火自燃自達，實係燃之達之者之力。

※ 張　岱

火種可以通過燈來傳遞，可以通過柴來傳遞。現在只說火，是針對最初通過擊打石頭取得火種來說的。水有微瀾，有波濤，這裏說泉，是特指其從山腳下剛剛流出時的狀態。小小的溪流，不去堵塞它，必定匯聚成大江大河；不保護微弱的火苗，哪裏有旺盛的火焰？燃燒、流溢的趨勢，真的不可以被遏制、消滅。

原文：

火有燈傳，有薪傳。今但曰火者，自其敲石初出時言之

也。水有瀾，有濤，今但曰泉者，自其山下初出時言之也。涓涓不塞，將為江河，熒熒不救，炎炎奈何？燃達之勢，政自不可遏滅。

慎術章

孟子曰：「矢人豈不仁於函人哉？矢人唯恐不傷人，函人唯恐傷人。巫匠亦然。故術不可不慎也。孔子曰：『里仁為美。擇不處仁，焉得智？』夫仁，天之尊爵也，人之安宅也。莫之禦而不仁，是不智也。不仁、不智，無禮、無義，人役也。人役而恥為役，由弓人而恥為弓，矢人而恥為矢也。如恥之，莫如為仁。仁者如射：射者正己而後發；發而不中，不怨勝己者，反求諸己而已矣。」

＊ 譯文：

孟子說：「造箭的人難道比造甲的人要殘忍些嗎？造箭的人生怕他的箭不能傷人，而造甲的人卻生怕他的甲不能為人抵禦刀箭。做巫的和做木匠的也類似。由此可見選擇謀生之術不可以不謹慎。孔子說：『與仁共處是好的。能夠選擇，卻不與仁共處，怎能說是聰明人？』那仁啊，是天最尊貴的爵位，是人最安逸的住所。沒有阻擋，卻選擇不仁，這是愚蠢。不仁、不智，無禮、無義，這種人只配被別人奴役。做了僕役卻以之為恥，這猶如造弓的人以造弓為恥，造箭的人以造箭為恥。如果

真以之為恥，不如好好地去行仁。行仁的人好比射箭一樣：先端正自己的姿態而後放箭；即使沒有射中，也不埋怨勝過自己的人，而是查找自己的問題罷了。」

朋友圈縱橫談

※ 張　岱

「端正自己的姿勢，然後射箭」，這是就做僕役的人此前不懂得選擇謀生之道而說。「正己」，也就是「反求」。《孟子》文中「不中」「不怨」一段，恰好是破除當時諸侯們爭強好勝的習氣，正如孟子不鼓勵梁惠王通過勇武雪恥而勸導他施行仁政，也是「不埋怨勝過自己的人」，而「反躬自問，查找自身的問題」的一個例子。

原文：

「正己而後發」，只對照人役以前不善擇術事；「正己」，即是「反求」。「不中」「不怨」一段，正破當時諸侯好勝忿爭之習，如不教梁惠之灑恥而第教以施仁，即「不怨勝己」，「反求諸己」之一證。

樂善章

孟子曰：「子路，人告之以有過，則喜。禹聞善言，則拜。大舜有大焉，善與人同，捨己從人，樂取於人以為善。

自耕稼、陶、漁以至為帝，無非取於人者。取諸人以為善，是與人為善者也。故君子莫大乎與人為善。」

※ 譯文：

　　孟子說：「子路這個人，別人把他的錯誤指出來，他就高興。大禹聽到了好的話，就給人敬禮。舜更是偉大，他擅長從他人那裏取捨，拋棄自己的錯誤遵從人家，快樂地吸取別人的優點來行善。從他種莊稼、做瓦器、做漁夫一直到做天子，都是從別人那裏學習來的。吸取別人的優點來自己行善，這就是偕同別人一道行善。所以君子最高的德行就是偕同別人一道行善。」

朋友圈縱橫談

※ 張　岱

　　這個「捨己」，是高高興興地拋棄自己的錯誤，舜樂於拋棄自己的錯誤遵從正確；這個「從人」，禹樂於順從賢能的人，舜樂於聽從眾人的意見，所以說「舜偉大呀」。

原文：

　　一「捨己」也，由樂捨己之過，舜樂捨己之善；一「從人」也，禹樂從乎賢人，舜樂從乎眾人，故曰「大舜大焉」。

※ 徐子卿

　　嚴印持說方孟旋解說《孟子》主旨十分巧妙，比如說他講

「捨己」，以往都說是拋棄自己的錯誤，而沒有闡發大舜善於拋棄錯誤遵從他人的正確，就像凡人施捨的不過是一點絲一點米，又哪裏懂得龐蘊居士把百萬財物沉入洞庭湖的胸懷。我說：「龐居士看待百萬財物也如同一點絲一點米。」嚴印持說：「大鵬鳥和斥鷃，難道沒有區別嗎？」我說：「其分別在於，人們怎麼看待大鵬鳥和斥鷃。你怎麼知道大鵬鳥不是自認極渺小，而斥鷃不是自以為很了不起呢？」

原文：

> 徐子卿曰：嚴印持言方孟旋妙解書旨，如言「捨己」，往時只說個捨己，不是大舜之捨己，如凡人施一粒一絲，不知龐居士投百萬水中襟度也。余云：「龐居士之視百萬，原只一絲一粒。」嚴云：「大鵬之與斥鷃，寧無分別？」余云：「分別者，人之視大鵬斥鷃耳。安知大鵬之自視非至小，而斥鷃之自視非至大乎？」

夷惠章

孟子曰：「伯夷，非其君不事，非其友不友。不立於惡人之朝，不與惡人言；立於惡人之朝，與惡人言，如以朝衣朝冠坐於塗炭。推惡惡之心，思與鄉人立，其冠不正，望望然去之，若將浼焉。是故諸侯雖有善其辭命而至者，不受也。不受也者，是亦不屑就已。柳下惠不羞污君，不卑小官；進不隱賢，必以其道；遺佚而不怨，阨窮而不憫。故曰：『爾為爾，我為我，雖袒裼裸裎於我側，爾焉能浼我哉？』

故由由然與之偕而不自失焉，援而止之而止。援而止之而止者，是亦不屑去已。」孟子曰：「伯夷隘，柳下惠不恭。隘與不恭，君子不由也。」

✻ 譯文：

　　孟子說：「伯夷這個人，不是理想的君主不去侍奉，不是理想的朋友不去結交。不在壞人的朝廷裏做官，不同壞人說話；在壞人的朝廷裏做官，同壞人說話，就好比穿戴着禮服禮帽坐在爛泥或炭灰上。把這種厭惡壞人壞事的心態推廣開來，他便這樣想，同鄉下佬一塊站着，如果那人帽子沒有戴正，就不高興地走開，好像自己會被玷污似的。所以當時的君主們雖然用美好的言辭來招致他，他也不接受。他之所以不接受，是不屑於去接受。柳下惠卻不認為侍奉壞的君主可恥，不以官職小為卑下；他入朝做官，不隱藏自己的才能，但一定遵循原則；被遺棄，不怨恨；窮困不遇，也不憂愁。所以他說：『你是你，我是我，你縱然在我旁邊赤身露體，又怎麼能玷污我？』因此無論什麼人他都高興地同他一道，並且一點也不茫然自失。牽住他，叫他留住，他就留住。叫他留住就留住，也就是因為他用不着避開的緣故。」孟子又說：「伯夷器量小（清高），柳下惠不太嚴肅（圓滑）。器量小和不嚴肅，君子是不這樣做的。」

朋友圈縱橫談

※ 顧九疇 _____

　　伯夷、柳下惠本來就不是藉助別人而達到他們的境界，跟

「清高」和「圓滑」都沒關係，而是因其「不屑於」（跟從他人）的精神造就。魯國人顏叔子善於閉門不納，學習柳下惠坐懷不亂的地方，正在於此。

原文：

　　顏九疇曰：夷、惠原不從由人得來，不由「隘」與「不恭」，正由不屑之神也。魯男子之善學柳下惠政如此。

※ 張　岱

　　「隘」和「不恭」恰恰是伯夷、柳下惠兩人的優點，如果隨便什麼人都可以藉助，就不叫「狹隘」（清高），也不算「不嚴肅」（圓滑）了，這是廓清千古以來的議論的關鍵。

　　聖賢之人發揮他們的能力時，猶如龍潛藏在蛇皮之下，老虎披上狐狸皮。伯夷的清高沒有脫離凡俗，柳下惠的圓融不是敲碎棱角。「隘」和「不恭」是褪下的蛇皮、脫下的狐衣，本質要義不在這裏。所以千百年來，一旦出現一個不模仿表面行為的君子，二位聖人的精神就都活了。

原文：

　　「隘」「不恭」是二聖極得力處，若有人由得，便不成「隘」，不成「不恭」，此是劈開千古議論。

　　聖人作用，龍藏蛇蛻，虎假狐皮。伯夷清，非絕俗，柳下員，不破觚。「隘」與「不恭」，解蛻脫皮，質不在是耳。故千古下得一不由之君子，而二聖皆活矣。

公孫丑下

天時章

孟子曰：「天時不如地利，地利不如人和。三里之城，七里之郭，環而攻之而不勝。夫環而攻之，必有得天時者矣；然而不勝者，是天時不如地利也。城非不高也，池非不深也，兵革非不堅利也，米粟非不多也，委而去之，是地利不如人和也。故曰：域民不以封疆之界，固國不以山溪之險，威天下不以兵革之利。得道者多助，失道者寡助。寡助之至，親戚畔之；多助之至，天下順之。以天下之所順，攻親戚之所畔；故君子有不戰，戰必勝矣。」

✽ 譯文：

孟子說：「天時不及地利，地利不及人和。比如有一座小城，長寬僅三里，它的外郭也只有七里。敵人圍攻它卻不能取勝。在長期圍攻中，一定有合乎天時的戰機，卻不能取勝，這就是說天時不及地利。又有一座城，城牆很高，護城河很深，兵器銳利、甲冑堅固，糧食也很多；可敵人一來，人們就棄城逃走，這就是說地利不及人和。所以我說，限制人民不必用國家的疆界，保護國家不必倚賴山川的險阻，威行天下不必憑藉兵器的銳利。行仁政佔據道義高地的，幫助他的人就多；不行仁政、失去道義的，幫助他的人就少。幫助他的人少到極點時，連親戚都背叛他；幫助他的人多到極點時，全天下都跟從他。拿全天下跟從的力量來攻打連親戚都背叛的人，那麼仁君聖主要麼不發動戰爭，若發動戰爭，則必然勝利。」

※ 宋羽皇

　　圍攻一個城池不能得勝，可見該城有「人和」，所以一直不能攻下它。要不是這樣的話，就跟現在「開門延敵」的情況一樣。從心底歡喜、服從叫做「助」，這是針對本國人民來說的；從心底願意歸順叫做「順」，這是針對全天下人民來說的。天下人都服從，那就是天下人心悅誠服了，因此叫做多到極點。

原文：

　　宋羽皇曰：環攻不勝中已見「人和」方不能勝，不然，便如今日之開門延敵矣。中心悅服曰「助」，就本國之民言。中心願歸曰「順」，就天下之民言。服遍天下，則助遍天下矣，故曰「至」。

將朝章

　　孟子將朝王，王使人來曰：「寡人如就見者也，有寒疾，不可以風。朝，將視朝，不識可使寡人得見乎？」

　　對曰：「不幸而有疾，不能造朝。」

　　明日，出弔於東郭氏。公孫丑曰：「昔者辭以病，今日弔，或者不可乎？」

　　曰：「昔者疾，今日癒，如之何不弔？」

　　王使人問疾，醫來。

孟仲子對曰：「昔者有王命，有採薪之憂，不能造朝。今病小癒，趨造於朝，我不識能至否乎？」

使數人要於路，曰：「請必無歸，而造於朝！」

不得已而之景丑氏宿焉。

景子曰：「內則父子，外則君臣，人之大倫也。父子主恩，君臣主敬。丑見王之敬子也，未見所以敬王也。」

曰：「惡！是何言也！齊人無以仁義與王言者，豈以仁義為不美也？其心曰，『是何足與言仁義也』云爾，則不敬莫大乎是。我非堯舜之道，不敢以陳於王前，故齊人莫如我敬王也。」

景子曰：「否；非此之謂也。《禮》曰：『父召，無諾；君命召，不俟駕。』固將朝也，聞王命而遂不果，宜與夫《禮》若不相似然。」

曰：「豈謂是與？曾子曰：『晉楚之富，不可及也；彼以其富，我以吾仁；彼以其爵，我以吾義，吾何慊乎哉？』夫豈不義而曾子言之？是或一道也。天下有達尊三：爵一，齒一，德一。朝廷莫如爵，鄉黨莫如齒，輔世長民莫如德。惡得有其一以慢其二哉？故將大有為之君，必有所不召之臣；欲有謀焉，則就之。其尊德樂道，不如是，不足與有為也。故湯之於伊尹，學焉而後臣之，故不勞而王；桓公之於管仲，學焉而後臣之，故不勞而霸。今天下地醜德齊，莫能相尚，無他，好臣其所教，而不好臣其所受教。湯之於伊尹，桓公之於管仲，則不敢召。管仲且猶不可召，而況不為管仲

者乎？」

　　孟子準備去朝見齊王，這時候齊王派了個人來，告訴孟子：「我本應該來看望你，但是感冒了，不能吹風。如果你肯來朝見，我便去上朝辦公，不曉得我能看到你嗎？」

　　孟子答道：「不幸得很，我也生病了，不能到朝廷裏去。」

　　第二天，孟子要到東郭大夫家裏去弔喪。公孫丑說：「您昨天託辭有病謝絕大王召見，今天卻去弔喪，這樣不大好吧？」

　　孟子說：「昨天生了病，今天病好了，為什麼不去弔喪呢？」

　　齊王打發人來慰問病情，並派醫生同來。

　　孟仲子應付說：「昨天大王有命令來，但老師得了小病，不能奉命上朝廷去。今天剛好了一點，已經上朝廷裏去了，但我不曉得能夠到達不。」

　　接着孟仲子派了好幾個人分別在孟子歸家的路上攔截孟子，告訴他：「您無論如何不要回家，一定要趕快上朝廷去！」

　　孟子沒有辦法，只得躲到景丑家去歇宿。

　　景丑說：「在家有父子，家外有君臣，這是人與人之間最重要的關係。父子之間以慈愛為主，君臣之間以恭敬為主。我只看見王對您很尊敬，卻沒有看見您對王是怎樣恭敬的。」

　　孟子說：「哎呀！這是什麼話！在齊國人中，沒有一個拿仁義的道理向大王進言，他們難道以為仁義不好嗎？他們的心裏是這樣想的：『這個大王哪能夠得上和他談仁義呢？』他們對大王就是這樣的。這才是最大的不恭敬呢。我呢，不是堯舜的大道不敢拿來向大王陳述，所以在齊國人中沒有一個趕得上我對大王的恭敬。」

景丑説：「不，我所説的不是這個。《禮經》上説過：『父親召喚，子女「唯」一聲就起身，不説「諾」；君主召喚，臣下不等待車馬駕好就先走。』您呢，本來準備去朝見大王，一聽到大王的召見，反而不去了，似乎和《禮經》所説有點不相合吧。」

孟子説：「原來你説的是這個呀！曾子説過：『晉國和楚國的財富，是我們趕不上的。但是，他有他的財富，我依仗我的仁；他有他的爵位，我依仗我的義，我哪裏會覺得比他少了什麼呢？』這些話如果沒有道理，曾子難道肯説嗎？大概是有點道理的。天下公認為尊貴的東西有三樣：爵位是一個，年齡是一個，德行是一個。在朝廷，論爵位；在鄉里，比年齡；至於輔助君主統治百姓，自然考慮德行。哪能憑着一點（爵位）來輕視其他兩點（年齡和道德）呢？所以，大有作為的君主一定有無法召喚的臣子；若有什麼事要商量，就親自到臣子那裏去。這是尊尚道德和樂行仁政。如果不這樣，便不值得幫助他有所作為。因此，商湯對於伊尹，先向伊尹學習，然後以他為臣，這樣就沒費什麼力氣而統一了天下；桓公對於管仲，也是先向他學習，然後以他為臣，這樣就沒費什麼力氣而稱霸於諸侯。現在，各個大國的土地大小、行為作風都差不多，彼此之間誰也不能駕凌在誰之上，沒有別的緣故，正是因為他們只喜歡用聽話的人做臣子，卻不喜歡用能夠教導他們的人做臣子。商湯對於伊尹，桓公對於管仲，就不敢召喚。管仲都不可以被召喚，何況連管仲都不願做的人呢？」

朋友圈縱橫談

※ 黃貞父

並不是堯舜的大道理不可以向君主陳述，而是因為有臣子恭

敬君主的原則，所以「不敢」；商湯對於伊尹，齊桓公對於管仲，不進行召喚，這是君主敬重臣僚的辦法，因而「不敢」。這才是真正的「君臣主敬」。

原文：

黃貞父曰：非堯舜之道不敢陳，是臣敬君，故不敢；湯於尹，桓於仲，不敢召，是君敬臣，故不敢，方是個「君臣主敬」。

※ 張　岱

孟子開始一併舉出伊尹、管仲做例子，他是擔心降低了自己的水準。到後面，他又把管仲排除出去，正表明他非堯舜之道則不說的主張。這裏通篇說的都是孟子如何恭敬齊王，而不是傲視齊王。

原文：

孟子併引伊尹、管仲，便恐落了自己地步。至此又將管仲掃倒，政了我非堯舜之道不陳意。通章總是孟子敬王，不是傲王。

辭饋章

陳臻問曰：「前日於齊，王饋兼金一百，而不受；於宋，饋七十鎰而受；於薛，饋五十鎰而受。前日之不受是，則今日之受非也；今日之受是，則前日之不受非也。夫子必居一於此矣。」

孟子曰：「皆是也。當在宋也，予將有遠行，行者必以贐，辭曰：『饋贐。』予何為不受？當在薛也，予有戒心，辭曰：『聞戒，故為兵饋之。』予何為不受？若於齊，則未有處也。無處而饋之，是貨之也。焉有君子而可以貨取乎？」

✳ 譯文：

陳臻問孟子：「過去在齊國，齊王送您上等金一百鎰，您不接受；後來在宋國，宋君送您七十鎰，您受了；在薛地，薛君送您五十鎰，您也受了。如果此前的拒絕是對的，那現在的接受便錯了；如果現在的接受是對的，那過去的拒絕就不對。二者之中，一定有一個不對的。」

孟子說：「都是對的。在宋國的時候，我準備遠行，對遠行的人一定要送些盤費，因此宋君說：『送您一點盤費。』我為什麼拒絕？在薛地的時候，我有戒備危險之意，薛君說：『聽說您須要戒備，送點錢給您買兵器。』我為什麼拒絕？至於在齊國，就沒有什麼理由接受。沒有理由卻送我一些錢，這等於用金錢收買我。君子哪能拿錢收買呢？」

朋友圈縱橫談

✳ 張　岱

孟子的學說既然沒能在齊國施行，他又怎麼肯接受齊王的饋贈？孟子沒有明白表達這個意思，他只是說「沒有理由」，又說「不可以用錢收買」，他的想法隱約可以察覺。「沒有理由」，這

完全是從君子本人出發，不在乎小人怎麼想。本來，小人多的是通過錢和利益交往卻假託師出有名。如果只是通過言辭判斷，那就會掉入雲霧裏被迷惑啦。

原文：

孟子道既不行於齊，安肯復受其問饋？孟子此意亦不明言，第曰「未有處」，又曰「不可以貨取」，其意隱隱可思。「未有處」全重自家說，不重小人。蓋小人盡有貨利來交，假託名義者。若只靠他有辭，便墮其雲霧中矣。

平陵章

孟子之平陸，謂其大夫曰：「子之持戟之士，一日而三失伍，則去之否乎？」

曰：「不待三。」

「然則子之失伍也亦多矣。凶年饑歲，子之民，老羸轉於溝壑，壯者散而之四方者，幾千人矣。」

曰：「此非距心之所得為也。」

曰：「今有受人之牛羊而為之牧之者，則必為之求牧與芻矣。求牧與芻而不得，則反諸其人乎？抑亦立而視其死與？」

曰：「此則距心之罪也。」

他日，見於王曰：「王之為都者，臣知五人焉。知其罪

者，惟孔距心。」為王誦之。

王曰：「此則寡人之罪也。」

＊ 譯文：

孟子到了平陸，對當地的長官孔距心説：「如果你的戰士一天三次失掉了他的戟（指失職），你會開除他嗎？」

孔距心答道：「不必等到三次。」

孟子説：「那麼，你失職的地方也很多了。災荒年成，你的百姓中年老體弱拋屍露骨於山溝中的，年輕力壯逃亡於四方的，差不多有千人。」

孔距心答道：「這個事情不是我的力量所能解決的。」

孟子説：「現在有一個人，接受別人的牛羊而替人放牧，那他一定要替牛羊尋找牧場和草料。牧場和草料都找不到，他是該把牠們退還原主呢，還是就站在那裏看着牠們死去呢？」

孔距心答道：「這個就是我的罪過了。」

過了些時日，孟子朝見了齊王，説道：「大王的地方長官，我認識五位。認識到自己有罪過的，只有孔距心。」孟子把他跟孔距心的問答復述了一遍。

齊王説：「這也是我的罪過呀！」

朋友圈縱橫談

※ 張　岱

北宋時期，宋神宗推行新政是何等嚴厲、迫切，鮮于侁卻可以在上沒有妨礙法治，在中沒有不顧親人，在下沒有傷害民眾，

做到了人們都覺得很難做到的事情。程頤先生也說，賢能的人應該發揮他們的能力，施政寬和一分則民眾就獲得一分的利益，為什麼一個個辭職而去呢？這樣看來，施政不能拘泥於法度，把所有事情都推諉成「不能夠做」。官職低微的人假使用心愛護萬物，對人也一定有所幫助；假使都推託為不能做，那麼君主需要你幹什麼，人民又需要你幹什麼？

原文：

　　當時宋神宗行新法何等嚴切，鮮于佚上不害法，中不廢親，下不傷民，人以為難。程子亦謂賢者所當盡力之時，寬一分則民受一分之賜，奈何紛紛去位？由此觀之，為政不可拘於法，而一切諉之不得為也。一命之士苟存心於愛物，於人必有所濟；若一切諉之於不得為，則君亦何賴於爾，民亦何賴於爾哉！

蚔鼃章

　　孟子謂蚔鼃曰：「子之辭靈丘而請士師，似也，為其可以言也。今既數月矣，未可以言與？」

　　蚔鼃諫於王而不用，致為臣而去。

　　齊人曰：「所以為蚔鼃則善矣；所以自為，則吾不知也。」

　　公都子以告。

　　曰：「吾聞之也：有官守者，不得其職則去；有言責者，不得其言則去。我無官守，我無言責也，則吾進退，豈不綽綽然有餘裕哉？」

　　孟子對蚳䶂說：「你辭去靈丘縣長的職位，請求做治獄官，似乎很有道理，因為這樣可以向大王進言。現在，你做治獄官已經幾個月了，還不能向大王進言嗎？」

　　蚳䶂向齊王進諫，齊王未採納，因此辭職而去。

　　齊國有人便說：「孟子替蚳䶂出的主意是不錯的，但是他怎麼替自己想的呢，我不知道。」

　　公都子把這話說給孟子聽。

　　孟子說：「我聽說過：有官職的人，如果無法盡其職責，就辭職；有進言責任的人，如果他的意見不被採用，也應該辭職。我既沒有固定的職務，又沒有進言的責任，那我的行動難道不是很寬舒而有回旋餘地嗎？」

朋友圈縱橫談

※ 張　岱

　　蚳䶂聽了孟子的建議，不得不去進諫；他的進諫沒被齊王採納，於是不得不辭職而去。在朝廷上當面對國君提出意見，其結果是去和留判然分明，這正是孟子為蚳䶂打算的地方，也是孟子善於使用蚳䶂為齊王打算的地方。

原文：

　　蚳䶂聞孟子言，不得不諫；諫而不用，不得不去。面折廷諍，去就截然，政是孟子善為䶂處，亦是孟子善用䶂以善王處。

吊滕章

　　孟子為卿於齊，出弔於滕，王使蓋大夫王為輔行。王朝暮見，反齊滕之路，未嘗與之言行事也。

　　公孫丑曰：「齊卿之位，不為小矣；齊滕之路，不為近矣，反之而未嘗與言行事，何也？」

　　曰：「夫既或治之，予何言哉？」

＊ 譯文：

　　孟子在齊國做卿，奉使到滕國去弔喪，齊王還派蓋邑的縣長王作為副使同行。王同孟子兩人成天在一起，來回於齊滕兩國的旅途，孟子卻不曾同他談過公事。

　　公孫丑問孟子：「齊國卿的官位不算小了，齊滕間的距離不算近了，但來回一趟，老師您卻不曾和王談過公事，這是為什麼呢？」

　　孟子答道：「他既然一個人獨斷專行，我還有什麼可說呢？」

朋友圈縱橫談

＊ **王陽明**

　　聖賢對待人有時候可能會比較婉轉，但他的原則卻不會不正直。如果自己做君子，卻讓別人行小人之行，這不符合仁愛的人忠恕惻隱的心性。

孔夫子、孟夫子面對小人，一點也不顯露其高明，這正是因為他們不願意讓其繼續做小人，這也正是他們成為聖賢的原因啊。

原文：

王陽明曰：聖賢待人亦有時而委曲，其道未嘗不直也。若己為君子而使人為小人，亦非仁人忠恕惻怛之心。

孔孟於群小，渾然不露圭角者，政是不使他為小人耳，此所以為仁聖哉！

止贏章

孟子自齊葬於魯，反於齊，止於贏。

充虞請曰：「前日不知虞之不肖，使虞敦匠事。嚴，虞不敢請。今願竊有請也：木若以美然。」

曰：「古者棺槨無度，中古棺七寸，槨稱之。自天子達於庶人，非直為觀美也，然後盡於人心。不得，不可以為悅；無財，不可以為悅。得之為有財，古之人皆用之，吾何為獨不然？且比化者無使土親膚，於人心獨無恔乎？吾聞之也：君子不以天下儉其親。」

* 譯文：

孟子從齊國到魯國埋葬母親，又回到齊國，在贏縣停留下來。

充虞請教道:「承蒙您看得起,讓我監理製造棺槨,當時大家都忙碌,我雖有疑問,不敢請教。現在想要請教您:棺木是不是太好了(有點違背禮)?」

孟子回答說:「上古時候,對於棺槨的尺寸沒有一定規矩;到了中古,才規定棺厚七寸,槨的厚度以相稱為宜。從天子一直到老百姓,講究棺槨不僅是為着美觀,而是這樣才算是盡到了孝。為法制所限不能用上等木料,當然不稱心;欠缺資財不能用上等木料,也還是不稱心。如果具有採用上等木料的地位,財力又能達到,古人都會用上等材料,我為什麼獨獨不這樣做呢?而且,只做到不讓死者的屍體和泥土相挨,對於孝子說來,難道就足以稱心了嗎?我曾聽說過:在任何情況下,都不應當在父母身上省錢。」

朋友圈縱橫談

※ 張　岱 _____

充虞對孟子的提問,正是有關孟子葬母超過葬父爭議的由來。「沒有錢財,不可以稱心」等話語,恰恰隱約流露出孟子因薄葬父親而抱憾終生的心思。現在他有財力了 —— 從「自齊」二字可以知道(他獲得了齊王的饋贈),就較為隆重地辦理了母親的喪禮。這也是孟子現身說法拒斥墨家學說的地方。

原文:

充虞之問,逾喪之議所由來矣。「無財,不可為悅」句,政隱隱道父喪之薄抱恨於終天意。今之有財,即「自齊」二字可見。亦是子輿現身辟墨處。

　　孔子之孫子思的母親在衛國去世，柳若對子思說：「您是孔聖人的後裔，天下的人都從您這裏觀察、學習禮儀，您為什麼不慎重對待呢？」子思說：「我有什麼不慎重的呢？我聽說，有採用某種禮儀的地位，卻沒有財力，君子不去施行；有採用某種禮儀的地位，也有財力，時機不對，君子也不那麼做。我有什麼好謹慎的呢！」孟子厚葬母親的做法，正是沿用的子思家傳之道。

原文：

　　子思之母死於衛，柳若謂子思曰：「子，聖人之後也，四方於子乎觀禮，子盍慎諸？」子思曰：「吾何慎哉？吾聞之，有其禮無其財，君子弗行也；有其禮，有其財，無其時，君子弗行也。吾何慎哉？」孟子厚葬其母，是子思家法。

沈同章

　　沈同以其私問曰：「燕可伐與？」

　　孟子曰：「可。子噲不得與人燕，子之不得受燕於子噲。有仕於此，而子悅之，不告於王而私與之吾子之祿爵；夫士也，亦無王命而私受之於子，則可乎？——何以異於是？」

　　齊人伐燕。

　　或問曰：「勸齊伐燕，有諸？」

　　曰：「未也；沈同問『燕可伐與』，吾應之曰：『可。』

彼然而伐之也。彼如曰：『孰可以伐之？』則將應之曰：『為天吏，則可以伐之。』今有殺人者，或問之曰：『人可殺與？』則將應之曰：『可。』彼如曰：『孰可以殺之？』則將應之曰：『為士師，則可以殺之。』今以燕伐燕，何為勸之哉？」

✳ 譯文：

　　沈同用個人身份問孟子說：「可以討伐燕國嗎？」

　　孟子答道：「可以；燕王子噲不能夠任憑自己的意思把燕國交給別人；他的相國子之也不能夠就這樣從子噲那裏接受燕國。比如有一個人，你很喜歡他，便不向大王請示而自作主張地把你的俸祿官位都讓給他；他呢，也沒有國王的任命便從你那裏接受了俸祿官位，這樣可以嗎？子噲、子之私相授受的事和這又有什麼分別呢？」

　　齊國果然去討伐燕國。

　　有人問孟子：「你曾經勸說過齊國討伐燕國，有這回事嗎？」

　　孟子答道：「沒有；沈同私底下問我：『燕國可以討伐嗎？』我答：『可以。』他們就這樣地去打燕國了。他假若再問：『誰可以去討伐他呢？』那我便會回答：『只有天吏才可以去討伐。』現在有一個殺人犯，有人問道：『這犯人該殺嗎？』我會說：『該殺。』假若他再問：『誰可以殺他呢？』那我就會回答：『只有治獄官才可以去殺他。』如今齊國去討伐燕國，齊王並不比燕王好，我怎麼會勸他討伐呢？」

※ 張　岱

> 　　燕國國君子噲和相國子之憑個人的私心授受國君之位，齊王憑一己私欲討伐燕國，他們的過錯差不多。齊王用燕王一樣的暴虐去討伐燕國，是鐵案如山。可見，對於堯舜湯武等聖明之君的行為，天下後世都是有公論的，做不得假。
>
> 原文：
>
> 　　燕私授受，齊私征伐，厥罪維均。以燕伐燕，如山之案。總見堯舜湯武，天下後世，都是假不得的。

燕畔章

　　燕人畔。王曰：「吾甚慚於孟子。」

　　陳賈曰：「王無患焉。王自以為與周公孰仁且智？」

　　王曰：「惡！是何言也！」

　　曰：「周公使管叔監殷，管叔以殷畔；知而使之，是不仁也；不知而使之，是不智也。仁智，周公未之盡也，而況於王乎？賈請見而解之。」

　　見孟子，問曰：「周公何人也？」

　　曰：「古聖人也。」

　　曰：「使管叔監殷，管叔以殷畔也，有諸？」

曰：「然。」

曰：「周公知其將畔而使之與？」

曰：「不知也。」

「然則聖人且有過與？」

曰：「周公，弟也；管叔，兄也。周公之過，不亦宜乎？且古之君子，過則改之；今之君子，過則順之。古之君子，其過也，如日月之食，民皆見之；及其更也，民皆仰之。今之君子，豈徒順之，又從為之辭。」

＊ 譯文：

　　燕國人群起反抗齊國。齊王說：「我對沒聽從孟子感到非常慚愧。」

　　陳賈說：「大王不要難過。在仁和智的方面，大王和周公比較，您自己覺得誰強一些？」

　　齊王說：「哎！這是什麼話！」

　　陳賈說：「周公派管叔監督殷地，管叔卻率領殷遺民造反；這一結果，如果周公早已預見，卻仍然派管叔去監督，那是他不仁；如果周公未曾預見，便是他不智。仁和智，周公都沒有完全做到，何況您呢？我願意去見見孟子，向他解釋。」

　　陳賈來見孟子，問道：「周公是怎樣的人？」

　　孟子答道：「古代的聖人。」

　　陳賈說：「他使管叔監督殷地，管叔卻率領殷遺民造反，有這回事嗎？」

　　孟子答道：「有的。」

陳賈又問道：「周公是早預見到管叔會造反，卻偏要派遣他去的嗎？」

孟子答道：「周公是不曾預見的。」

陳賈說：「這樣說來，聖人也會有過錯嗎？」

孟子答道：「周公是弟弟，管叔是哥哥，弟弟信任哥哥，周公這種錯誤不也合乎情理嗎？而且，古代的君子有了過錯，隨即改正；今天的君子有了過錯，竟將錯就錯。古代的君子，他的過錯好像日蝕月蝕一般，百姓都看得到；當他改正的時候，人民都抬頭望着。今天的君子不僅僅將錯就錯，還編造一番理由來辯解。」

朋 友 圈 縱 橫 談

※ 謝象三

沈同私底下問孟子，導致了齊國攻打燕國的戰事；陳賈向齊王解釋，更是事後文過飾非，這都是吹捧、逢迎君主的罪人啊。同上一章合起來讀，都是明白地揭露齊國臣子的罪行。至於他們的比擬不倫不類，說不通，又是另外的話了。

原文：

謝象三曰：沈同私問，方開釁於事前；陳賈請解，更飾非於事後，此皆長君逢君之罪人也。合上章來，總是明揚齊臣罪狀處，其比擬不倫，不可得解，又弗論。

致臣章

　　孟子致為臣而歸。王就見孟子，曰：「前日願見而不可得，得侍同朝，甚喜；今又棄寡人而歸，不識可以繼此而得見乎？」

　　對曰：「不敢請耳，固所願也。」

　　他日，王謂時子曰：「我欲中國而授孟子室，養弟子以萬鐘，使諸大夫國人皆有所矜式。子盍為我言之！」

　　時子因陳子而以告孟子，陳子以時子之言告孟子。

　　孟子曰：「然；夫時子惡知其不可也？如使予欲富，辭十萬而受萬，是為欲富乎？季孫曰：『異哉子叔疑！使己為政，不用，則亦已矣，又使其子弟為卿。人亦孰不欲富貴？而獨於富貴之中有私龍斷焉。』古之為市也，以其所有易其所無者，有司者治之耳。有賤丈夫焉，必求龍斷而登之，以左右望，而罔市利。人皆以為賤，故從而徵之。徵商自此賤丈夫始矣。」

＊ 譯文：

　　孟子辭去齊國的官職準備回家，齊王到孟子家中相見，說道：「過去希望看到您，卻不可能；後來能夠同在朝廷一起辦公，我很高興；現在您又將拋棄我而回去了，不知道我們以後還可以相見嗎？」

孟子答道：「這事，我不敢請求，當然是很希望的。」

過了一些時日，齊王對時子說：「我想在臨淄城中給孟子一幢房屋，用萬鐘之粟來養活他的門徒，使官吏和人民都有所效法。你何不替我跟孟子談談！」

時子便託陳子把這話轉告孟子；陳子也就把時子的話告訴了孟子。

孟子說：「嗯，時子哪曉得這事情做不得呢？假若我是貪圖財富，辭去十萬鐘的俸祿轉而接受一萬鐘的賜予，這難道是求富之法嗎？季孫說過：『子叔疑真奇怪！自己要做官，別人不用也就罷了，卻又讓子侄後輩來做卿大夫。誰不想得到富貴和財富？只是他太過了，在做官發財的事情上搞壟斷。』古代的買賣以有易無，這種事情有相關的部門管理。有一個卑賤漢子一定要找一個獨立的高地登上去，看看左邊，望望右邊，恨不得把所有買賣的好處一網打盡。別人都覺得這人卑鄙，因此抽他的稅。向商人抽稅便從此開始了。」

朋友圈縱橫談

※ 張 岱

齊王不採用孟子的主張，只想通過官位、錢財網羅他。齊國的臣子驚歎於萬鐘粟的富貴，輾轉地去勸說孟子，可以看出來，齊國的君臣師友之間都有利祿心思。孟子因而發出「壟斷」的評論。

叔疑讓他的子侄後輩做卿士，猶如湯顯祖所寫的《邯鄲記》傳奇故事中，盧生到了病情沉重時，上表章請求退休，還不忘模仿鍾繇的楷書把表章寫得漂亮。行將就木，依然如此熱衷於

名利。

原文：

　　齊王不用孟子，而但以利祿相羈。齊臣驚萬鐘，而轉展相告，則是君臣師友之間，皆有市心矣。故孟子有「龍斷」之論。

　　叔疑使子弟為卿，如若士衍《邯鄲》傳奇，至盧生病篤，上表乞恩，猶視作鍾繇楷法。身到黃河，猶熱中若此。

宿晝章

　　孟子去齊，宿於晝。有欲為王留行者，坐而言。不應，隱几而臥。

　　客不悅曰：「弟子齊宿而後敢言，夫子臥而不聽，請勿復敢見矣。」

　　曰：「坐！我明語子。昔者魯繆公無人乎子思之側，則不能安子思；泄柳、申詳無人乎繆公之側，則不能安其身。子為長者慮，而不及子思；子絕長者乎？長者絕子乎？」

＊　譯文：

　　孟子離開齊國，在國都的近邑晝縣過夜。有一位想替齊王把孟子挽留住的人恭敬地坐着同孟子說話，孟子卻不理他，伏在案几上打起盹來。

　　來人很不高興，說道：「我在準備拜會您的頭一天便齋戒

身心，今天同您說話，您卻裝睡不聽，以後再也不敢同您相見了。」

孟子說：「坐下來！我明白地告訴你。過去，魯繆公如果沒有安排人在子思身邊，就不能夠使子思安心；泄柳、申詳如果沒有安排人在魯繆公身邊，就不能使自己安心。你替我這個老頭子考慮，卻連子思怎樣被魯繆公對待都想不到，這是你對我決絕呢，還是我對你太過分呢？」

朋友圈縱橫談

※ 張　岱

安泄柳、申詳這樣的人，還算是魯繆公身邊的人。這個來勸說孟子的人，既沒有得到齊王的命令，只是到孟子跟前來空口白話獻殷勤，不僅僅比不上子思，連安泄柳、申詳都不如。孟子沒把這個意思明白說破。

原文：

安泄柳、申詳之人，尚在繆公之側。此人既無王命，但來孟子前空致殷勤，不特不及子思，並不及申泄矣。此意未破。

※ 陳眉公

孟子離開齊國，通行的版本寫作「宿於晝」，「晝」應該是「畫」字。《史記》裏寫到田單聽說畫邑的干燭賢明，劉熙注釋：畫讀音同獲，是齊國都西南附近的城邑。東漢的時候，耿弇討伐張步，部隊行進到畫邑，然後攻打臨淄。由此可知應為「畫」。

原文：

　　陳眉公曰：「孟子去齊，宿於晝」，當作「晝」。《史記》田單聞晝邑王燭賢，劉熙注：「晝音獲，齊西南近邑。」後漢耿弇討張步，進兵晝中，遂攻臨淄。即此可知。

尹士章

　　孟子去齊。尹士語人曰：「不識王之不可以為湯武，則是不明也；識其不可，然且至，則是干澤也。千里而見王，不遇故去，三宿而後出晝，是何濡滯也？士則茲不悅。」

　　高子以告。

　　曰：「夫尹士惡知予哉？千里而見王，是予所欲也；不遇故去，豈予所欲哉？予不得已也。予三宿而出晝，於予心猶以為速，王庶幾改之！王如改諸，則必反予。夫出晝，而王不予追也，予然後浩然有歸志。予雖然，豈捨王哉！王由足用為善；王如用予，則豈徒齊民安，天下之民舉安。王庶幾改之！予日望之！予豈若是小丈夫然哉？諫於其君而不受，則怒，悻悻然見於其面，去則窮日之力而後宿哉？」

　　尹士聞之，曰：「士誠小人也。」

✳ 譯文：

　　孟子離開了齊國，尹士對別人說：「不曉得齊王不能成為商

湯、周武那樣的明君，這是孟子糊塗；明知他不行，然而還要來遊說，那便是貪求富貴。孟子老遠地跑來求見齊王，不相融洽而走，卻在晝縣歇了三夜才離開，他為什麼這樣遲緩呢？我對此很不高興。」

高子把這話告訴孟子。

孟子說：「尹士哪能了解我？大老遠地來和大王相見，這是我希望的；不被賞識而走，難道也是我所希望的嗎？我只是不得不這樣罷了。我在晝縣歇宿了三夜才離開，心裏還認為太快了──大王也許會改變態度呢；大王假若改變態度，就一定會把我召回。我離開晝縣，大王仍沒有追回我，我才毫無留戀地有回鄉的念頭。縱是如此，我難道肯拋棄大王嗎？大王也能夠好好地推廣善行；大王假若用我，何止齊國的百姓得到太平，天下的百姓都可以得到太平。大王也許會改變態度的！我天天盼望着呀！我難道像是小氣的人嗎？向大王進勸諫之言，大王不接受，還大發脾氣，滿臉不高興；一旦離開，非得走到精疲力竭才歇宿嗎？」

尹士聽了這話以後，說：「我真是個小人啊。」

朋友圈縱橫談

※ 張　岱

　　蚔鼃迅速辭職，因為他的建議沒有被齊王採用；孟子慢慢地離開，因為他心裏還期待借重齊王。這樣看來，孟子不是要憑藉齊王，而是要憑藉齊國。讀《當路章》，他的真實意圖就顯露出來了。「齊王能夠好好地推廣善行」是句假話，不要當真。而且用羊替換牛祭祀，是指的齊宣王能夠好好地推廣善行。這裏出現

的齊王是齊湣王，人們常常錯認為宣王。

原文：

> 蚳䵷急去，不為王用也；孟子緩去，猶欲用王也。看來不是
> 孟子要用王，只要用齊耳。觀《當路章》，真心已露。「王由足
> 用為善」是句假話，莫認真。且易牛一事，是宣王足用為善。此
> 是湣王，人多錯認。

名世章

**孟子去齊，充虞路問曰：「夫子若有不豫色然。前日虞
聞諸夫子曰：『君子不怨天，不尤人。』」**

**曰：「彼一時，此一時也。五百年必有王者興，其間必
有名世者。由周而來，七百有餘歲矣。以其數，則過矣；以
其時考之，則可矣。夫天未欲平治天下也；如欲平治天下，
當今之世，捨我其誰也？吾何為不豫哉？」**

＊ 譯文：

孟子離開齊國，走在路上，充虞問道：「您似乎不高興的樣
子。但從前我聽您說過：『君子不抱怨天，不責怪他人。』」

孟子說：「那時是那時，這時是這時。每過五百年一定有位
聖君興起，而且還會有命世之才產生。從周武王以來，到現在
已經七百多年了。論年數，超過了五百；論時勢，現在正該是
聖君賢臣出來的時候了。上天不想使天下太平而已；如果上天

想使天下太平，今時今日，除了我還有誰能做到？我為什麼不高興呢？」

朋友圈縱橫談

※ 張　岱

如果只從字面來理解，就單單能讀出有聖王出現就一定有命世之才伴隨。不明白「其間」兩個字，指的是聖王雖出現但時勢還不合適之時。我特地把這點指出來。

「必定有命世之才」，因其人生逢合適的時代，一定不會默默無聞。比如漢初的蕭何、曹參、絳侯、灌侯，有見識的已經知道當地有了不起的人。有才又逢恰當時勢，沒有不跟聖王遇合的道理。

原文：

若據題面，只是有王者必有名世而已。不知「其間」兩字，正指王者雖生而風雲未合時言之，特為拈出。

「必有名世」，為生於其時，定不寂寞。蕭、曹、絳、灌，雲興霧隱，識者已知是地之有真人矣。有名世，無有不遇王者之理。

居休章

孟子去齊，居休。公孫丑問曰：「仕而不受祿，古之

道乎？」

　　曰：「非也；於崇，吾得見王，退而有去志，不欲變，故不受也。繼而有師命，不可以請。久於齊，非我志也。」

✳ 譯文：

　　孟子離開齊國，居於休地。公孫丑問道：「做官卻不接受俸祿，合乎古代的道理嗎？」

　　孟子説：「不。我在崇見到了齊王，回來便有離開的想法，不想改變，所以不接受俸祿。不久齊國有戰事，又不可以請求離開。可是長期留在齊國，不是我的本意。」

朋友圈縱橫談

※ 張　岱

　　這段是「宿晝」三章的補充。人們見到孟子離開齊國的時候，是如此的遲緩、徘徊，那他在齊國時的情況，不説也可以想象出來。哪裏知道，孟子一見到齊王就有離開的想法 —— 他有先見之明；孟子要走的想法始終沒有改變 —— 他有不改的堅定。這才見得出他是孟子呀！

　　有人問：孟子一見到齊王就想走，那他離開的時候為什麼又那麼緩慢呢？沈無回解釋：聖賢拯救亂世，猶如慈愛的母親要救生病的兒子，哪怕有一分希望都不願意放棄。這也是孔夫子「明知道不可行仍然去做」的教法。

原文：

　　此是「宿晝」三章補義。人見孟子去齊之時，尚且遲回如

此，則居齊時，不言可想矣。豈知一見便有去志，是先見之明；去志終不變，是不回之守。此其所以為孟子。

或問：一見思去，又何出畫之遲遲？沈無回曰：聖賢之救亂世，如慈母之救病子，有一分未絕，亦不肯放手，便是孔子「知其不可為而為之」之家法。

滕文公上

性善章

　　滕文公為世子，將之楚，過宋而見孟子。孟子道性善，言必稱堯舜。

　　世子自楚反，復見孟子。孟子曰：「世子疑吾言乎？夫道一而已矣。成覵謂齊景公曰：『彼，丈夫也；我，丈夫也；吾何畏彼哉？』顏淵曰：『舜，何人也？予，何人也？有為者亦若是。』公明儀曰：『文王，我師也；周公豈欺我哉？』今滕，絕長補短，將五十里也，猶可以為善國。《書》曰：『若藥不瞑眩，厥疾不瘳。』」

＊　譯文：

　　滕文公作太子的時候，要到楚國去，經過宋國，會見了孟子。孟子開口不離堯舜，同他講了人性本善的道理。

　　太子從楚國回來，又來見孟子。孟子說：「太子懷疑我的話嗎？天下的真理就這麼一個。成覵對齊景公說：『他是個男子漢，我也是個男子漢，我為什麼怕他呢？』顏淵說：『舜是什麼樣的人，我也是什麼樣的人，有作為的人也會像他那樣。』公明儀說：『文王是我的老師，周公難道會欺騙我嗎？』（他們講的都是效法堯舜，積善行仁的道理。）現在的滕國，假若把土地截長補短，拼成正方形，邊疆也將近五十里，還可以治理成一個好國家。《尚書》上說過：『如果吃完藥以後沒有感覺不舒服，病就不能被徹底治癒。』」

※ 張　岱

　　整本《孟子》，沒有一句話不是在談論人性本善，但在跟滕世子的問答中，孟子用一句話提綱挈領，如同雷霆大作震醒了昏睡者，也像摘下衣服上的寶珠送給貧窮的人，喚醒了千百年來人們蒙昧的精神。「如果藥物不把人吃得頭暈目眩」，這句明顯把父兄、百官、許行、陳相等事情也先看透了。「頭昏目眩」，是說有阻礙、為難。天下的事情大多是這樣的。

原文：

　　一部《孟子》，無一句不是道性善，卻於滕世子一句提宗，如震霆破睡，摘衣珠以貸貧，喚醒千古生人面目。「若藥不瞑眩」，分明把父兄、百官、許行、陳相等事先參破了也。「瞑眩」，猶言作梗。天下事大率多如此。

自盡章

　　滕定公薨，世子謂然友曰：「昔者孟子嘗與我言於宋，於心終不忘。今也不幸至於大故，吾欲使子問於孟子，然後行事。」

　　然友之鄒問於孟子。

　　孟子曰：「不亦善乎！親喪，固所自盡也。曾子曰：『生，事之以禮；死，葬之以禮，祭之以禮，可謂孝矣。』諸侯之

禮，吾未之學也；雖然，吾嘗聞之矣。三年之喪，齊疏之服，飦粥之食，自天子達於庶人，三代共之。」

然友反命，定為三年之喪。父兄百官皆不欲，曰：「吾宗國魯先君莫之行，吾先君亦莫之行也，至於子之身而反之，不可。且《志》曰：『喪祭從先祖。』曰：『吾有所受之也。』」

謂然友曰：「吾他日未嘗學問，好馳馬試劍。今也父兄百官不我足也，恐其不能盡於大事，子為我問孟子！」

然友復之鄒問孟子。

孟子曰：「然；不可以他求者也。孔子曰：『君薨，聽於冢宰，歠粥，面深墨，即位而哭，百官有司莫敢不哀，先之也。』上有好者，下必有甚焉者矣。君子之德，風也；小人之德，草也。草尚之風，必偃。是在世子。」

然友反命。

世子曰：「然；是誠在我。」

五月居廬，未有命戒。百官族人可，謂曰知。及至葬，四方來觀之，顏色之戚，哭泣之哀，弔者大悅。

＊ 譯文：

滕定公去世了，太子對他的師傅然友說：「過去在宋國，孟子跟我談了一些話，我心裏一直沒有忘記。今日不幸父親去世，我想請你到孟子那裏請教一下，然後再辦喪事。」

然友便到鄒國去求教孟子。

孟子説：「好得很呀！父母的喪事，本來就應該盡心竭力。曾子説過：『父母在世的時候，依禮奉侍；父母去世了，依禮埋葬，依禮祭祀，這可以説是盡孝了。』諸侯的禮節，我雖然不曾學習過，但也曾經聽説過。實行三年的喪禮，穿着粗布縫邊的孝服，吃着稀飯，從天子一直到老百姓，夏、商、周三代都是這樣做的。」

然友回國覆命，太子便決定行三年的喪禮。滕國的父老官吏都不願意，説道：「我們的宗國魯國的前代君主沒有實行過，我們前代君主也沒有實行過，到你這一代卻改變了先君的做法，不行。而且《志》書上説過：『喪禮祭禮一律遵從祖宗制定的規矩。』還説：『道理就在於我們是有所繼承的。』」

太子便對然友説：「我過去沒有致力學問，只喜歡跑馬舞劍。現在，父老和官吏們都不贊同我，恐怕我不能夠做好三年葬禮，你再替我去請教孟子罷！」

然友又到鄒國去問孟子。

孟子説：「嗯！這是不能夠求於別人的。孔子説過：『君主死了，太子把一切政務交給首相，只吃稀飯，面色深黑，到孝子的位置便哭，大小官吏沒有人敢不悲哀，因為太子親身帶頭的緣故。』在上位的有什麼愛好，在下面的人一定愛好得更厲害。君子的德好像風，小人的德好像草，風向哪邊吹，草就向哪邊倒。這一件事情完全決定於太子。」

然友向太子回報。

太子説：「對，這確實取決於我。」

於是太子居於喪廬中五月，沒有頒佈任何命令和禁令。官吏們同族們都很贊成，認為他很知禮。等到舉行葬禮的時候，四方的人都來觀禮，太子容色悲慘，哭泣哀痛，使來弔喪的人都非常滿意。

魯文公守喪還沒結束就想娶親，宣公辦了喪禮沒到一年就迎娶女子。魯國到文公、宣公的時候已經經歷了幾代國君，世變法移，可知不採用三年喪禮並非周公的制度。《志》書説「遵從先祖」，「祖」指的是制定法度的祖宗，而後人卻將敗壞制度的人作為祖宗效仿。這裏説「有所繼承」，繼承的是誰呢？

原文：

魯文公禪制未終而思娶；宣公喪未期年而逆女，魯至文、宣蓋凡幾世矣，故知不行三年之喪者，非周公制也，《志》言「從先祖」，立法之祖也，而後人則以壞法之祖為祖矣。曰「有所受」其受之誰乎？

井田章

滕文公問為國。

孟子曰：「民事不可緩也。《詩》云：『晝爾於茅，宵爾索綯；亟其乘屋，其始播百穀。』民之為道也，有恆產者有恆心，無恆產者無恆心。苟無恆心，放辟邪侈，無不為已。及陷乎罪，然後從而刑之，是罔民也。焉有仁人在位罔民而可為也？是故賢君必恭儉禮下，取於民有制。陽虎曰：『為富不仁矣，為仁不富矣。』」

「夏后氏五十而貢，殷人七十而助，周人百畝而徹，其實皆什一也。徹者，徹也；助者，藉也。龍子曰：『治地莫善於助，莫不善於貢。』貢者，校數歲之中以為常。樂歲，粒米狼戾，多取之而不為虐，則寡取之；凶年，糞其田而不足，則必取盈焉。為民父母，使民盻盻然，將終歲勤動，不得以養其父母，又稱貸而益之，使老稚轉乎溝壑，惡在其為民父母也？夫世祿，滕固行之矣。《詩》云：『雨我公田，遂及我私。』惟助為有公田。由此觀之，雖周亦助也。

「設為庠序學校以教之。庠者，養也；校者，教也；序者，射也。夏曰校，殷曰序，周曰庠；學則三代共之，皆所以明人倫也。人倫明於上，小民親於下。有王者起，必來取法，是為王者師也。

「《詩》云：『周雖舊邦，其命惟新。』文王之謂也。子力行之，亦以新子之國！」

使畢戰問井地。

孟子曰：「子之君將行仁政，選擇而使子，子必勉之！夫仁政，必自經界始。經界不正，井地不均，穀祿不平，是故暴君污吏必慢其經界。經界既正，分田制祿可坐而定也。

「夫滕，壤地褊小，將為君子焉，將為野人焉。無君子，莫治野人；無野人，莫養君子。請野九一而助，國中什一使自賦。卿以下必有圭田，圭田五十畝；餘夫二十五畝。死徙無出鄉，鄉田同井，出入相友，守望相助，疾病相扶持，則百姓親睦。方里而井，井九百畝，其中為公田。八家

皆私百畝，同養公田；公事畢，然後敢治私事，所以別野人
也。此其大略也；若夫潤澤之，則在君與子矣。」

* 譯文：

滕文公問孟子治理國家的事情。

孟子說：「農事是最迫切的事情。《詩經》上說：『白天割
取茅草，晚上絞成繩索，趕緊修繕房屋，到時候播種五穀啦。』
人民有一個常理：有一定的產業收入的人才有穩定的道德觀念
和行為準則，沒有一定的產業收入的人便不會有穩定的道德觀
念和行為準則。假若沒有穩定的道德觀念和行為準則，就會胡
作非為、違法亂紀，什麼事都幹得出來。等到他們犯了罪，然
後去加以處罰，這等於陷害人民。哪有仁者掌權卻陷害老百姓
的呢？所以賢明之君一定謙恭，節儉，有禮貌地對待臣下，徵
收賦稅遵循一定的制度。陽虎曾經說過：『要發財致富便不能講
仁愛，施行仁愛便不能發財致富。』

「夏代每家五十畝地而行『貢』法，商朝每家七十畝地而行
『助』法，周朝每家一百畝地而行『徹』法。這三種稅制的稅率
實際上都是十分抽一。『徹』是『通』（通盤計算）的意思；『助』
是藉助（民力）的意思。古代一位賢者龍子說過：『田稅最好的
是助法，最不好的是貢法。』貢法是基於若干年的收成取一個
定數。豐收年成，到處是穀物，多徵收一點也不算苛暴，卻並
不多收；災荒年成，每家的收穫量甚至還不夠第二年肥田的用
費，也非收滿那一定數不可。一國的君主是百姓的父母，卻使
百姓整年地辛苦勞動，結果連養活爹娘都做不到，還得借高利
貸來湊足納稅額，最終一家老小拋屍露骨於山溝之中，說什麼
是做百姓的父母呢？做大官的人都有一定的田租收入，子孫相
傳，滕國早就實行了。周朝的一篇詩上說：『雨先下到公田裏，

當才子遇上孟子

然後再落到我的私田！』只有助法才有公有田，從這點看來，即便周朝也是實行助法的。

「人民的生活有着落了，便要興辦『庠』『序』『學』『校』來教育他們。『庠』是教養的意思，『校』是教導的意思，『序』是陳列的意思，陳列實物以便實施實物教育。夏代叫『校』，商代叫『序』，周代叫『庠』；至於大學，三代都叫『學』。目的都是闡明並教導人民了解人與人之間的關係以及相關的行為準則。人與人的關係以及行為準則，在上位的人都明白了，下面的普通百姓自然會親密地團結在一起。如果有聖王興起，一定會來學習仿效，這樣便做了聖王的老師了。

「《詩經》上又説：『岐周雖然是一個古老的國家，國運卻充滿着新氣象。』這是讚美文王的詩句。你努力實行吧，也讓你的國家氣象一新！」

滕文公讓畢戰向孟子詢問井田制。

孟子説：「你的君主準備實行仁政，讓你來問我，你一定要好好幹！實行仁政，一定要從劃分整理田界開始。田界劃分得不正確，井田的大小就不均勻，作為俸祿的田租收入也就不會公平合理，所以暴虐的君主以及貪官污吏必定打亂田間界限。田間界限正確了，分配給人民田地和制定官吏的俸祿，都可以輕鬆搞定。

「滕國的土地狹小，卻也得有官吏和勞動人民。沒有官吏，便沒有人管理勞動人民；沒有勞動人民，也沒有人養活官吏。我建議：郊野實行九分抽一的助法，城市實行十分抽一的貢法。公卿以下的官吏一定有供祭祀的圭田，每家五十畝；如果他家還有剩餘的勞動力，便每一勞動力再給二十五畝。無論埋葬或者搬家，都不離開本鄉本土。共一井田的各家，平日出入，互相友愛；防禦盜賊，互相幫助；有了疾病，互相照顧，

這樣一來百姓便親愛和睦了。一里見方的土地為一個井田,每一井田有九百畝,中間的一百畝是公田,以外八百畝分給八家作私田。這八家共同耕種公田。先把公田耕種完畢,再來料理私人的事務,這就是區別官吏與勞動人民的辦法。這只是一個大概,至於怎樣去調度,那就看你的君主和你本人了。」

朋 友 圈 縱 橫 談

※ 徐儆弦

　　賜給圭田是俸祿之外的利益,君主藉此厚待臣子。賞賜餘夫是常規田地之外增加的田地,君主藉此厚待他的子民。五十畝,是按照百畝之田分給一半;二十五畝,是參照百畝之田分為四份。這都根源於井田制度。

原文:

　　徐儆弦曰:圭田是祿外之祿,所以厚其臣。餘夫是田外之田,所以厚其民。五十畝者,準百畝而中分之也;二十五畝者,準百畝而四析之也。皆起於井田之制也。

※ 張　岱

　　按照棋譜下棋,高手弈秋絕不會這麼幹;按照成方開藥,名醫扁鵲絕不會這麼幹;拿着地圖冊去執行井田制度,聖人也不會這樣幹。下棋要在下子之前考慮好,開藥要在成方之外斟酌,聖人的精神超脱於法度條文而蘊含在法度之中。超脱於規章制度,法度才能靈活;拘泥於法度條文,法制就僵死了。

並耕章

　　有為神農之言者許行，自楚之滕，踵門而告文公曰：「遠方之人聞君行仁政，願受一廛而為氓。」

　　文公與之處。

　　其徒數十人，皆衣褐，捆屨，織蓆以為食。

　　陳良之徒陳相與其弟辛負耒耜而自宋之滕，曰：「聞君行聖人之政，是亦聖人也，願為聖人氓。」

　　陳相見許行而大悅，盡棄其學而學焉。

　　陳相見孟子，道許行之言曰：「滕君則誠賢君也；雖然，未聞道也。賢者與民並耕而食，饔飧而治。今也滕有倉廩府庫，則是厲民而以自養也，惡得賢？」

　　孟子曰：「許子必種粟而後食乎？」

　　曰：「然。」

　　「許子必織布而後衣乎？」

　　曰：「否，許子衣褐。」

　　「許子冠乎？」

曰：「冠。」

曰：「奚冠？」

曰：「冠素。」

曰：「自織之與？」

曰：「否，以粟易之。」

曰：「許子奚為不自織？」

曰：「害於耕。」

曰：「許子以釜甑爨，以鐵耕乎？」

曰：「然。」

「自為之與？」

曰：「否，以粟易之。」

「以粟易械器者，不為厲陶冶；陶冶亦以其械器易粟者，豈為厲農夫哉？且許子何不為陶冶，舍皆取諸其宮中而用之？何為紛紛然與百工交易？何許子之不憚煩？」

曰：「百工之事固不可耕且為也。」

「然則治天下獨可耕且為與？有大人之事，有小人之事。且一人之身，而百工之所為備，如必自為而後用之，是率天下而路也。故曰，或勞心，或勞力；勞心者治人，勞力者治於人；治於人者食人，治人者食於人，天下之通義也。

「當堯之時，天下猶未平，洪水橫流，泛濫於天下，草木暢茂，禽獸繁殖，五穀不登，禽獸逼人，獸蹄鳥跡之道交於中國。堯獨憂之，舉舜而敷治焉。舜使益掌火，益烈山澤而焚之，禽獸逃匿。禹疏九河，瀹濟漯而注諸海，決汝漢，

排淮泗而注之江，然後中國可得而食也。當是時也，禹八年於外，三過其門而不入，雖欲耕，得乎？

「后稷教民稼穡，樹藝五穀；五穀熟而民人育。人之有道也，飽食、暖衣、逸居而無教，則近於禽獸。聖人有憂之，使契為司徒，教以人倫 —— 父子有親，君臣有義，夫婦有別，長幼有敘，朋友有信。放勳曰：『勞之來之，匡之直之，輔之翼之，使自得之，又從而振德之。』聖人之憂民如此，而暇耕乎？

「堯以不得舜為己憂，舜以不得禹、皋陶為己憂。夫以百畝之不易為己憂者，農夫也。分人以財謂之惠，教人以善謂之忠，為天下得人者謂之仁。是故以天下與人易，為天下得人難。孔子曰：『大哉堯之為君！惟天為大，惟堯則之，蕩蕩乎民無能名焉！君哉舜也！巍巍乎有天下而不與焉！』堯舜之治天下，豈無所用其心哉？亦不用於耕耳。

「吾聞用夏變夷者，未聞變於夷者也。陳良，楚產也，悅周公、仲尼之道，北學於中國。北方之學者，未能或之先也。彼所謂豪傑之士也。子之兄弟事之數十年，師死而遂倍之！昔者孔子沒，三年之外，門人治任將歸，入揖於子貢，相向而哭，皆失聲，然後歸。子貢反，築室於場，獨居三年，然後歸。他日，子夏、子張、子游以有若似聖人，欲以所事孔子事之，強曾子。曾子曰：『不可；江漢以濯之，秋陽以暴之，皓皓乎不可尚已。』今也南蠻鴃舌之人，非先王之道，子倍子之師而學之，亦異於曾子矣。吾聞出於幽谷遷

於喬木者，未聞下喬木而入於幽谷者。《魯頌》曰：『戎狄是膺，荊舒是懲。』周公方且膺之，子是之學，亦為不善變矣。」

「從許子之道，則市賈不貳，國中無偽；雖使五尺之童適市，莫之或欺。布帛長短同，則賈相若；麻縷絲絮輕重同，則賈相若；五穀多寡同，則賈相若；屨大小同，則賈相若。」

曰：「夫物之不齊，物之情也；或相倍蓰，或相什百，或相千萬。子比而同之，是亂天下也。巨屨小屨同賈，人豈為之哉？從許子之道，相率而為偽者也，惡能治國家？」

＊ 譯文：

有一位研究神農氏學說叫許行的人，從楚國到了滕國，登門謁見滕文公，告訴他說：「我這個遠方來的人聽說您實行仁政，希望得到一個住所，做您的百姓。」

文公給了他房屋。

許行的門徒有幾十個，都穿着粗麻織成的衣服，以打草鞋、織蓆子謀生。

陳良的門徒陳相和他弟弟陳辛，背着農具從宋國到了滕國，也對文公説：「聽説您實行聖人的政治，那您也是聖人了。我願意做聖人的百姓。」

陳相見了許行，非常高興，完全拋棄以前的學説而向許行學習。

陳相來看孟子，轉述許行的話説：「滕君確實是個賢明的君主，儘管如此，但也還不真懂道理。賢人要和人民一道耕種，

才吃；自己做飯，也要替百姓辦事。如今滕國有儲穀米的倉廩、存財物的府庫，這是損害人民來奉養君主，又怎能稱做賢明呢？」

孟子說：「許子一定自己種莊稼才吃飯嗎？」

陳良說：「對。」

「許子一定自己織布才穿衣嗎？」

「不！許子只穿粗麻織成的衣服。」

「許子戴帽子嗎？」

答道：「戴。」

孟子問：「戴什麼帽子？」

答道：「戴白綢帽子。」

孟子問：「是他自己織的嗎？」

答道：「不，用穀米換來的。」

孟子問：「許子為什麼不自己織呢？」

答道：「因為妨礙幹莊稼活。」

孟子問：「許子也用鍋甑做飯，用鐵器耕田嗎？」

答道：「對。」

「是他自己做的嗎？」

答道：「不，用穀米換來的。」

「農夫用穀米換取鍋甑和農具，不能說是損害了瓦匠、鐵匠，那麼，瓦匠、鐵匠用鍋甑和農具換取穀米，難道就損害了農夫嗎？而且許子為什麼不親自燒窯冶鐵，做成各種器械，什麼東西都儲備在家中供取用？為什麼許子要頻繁地和各種工匠做買賣？許子怎麼不怕麻煩？」

陳相答道：「各種工匠的工作，本來不是耕種的同時幹得

了的。」

「那麼，難道管理國家就能在耕種的同時幹得了嗎？有官吏的工作，有小民的工作。只要是一個人，各種工匠的產品對他都是不可缺少的，如果所有東西都要自己製造出來才去用它，這是率領天下人疲於奔命。所以我說，有的人從事腦力勞動，有的人從事體力勞動；腦力勞動者統治人，體力勞動者被人統治；被統治者養活別人，統治者靠人養活，這是通行天下的道理。

「堯在位的時候，天下還不安定，洪水四處泛濫，草木茂盛，鳥獸成群地繁殖，穀物卻沒有收成；飛鳥野獸危害人類，牠們的腳跡佈滿中國大地。堯一個人為此憂慮，把舜選拔出來總領治理工作。舜命令伯益掌管火政，益便將山野沼澤地帶的草木用烈火燒毀，使鳥獸逃跑隱藏。禹又疏浚九河，治理濟水和漯水，引流入海，挖掘汝水和漢水，疏通淮水和泗水，引導它們流入長江，華夏才可以耕種得到糧食。這個時候，禹八年在外，三次經過自己的家門都不進去，縱是他想親自種地，能做到嗎？

「后稷教導百姓種莊稼，栽培穀物。穀物成熟了，便可以養育百姓。做人的常理，吃飽了，穿暖了，住得安逸了，如果沒有教育，也和禽獸差不多。聖人又為此憂慮，讓契做司徒，用關於人與人的關係的大道理以及行為準則來教養人民——父子之間有骨肉之親，君臣之間有禮義之道，夫妻之間摯愛而有內外之別，老少之間有尊卑之序，朋友之間有誠信之德。堯說道：『督促他們，糾正他們，幫助他們，使他們各得其所，然後加以提攜和教誨。』聖人為百姓考慮是如此周到，還有閒暇耕種嗎？

「堯把得不到舜這樣的人作為自己的憂慮，舜把得不到禹和

皋陶這樣的人作為自己的憂慮。把自己的百畝田地耕種得不好作為憂慮的，那是農夫。把錢財分給別人叫做惠，把好的道理教給別人叫做忠，替天下人民找到出色人才便叫做仁。所以，把天下讓給別人比較容易，替天下找到出色人才卻很困難。因此孔子說：『堯做天子真是偉大！只有天最偉大，唯獨堯能夠效法天。堯的聖德廣闊無邊呀，人民找不到恰當的詞語來讚美！舜也是好天子！他巍然莊重地擁有了天下，自己卻不佔有它！』堯舜治理天下，難道不耗費心思嗎？只是不用在莊稼上罷了。

「我只聽說過用華夏的事物來改變落後國家的，沒有聽說過用落後國家的事物來改變華夏的。陳良本是楚國人，他喜愛周公孔子的學說，往北到中原來學習，北方的讀書人還沒有人能夠超過他的，他真是所謂豪傑之士啊！你們兄弟向他學習了幾十年，他一死，竟完全背叛他！從前，孔子死了，三年之後，弟子們收拾行李準備回去，走進子貢住處作揖告別，相對而哭，都泣不成聲，這才回去。子貢又回到墓地重新築屋，獨自住了三年，然後回去。過了些日子，子夏、子張、子游認為有若有點像孔子，便想要用尊敬孔子之禮來尊敬他，勉強曾子同意。曾子說：『不行；先生就好像曾經用江漢之水洗濯過，曾經在夏日的太陽裏曝曬過，潔白得無以復加。』如今許行這個南方蠻子，說話怪腔怪調，也來指責我們祖先聖王之道，你們卻背叛你們的老師去向他學，那和曾子的態度便相反了。我只聽說過鳥飛出幽深山谷遷往高大樹木，沒有聽說過鳥離開高大樹木飛進幽暗山谷的。《魯頌》記載：『攻打戎狄，痛懲荊舒。』楚國這樣的國家，周公還要攻打它，你卻認同他向許行並學，這也真是不擅長變遷啊。」

陳相說：「如果聽從許子的學說，那就會做到市場上的物價一致，大家互相不欺騙。縱使打發小孩子去市場，也沒有人來欺騙他。布匹絲綢的長短一樣，價錢便一樣；麻線絲綿的輕重

一樣，價錢便一樣；穀米的多少一樣，價錢也一樣；鞋的大小一樣，價錢也一樣。」

孟子說：「各種東西的品種質量不一致，這是事物的常理。其價格有的相差一倍五倍，有的相差十倍百倍，有的相差千倍萬倍，你要完全使它們一致，只是擾亂天下罷了。大鞋和小鞋一樣價錢，人們難道肯幹嗎？聽從許子的學說，是率領大家走向虛偽，哪能夠治理國家呢？」

朋友圈縱橫談

※ 張　岱

許行也不是一個普通人，他要找出一個開天闢地的聖人出來，不單單想要壓倒當時的君主，還想要壓倒堯、舜、周公、孔子。

許行一開始託詞神農氏君民一起勞作的學說，想要平齊人民，卻不懂人有身份、地位高低，不能夠歸攏在一起；之後，他託詞神農氏物價均等的學說，想要劃一物品，卻不懂物品有精美粗劣的分別，不能夠劃一。

原文：

許行亦不是尋常人，尋出一開天劈地的聖人出來，不惟欲壓倒時君，政欲壓倒堯、舜、周公、仲尼。

許行始託神農君民並耕之說，欲齊人也，而不知有大小之等，不可以相兼；繼託神農市價不二之說，欲齊物也，而不知物有精粗之殊，不可以劃一。

「有大人之事」這句話，是駁倒《並耕章》許行謬論的由頭；底下闡述堯舜治理人民的苦心，都隱含在這裏面，沒有一句明白說的。

大人不只是君主，孟子也自認是一個大人。

原文：

「有大人之事」一句，是闢《並耕》一章冒頭；下面堯舜用心，都在此處藏着，着不得一實語。

大人不直是君，孟子自視亦一大人。

五倫以父子關係為第一，這裏卻將君臣關係放在前面，正是來說明大人物（地位高者）、小人物（地位低者）的分工，在唐堯、虞舜的時代就已經很分明了。韓求仲說：父子親愛、君臣道義等，若說皆是順應自然之理，這裏不注重。在人類社會的初期，人們未必都知曉這個道理，聖人將其發露出來使大家知曉而已。

原文：

五倫首父子，而此處乃首君臣，政以大人小人之分，素明於唐虞。韓求仲云：有親有義等，如云因其自然之意，此間不重。此時洪荒初闢，人亦未必盡開等竅，聖人揭之使有耳。

「以天下與人易」這兩句話，劉繼雲說「與人」就是委託他

人的意思。這兩句還說將天下付託給人不難，但託付給合適的人很難。這觀點非常高明。

原文：

馮開之曰：「以天下與人易」二句，劉絪雲說「與人」，直是委託之意。此二句猶言付託天下不難，付託得人為難，此說絕佳。

※ 張　岱

文中用的「惠」「忠」兩個字，我不想說不是好詞，大概在這裏也是形容其利益的對象是或一人、或一事，稷、契完全可以做得到，總而言之是襯托、成全堯舜的仁（為天下找到優秀人才）。

原文：

「惠」「忠」二字，吾不欲說壞，蓋此亦是所得之一人一事，稷、契足以當之，合之總成堯舜之仁者耳。

※ 張　岱

用「江漢」「秋陽」作比，曾子於此明白指出聖賢孔夫子的精神不會隨人的死去而消亡。我們這些人敬仰他如同他活着一般，不一定要追求言語、形貌也跟他相似。這段話主旨是這樣，至於有若比不上孔子，又哪裏需要比較。我特地給大家指出來。

原文：

江漢、秋陽，是曾子分明指出聖人心印不與人俱沒者。我輩瞻事如生，不必求諸音容笑貌之似也。題意如此，若有若之不

如，何須較量也。特為拈出。

※ 王龍溪

「江漢」「秋陽」，只能形容曾子心目中的孔子；「東山」「泰山」，則只能形容孟子心目中的孔子。

原文：

王龍溪曰：江漢、秋陽，只形容得曾子的孔子；東山、泰山，只形容得孟子的孔子。

※ 楊維斗

「江漢」「秋陽」，不需要去形容、模擬，已經直接描摹出聖人心性裏一片潔白、明亮的氣象。佛家所説的「佛陀的法身清淨猶如琉璃」，在這可以參考。

原文：

楊維斗云：江漢、秋陽不作比擬，直從聖人心中寫出一片潔白光明氣象。釋氏所云「佛身清淨似琉璃」，於此可參。

※ 張　岱

《樗齋漫錄》説，人們聽説過堯把天下禪讓給舜，舜把天下禪讓給禹。那天下，是天下人共有的天下。堯為天下人民選拔君主，將找不到舜這樣優秀的人作為自己的憂慮；他得到了舜，天下也就治理好了，所以堯是把舜給了天下人民，而不是把天下人民給了舜。舜為天下人民選拔管理者，將找不到禹這樣的優秀人

才作為自己的憂慮；他獲得了禹，天下也就治理妥當了，所以舜是把禹給了天下人民，而不是把天下人民給了禹。所以說：「為天下人民找到優秀人才，叫做仁。」

原文：

《樗齋漫錄》云，人知堯以天下與舜，舜以天下與禹。夫天下者，天下人之天下也。堯以天下擇君，以不得舜為己憂；得舜而天下治，是堯以舜與天下，非以天下與舜也。舜為天下擇君，以不得禹為己憂；得禹而天下治，是舜以禹與天下，非以天下與禹也。故曰：「為天下得人者，謂之仁。」

墨者章

墨者夷之因徐辟而求見孟子。孟子曰：「吾固願見，今吾尚病，病癒，我且往見，夷子不來！」

他日，又求見孟子。孟子曰：「吾今則可以見矣。不直，則道不見；我且直之。吾聞夷子墨者，墨之治喪也，以薄為其道也；夷子思以易天下，豈以為非是而不貴也；然而夷子葬其親厚，則是以所賤事親也。」

徐子以告夷子。

夷子曰：「儒者之道，古之人若保赤子，此言何謂也？之則以為愛無差等，施由親始。」

徐子以告孟子。

孟子曰：「夫夷子信以為人之親其兄之子為若親其鄰之赤子乎？彼有取爾也。赤子匍匐將入井，非赤子之罪也。且天之生物也，使之一本，而夷子二本故也。蓋上世嘗有不葬其親者，其親死，則舉而委之於壑。他日過之，狐狸食之，蠅蚋姑嘬之。其顙有泚，睨而不視。夫泚也，非為人泚，中心達於面目，蓋歸反虆梩而掩之。掩之誠是也，則孝子仁人之掩其親，亦必有道矣。」

徐子以告夷子。夷子憮然為閒曰：「命之矣。」

＊ 譯文：

墨家信徒夷之通過徐辟的關係想求見孟子。孟子説：「我本來願意接見，不過我現在病着，病好了，我打算去看他，他不必來！」

過了一些時候，夷之又要求來見孟子。孟子説：「現在可以相見了。不過，不説直話，真理表現不出，我姑且直白一點吧。我聽説夷子是墨家信徒，墨家辦理喪葬以節儉為合理，夷子也想用薄葬來改革天下葬禮，他難道不是認為不薄葬是不足推崇的嗎？但是他自己埋葬父母卻相當豐厚，那便是拿他所輕賤的東西對待他的父母親了。」

徐子把這話告訴了夷子。

夷子説：「儒家的學説認為，古代的君主愛護百姓好像愛護嬰兒一般，這句話是什麼意思呢？我認為意思是，人與人之間的愛並沒有親疏厚薄的區別，只是實行時從父母親開始罷了。」

徐子又把這話轉告孟子。

孟子説：「夷子真認為人們愛侄兒和愛鄰人的嬰兒是一樣

的嗎？夷子不過是抓住了一點：嬰兒在地上爬行，快要跌到井裏去了，這自然不是嬰兒的過錯。這時候，不管是誰都會去救的，夷子以為這就是愛無等差，其實，這是人的惻隱之心。況且天生萬物，只有一個根源，夷子卻說有兩個根源，道理就在這裏。大概上古曾經有不埋葬父母的人，父母死了，抬了拋到山溝。過了一些時候，他經過那裏，見狐狸在啃食屍體，蒼蠅蚊子在咀吮屍體，他不禁額頭上流汗，斜着眼睛不敢正視。他流汗，不是流給別人看的，實際是心中的悔恨在外貌上表現出來，大概他也會回家取了鋤頭畚箕再把屍體埋葬。埋葬屍體誠然是對的，那麼，孝子仁人埋葬他的父母，自然有其道理了。」

徐子把這話告訴了夷子。夷子悵然地愣了好半天才說：「我懂得了。」

朋友圈縱橫談

※ 張　岱

孟子啟發人時單單在其明白、通達的地方點撥，不直接說他的錯誤，也不講大道理，而只是打動對方的心，由此破除他的錯誤。高明啊！

原文：

孟子接引人只就他明處通，不直言其非，亦不說道理，到底只動其心，就彼破彼，極妙！

※ 姚承庵

上古之時，親人去世，將之拋棄在荒野溝壑，並不是心殘忍

而拋棄。那個時候，禮儀制度還沒有形成，人們不知道怎麼去處理殯葬事務，不得已才姑且這麼做。過些日子，仍然會到那兒看看，也表明即便拋棄了也沒有忘記。

原文：

姚承庵曰：上世之委親於壑，非忍棄之也。禮制未起，不曉如何殯葬，沒奈何姑置諸此。他日過之，亦其已置不忍忘處。

※ 張　岱

那時候研究墨家學說的有鄧陵、相里、相夫三派。到了宋鈃、尹文都有一家之言，墨家學說就分成了五派，而墨家門徒禽滑厘等人，曾經有三百多位，在各個諸侯國治理政務、主持軍事，天下沒有比墨家更興盛的學說了。墨家也稱得上人才豐盛，門徒黨羽眾多。

原文：

當時治墨者鄧陵、相里、相夫三家。自宋鈃、尹文皆有書，而墨分為五，且其徒禽滑厘之屬，嘗三百人而治國用兵，天下難為亞。墨氏亦號多才，其羽翼甚盛。

※ 張　岱

「頂上冒汗」，這就是「萬物一個根源」、人都有的天然真情流露的表現，最容易辨別。所謂「不是為別人流汗」，天性也。嵇康說過：「服用丹藥求出汗，未必會出汗。愧疚之情一會合，自然汗水流溢。」就是這個意思。世上的人都認為禮儀是虛偽，卻不懂葬禮是起源於愧疚流汗。流汗，是天性，「萬物一源」之故也。

「其顙有泚」，即「一本」天真呈露處，最好識認。「非為人泚」者，天也。嵇康云：「服藥求汗，未必得汗。愧情一集，則泚然流離。」即是此意。世人皆以禮為偽，而不知葬禮起於顙泚。顙泚者，天也，「一本」故也。

※ 鍾伯敬

「夷子悵惘」，話裏隱約有五體投地、痛苦悔恨的意思在。夷子不只是接受了孟子的觀點，更是領會到了孟子「萬物一源」的真心。

原文：

鍾伯敬曰：「夷子憮然」，言下有五體墮地、涕泣悲悔光景在。不第受孟子之命，直是自得其「一本」真心也。

滕文公下

陳代章

陳代曰：「不見諸侯，宜若小然；今一見之，大則以王，小則以霸。且《志》曰：『枉尺而直尋。宜若可為也。』」

孟子曰：「昔齊景公田，招虞人以旌，不至，將殺之。志士不忘在溝壑，勇士不忘喪其元。孔子奚取焉？取非其招不往也。如不待其招而往，何哉？且夫枉尺而直尋者，以利言也。如以利，則枉尋直尺而利，亦可為與？昔者趙簡子使王良與嬖奚乘，終日而不獲一禽。嬖奚反命曰：『天下之賤工也。』或以告王良。良曰：『請復之。』強而後可，一朝而獲十禽。嬖奚反命曰：『天下之良工也。』簡子曰：『我使掌與女乘。』謂王良。良不可，曰：『吾為之範我馳驅，終日不獲一；為之詭遇，一朝而獲十。《詩》云：「不失其馳，捨矢如破。」我不貫與小人乘，請辭。』御者且羞與射者比；比而得禽獸，雖若丘陵，弗為也。如枉道而從彼，何也？且子過矣：枉己者，未有能直人者也。」

＊ 譯文：

陳代説：「不去謁見諸侯，似乎只是拘泥於小節吧；如今一去謁見諸侯，往大裏説，可以實行仁政，統一天下；往小裏説，可以改革政治，稱霸一時。而且《志》書上説：『屈折時只有一尺，一旦伸直卻有八尺了，小處委屈一些，可以求得大的好處。好像可以幹。』」

當才子遇上孟子

孟子説:「從前齊景公田獵,用有羽毛裝飾的旌旗召喚獵場管理員,管理員不去,景公準備殺他。可是他並不因此而畏懼。有志之士不畏懼葬身山溝;勇敢的人不怕掉腦袋。孔子認為他哪一點可取呢?就是他不符合規矩的召喚不接受。假若竟不等待諸侯的召喚便去,那又是怎樣呢?而且你説屈折時只有一尺,一旦伸直卻有八尺,這是從利益的觀點出發。如果專考慮利益,那麼,所屈折的有八尺,所伸直的卻只一尺,也有利益,也可以幹麼?從前,趙簡子命令王良替他的寵倖小臣嬖奚駕車去打獵,整天打不着一隻禽獸。嬖奚向簡子回報説:『王良是個拙劣的駕車人。』有人把這話告訴了王良。王良説:『希望再來一次。』嬖奚勉強同意了,一個早晨便打中十隻禽獸。嬖奚便又回報説:『王良是一個高明的駕車人。』趙簡子説:『那麼,我就叫他專門替你駕車。』嬖奚便告訴王良,王良不肯,説:『我依規矩給他駕車,整天打不着一隻獵物;我違背規矩給他駕車,一個早晨便打中了十隻獵物。可是《詩經》説過:「按照規矩而奔馳,箭一放出便射中目標。」我不習慣替小人駕車,這差事我不幹。』駕車人尚且以同壞射手合作為可恥,即便合作得到的禽獸堆積如山,也不肯幹。假使我們委屈自己去追隨諸侯,那又是為什麼呢?而且你錯了,不正直的人從來沒有能使別人正直的。」

朋友圈縱橫談

※ 尹和靖

　　有屈折一尺、伸直八尺的心思,就會導致屈折八尺、伸直一尺。做人一旦曲折,就如同高山大嶽傾頹,不能夠把握好分寸,又怎能措置尋、尺呢?孟子説「也可以做嗎」是詰問,也是頓挫

之語，極為圓轉。

原文：

尹和靖曰：有枉尺直尋之心，則必至於枉尋直尺矣。此身一枉，如喬嶽坐鎮，不能分寸，安問尋尺？「亦可為與」是詰語，亦是跌語，下得極圓。

妾婦章

景春曰：「公孫衍、張儀豈不誠大丈夫哉？一怒而諸侯懼，安居而天下熄。」

孟子曰：「是焉得為大丈夫乎？子未學禮乎？丈夫之冠也，父命之；女子之嫁也，母命之，往送之門，誡之曰：『往之女家，必敬必戒，無違夫子！』以順為正者，妾婦之道也。居天下之廣居，立天下之正位，行天下之大道；得志，與民由之；不得志，獨行其道。富貴不能淫，貧賤不能移，威武不能屈，此之謂大丈夫。」

＊ 譯文：

景春說：「公孫衍和張儀難道不是男子漢嗎？他們一發脾氣，諸侯都害怕；安靜下來，天下便太平無戰事。」

孟子說：「他們怎能叫做男子漢呢？你沒有學過禮嗎？男子舉行加冠禮的時候，父親給以訓導；女子出嫁的時候，母親給以訓導，送她到門口告誡她說：『到了你家裏，一定要恭敬，

一定要警惕，不要違背丈夫。』以順從為最大原則，是作為婦女的道理。男子則應住在天下最寬廣的住宅（指仁）裏，站在天下最正確的位置（指禮）上，走在天下最光明的大路（指義）上；志向如果得到伸展，就和百姓一起前進；志向不能伸展，也獨自堅持原則。富貴不能亂其心，貧賤不能改其志，威武不能屈其節，這樣才叫做男子漢大丈夫。」

朋友圈縱橫談

※ 張　岱

對春秋時代的讀書做官者，孔子只有兩個字的評語：「斗筲」（器宇狹小）。戰國時代的聞達顯耀人物，孟子對他們也只有兩個字的評語：「妾婦」（軟弱無志節）。

原文：

春秋一代仕宦，孔子只題兩字曰「斗筲」。戰國一時利達，孟子只題兩字曰「妾婦」。非是聖賢輕世，亦是當時人物體質如此。

周霄章

周霄問曰：「古之君子仕乎？」

孟子曰：「仕。《禮》曰：『孔子三月無君，則皇皇如也，出疆必載質。』公明儀曰：『古之人三月無君，則弔。』」

「三月無君則弔，不以急乎？」

曰：「士之失位也，猶諸侯之失國家也。《禮》曰：『諸侯耕助，以供粢盛；夫人蠶繅，以為衣服。犧牲不成，粢盛不潔，衣服不備，不敢以祭。惟士無田，則亦不祭。』牲殺、器皿、衣服不備，不敢以祭，則不敢以宴，亦不足弔乎？」

「出疆必載質，何也？」

曰：「士之仕也，猶農夫之耕也。農夫豈為出疆捨其耒耜哉？」

曰：「晉國亦仕國也，未嘗聞仕如此其急。仕如此其急也，君子之難仕，何也？」

曰：「丈夫生而願為之有室，女子生而願為之有家；父母之心，人皆有之。不待父母之命、媒妁之言，鑽穴隙相窺，踰牆相從，則父母國人皆賤之。古之人未嘗不欲仕也，又惡不由其道。不由其道而往者，與鑽穴隙之類也。」

* 譯文：

周霄問孟子：「古代的君子做官嗎？」

孟子答道：「做官。《禮記》上說：『孔子要是三個月沒有君主任用他，就非常焦急，離開一個國家，一定帶着準備和其他君主初次相見的禮物。』公明儀也說過：『古代的士人三個月沒有得到君主任用，就要去安慰他。』」

周霄便問：「三個月沒有職位便去安慰他，不也太着急了嗎？」

孟子答道：「士人失掉了官位，好比諸侯失掉了國家。《禮記》上説過：『諸侯親自參加耕種，用來供給祭品；夫人親自養蠶繅絲，用來製作祭服。牛羊不肥壯，穀物不潔淨，祭服不具備，不敢進行祭祀。士若沒有田地，那也不能祭祀。』牛羊、祭具、祭服不具備，不敢進行祭祀，也就不能舉行宴會，這還不應該安慰嗎？」

周霄又問：「離開國界一定帶着見面的禮物，這是為什麼？」

孟子答道：「士人做官，就好像農民耕田。農民難道會因為離開國界便捨棄農具嗎？」

周霄説：「魏國也是一個有官可做的國家，我卻不曾聽説過謀求官位有這樣急迫。既然這樣急迫謀求官位，君子卻不輕易做官，又是什麼道理？」

孟子説：「男孩子一生下來，父母便希望給他找妻室；女孩子一生下來，父母便希望給她找婆家。這樣的心情，個個爹娘都有。但是，若是不等待爹娘開口，不經過媒人介紹，男女自己鑽洞扒門互相窺視，爬過牆頭私通，那麼爹娘和民眾都會輕視他們。古代的人不是不想做官，只是討厭不經由合乎禮義的途徑做官。不經由合乎禮義的途徑，和男女鑽洞扒門私通是一樣的。」

朋友圈縱横談

※ 杜靜台

「也不是沒期望過做官」，這句話雖然是跟「鑽洞窺穴，私定終生」對舉而言，但段中的「願」字、「賤」字，講的是父母、國人對子女、對官吏的期待；「欲」字、「惡」字，講的是君子自

己的志趣及自我要求。做官或不做官，依據的不是怕別人鄙視自己、厭惡自己，而應師法孟子不在其位則避見諸侯的做法。

原文：

　　杜靜台曰：「未嘗不欲仕」雖與「鑽穴隙」對說，然「願」字、「賤」字，出於父母、國人的心；「欲」字、「惡」字，出於君子自家的心。非為怕人賤惡而然也，全要得孟子不見諸侯本意。

傅食章

　　彭更問曰：「後車數十乘，從者數百人，以傳食於諸侯，不以泰乎？」

　　孟子曰：「非其道，則一簞食不可受於人；如其道，則舜受堯之天下，不以為泰 —— 子以為泰乎？」

　　曰：「否，士無事而食，不可也。」

　　曰：「子不通功易事，以羨補不足，則農有餘粟，女有餘布；子如通之，則梓匠、輪輿皆得食於子。於此有人焉，入則孝，出則悌，守先王之道，以待後之學者，而不得食於子；子何尊梓匠、輪輿而輕為仁義者哉？」

　　曰：「梓匠、輪輿，其志將以求食也；君子之為道也，其志亦將以求食與？」

　　曰：「子何以其志為哉？其有功於子，可食而食之矣。且子食志乎？食功乎？」

曰：「食志。」

曰：「有人於此，毀瓦畫墁，其志將以求食也，則子食之乎？」

曰：「否。」

曰：「然則子非食志也，食功也。」

＊ 譯文：

彭更問孟子道：「後面跟隨的車駕有幾十輛，跟隨的有幾百人，由這一國吃到那一國，您這樣做不也太過分了嗎？」

孟子答道：「如果不合乎道義，那麼就連一筐飯也不可以接受；如果合乎道義，即便是舜接受了堯的天下都不算過分 ——你以為過分了嗎？」

彭更說：「不是這樣說。讀書人不做事而吃白飯，是不可以的。」

孟子說：「你如果不互通各人的成果，交換各行業的產品，用多餘的來彌補不夠的，就會使農民有多餘的米，婦女有多餘的布；如果能互通有無，那麼木匠、車工都能夠由你而獲得吃的。現在這裏有個人，在家孝順父母，出外尊敬長輩，嚴守着古代聖王的禮法道義，用來培養後代的學者，卻不能由你而獲得吃的。你為什麼尊重木匠、車工，卻輕視仁義之士呢？」

彭更說：「木匠、車工，他們的動機本是為餬口；君子研究學術，推行王道，其動機也是為了餬口嗎？」

孟子說：「你為什麼要追問動機呢？假使他們對你有功績，可以給吃的便給就行了。而且，你是要論動機而給吃的呢？還是論功績而給吃的呢？」

彭更説：「論動機。」

孟子説：「假使這裏有個匠人，把屋瓦打碎，在新刷的牆壁上亂畫，他的出發點也是為了弄到吃的，你給他吃的嗎？」

彭更説：「不。」

孟子説：「這樣説來，你並不是論動機，仍然是論功績的了。」

朋友圈縱橫談

※ 張　岱 _____

「這裏有一個人」這個例子，意味很深長。大概仁義之道處於聖明之世，哪怕像用繩子、矩尺衡量步伐一樣用規矩規範人的行為，也不會覺得規矩有什麼重要；現在違背義理的人物紛紜，怪誕不經的學説蔓延，這是怎樣的一個亂世啊！竟然有這麼「一個人」站出來，擔當用仁義教化世人的重任，他的功勞該是多麼大！

原文：

「於此有人焉」一句，極重。蓋吾道值大明之時，即繩趨尺步，不見所繫之重；今異端蜂起，邪説橫流，此乾坤何等時節？乃有人焉，起而擔當世教，其功之大何如？

宋國章

萬章問曰：「宋，小國也；今將行王政，齊楚惡而伐之，則如之何？」

孟子曰：「湯居亳，與葛為鄰，葛伯放而不祀。湯使人問之曰：『何為不祀？』曰：『無以供犧牲也。』湯使遺之牛羊。葛伯食之，又不以祀。湯又使人問之曰：『何為不祀？』曰：『無以供粢盛也。』湯使亳眾往為之耕，老弱饋食。葛伯率其民，要其有酒食黍稻者奪之，不授者殺之。有童子以黍肉餉，殺而奪之。《書》曰：『葛伯仇餉。』此之謂也。為其殺是童子而征之，四海之內皆曰：『非富天下也，為匹夫匹婦復仇也。』『湯始征，自葛載』，十一征而無敵於天下。東面而征，西夷怨；南面而征，北狄怨，曰：『奚為後我？』民之望之，若大旱之望雨也。歸市者弗止，芸者不變，誅其君，弔其民，如時雨降。民大悅。《書》曰：『徯我後，後來其無罰！』『有攸不惟臣，東征，綏厥士女，篚厥玄黃，紹我周王見休，惟臣附於大邑周。』其君子實玄黃於篚以迎其君子，其小人簞食壺漿以迎其小人；救民於水火之中，取其殘而已矣。《太誓》曰：『我武惟揚，侵於之疆，則取於殘，殺伐用張，於湯有光。』不行王政云爾；苟行王政，四海之內皆舉首而望之，欲以為君；齊楚雖大，何畏焉？」

萬章問孟子：「宋是個小國家，如今想要實行仁政，齊楚兩個大國卻因此討厭它，並出兵攻擊它，怎麼辦好呢？」

孟子道：「湯居住在亳地時，同葛國做鄰居，葛伯很放肆，不守禮法，不祭祀鬼神。湯派人去問他：『你為什麼不祭祀？』葛伯答道：『沒有牛羊做祭品。』湯派使者贈給牛羊。葛伯把牛羊吃了，卻不用來祭祀。湯又派人去問：『為什麼不祭祀？』葛伯答道：『沒有穀米做祭物。』湯便下令亳地百姓去替他們耕種，老弱的人給耕田的人去送飯。葛伯卻領着他的人攔截那些拿着酒菜好飯的送飯者，不肯交出來食物的便殺掉。有一個小孩去送飯和肉，葛伯竟把他殺掉了，搶走飯和肉。《尚書》上說：『葛伯以送飯者為仇』，正是說這事。湯因為這個被殺的小孩而討伐葛伯，天下的人民都說：『湯不是貪圖天下的財富，是為普通老百姓報仇。』湯的戰事便從葛國開始，先後出征十一次，沒有能抗拒他的部族。湯的軍隊向東方出征，西方的部族便不高興；湯的軍隊向南方出征，北方的人民便不高興，他們都說：『為什麼把我們這裏放在後面攻打？』老百姓盼望湯的到來，正和大乾旱年歲盼望雨水一樣。湯的軍隊所到之處，做買賣的不用停止，鋤地的不需躲避，殺掉暴虐的君主以安慰百姓，如同及時雨落下來一樣，老百姓非常高興。《尚書》中說：『等待我的王！王來了我們便不再受罪了！』又說：『攸國不服，周王便東行討伐，來安定那些男女，他們也把黑色和黃色的捆好了的綢帛放在筐子裏，請求介紹和周王相見，去做那大周國的臣民。』描繪周朝東征攸國，官員們把黑色、黃色的束帛裝滿筐了來迎接官員，百姓用竹筐盛飯，用壺盛酒漿來迎接士兵，可見周師是把老百姓從水火之中拯救出來，而殺掉那殘暴的君主罷了。《太誓》說：『我們的威武要發揚，攻到邢國的疆土上，殺掉那殘暴的君主，還有一些該死的都得砍光，這樣的功績比湯還輝

煌。』宋國不實行仁政便罷了，如果實行仁政，天下人都會抬起頭盼望着宋君，要擁護他來做君主。齊國、楚國縱使強大，有什麼可怕的？」

朋友圈縱橫談

※ 張　岱

> 憑藉正義討伐不義，是王者的行為，然而其前提是出自王者仁義之真心，順應上天和人民的願望。這也是不到萬不得已不這麼幹。宋康王出兵滅掉滕，攻打薛，戰勝齊、楚、魏三大國的軍隊，成為天下的霸主，這才稱得上征伐。至於宋襄公，戰鬥時不擊鼓不成列，不俘虜頭髮斑白的老兵，不過是拘泥於細枝末節，竟也敢號稱仁義之行，又怎麼會不招來齊國、楚國的軍隊？

原文：

> 征伐是王政，然要有王者實心，順天應人，不得已而用。宋王偃滅滕伐薛，敗齊楚魏之兵，求伯勝於天下，乃區區不鼓不禽，謂是王政，如何不動齊楚之市？

善王章

孟子謂戴不勝曰：「子欲子之王之善與？我明告子。有楚大夫於此，欲其子之齊語也，則使齊人傳諸？使楚人傳諸？」

曰：「使齊人傅之。」

曰：「一齊人傅之，眾楚人咻之，雖日撻而求其齊也，不可得矣；引而置之莊、岳之間數年，雖日撻而求其楚，亦不可得矣。子謂薛居州善士也，使之居於王所。在於王所者，長幼卑尊皆薛居州也，王誰與為不善？在王所者，長幼卑尊皆非薛居州也，王誰與為善？一薛居州，獨如宋王何？」

＊ 譯文：

孟子對戴不勝說：「你希望你的君主學好嗎？我明白告訴你。這裏有位楚國的官員，希望他的兒子會說齊國話，那麼是找齊國人來教好呢，還是找楚國人來教好呢？」

戴不勝答道：「找齊國人來教他。」

孟子說：「一個齊國人教他，同時卻有許多楚國人在打擾，縱使每天鞭打他，逼着他說齊國話，也是做不到的；假若把他安置在齊國住幾年，縱使每天鞭打他，逼他說楚國話，也是做不到的。你說薛居州是個好人，要他住在王宮中。如果在王宮中的人，不管年齡大小，地位高低都是薛居州一樣的好人，那宋王同誰一起幹壞事呢？如果在王宮中的，不管年齡大小、地位高低，都不是薛居州這樣的好人，那宋王又同誰一起做好事呢？一個薛居州能對宋王有什麼影響？」

朋友圈縱橫談

※ 張　岱

薛居州的善行感染力看來也不夠大，所以需要左右的人來輔

助他。要是說起古代的名臣：商君太甲改過向善，仰仗的是一個伊尹；到了高宗武丁中興，憑藉的是一個傅說。僅僅靠一個人就扭轉乾坤，又哪裏需要更多的人來熏陶、引導君主學好呢？

原文：

薛居州善力亦不大，故須左右夾輔。若論古名臣：太甲改德，一伊尹；高宗中興，一傅說。止藉一人旋轉，何在眾士熏陶？

夏畦章

公孫丑問曰：「不見諸侯何義？」

孟子曰：「古者不為臣不見。段干木踰垣而辟之，泄柳閉門而不納，是皆已甚；迫，斯可以見矣。陽貨欲見孔子而惡無禮，大夫有賜於士，不得受於其家，則往拜其門。陽貨瞰孔子之亡也，而饋孔子蒸豚；孔子亦瞰其亡也，而往拜之。當是時，陽貨先，豈得不見？曾子曰：『脅肩諂笑，病於夏畦。』子路曰：『未同而言，觀其色赧赧然，非由之所知也。』由是觀之，則君子之所養，可知已矣。」

✻ 譯文：

公孫丑問道：「不主動地去謁見諸侯，是什麼道理？」

孟子說：「在古代，如果不是諸侯的臣屬，便不去謁見。

段干木跳牆躲開魏文侯，泄柳關着大門不接待魯穆公，這都做得過分；如果逼着要會見，也就可以相見。陽貨想要孔子來看他，又不願自己失禮直接召喚孔子。禮節有一條：大夫賞賜士，士如果不在家，沒能親自接受，便得去大夫家裏答謝。於是陽貨打聽到孔子外出的時候，給他送去一個蒸小豬；孔子也打聽到陽貨不在家時，才去答謝。在這個時候，陽貨若是先去看孔子，孔子哪會不見？曾子說：『聳起兩肩討好地笑，這比夏天在菜地裏工作還要累。』子路說：『分明不願意同這個人說話，而勉強說了，看他臉色又有慚愧的樣子，這種人我是不贊同的。』從這裏看來，君子怎樣培養自己的品德節操，就可以知道了。」

朋友圈縱橫談

※ 張　岱

「從這裏看來」，這個「這裏」關聯着前面提到的段干木等人（避開諸侯的行為），孔子和曾子、子路的話也包含在內。結語概括為「君子如何培養自己的品德節操」，則孟子自己的觀點、做法也包括在裏面了。

原文：

「由是觀之」，通上段干木等。孔子及曾子、子路之言皆在內。「君子之所養」，孟子自言己意亦在其中。

攘雞章

戴盈之曰：「什一，去關市之徵，今茲未能，請輕之，以待來年，然後已，何如？」

孟子曰：「今有人日攘其鄰之雞者，或告之曰：『是非君子之道。』曰：『請損之，月攘一雞，以待來年，然後已。』—— 如知其非義，斯速已矣，何待來年？」

＊ 譯文：

戴盈之說：「稅率十分抽一，免除關卡和商品的賦稅，今年還辦不到，預備先減輕一些，等到明年完全實行。怎麼樣？」

孟子說：「現在有一個人每天偷鄰人一隻雞，有人告訴他說：『這不是君子的行為。』他便說：『讓我減少一些，先每個月偷一隻雞，等到明年，做到完全不偷雞。』—— 如果曉得這種行為不合道理，就趕快停止好了，為什麼要等到明年呢？」

朋友圈縱橫談

※ 張　岱

這個「知」字很關鍵。如果僅僅知道卻認識不深刻，那麼就會持續下去，拖延、等待。像那了解火的人，絕對不會去踩踏火；了解水的人，絕對不會被水淹。這才是真切的了解。

原文：

「知」字極重，只是知之不切，故猶然可待。若知火者，決不蹈火；知水者，決不溺水。知之真也。

好辯章

公都子曰：「外人皆稱夫子好辯，敢問何也？」

孟子曰：「予豈好辯哉？予不得已也。天下之生久矣，一治一亂。當堯之時，水逆行，泛濫於中國，蛇龍居之，民無所定；下者為巢，上者為營窟。《書》曰：『洚水警余。』洚水者，洪水也。使禹治之。禹掘地而注之海，驅蛇龍而放之菹；水由地中行，江、淮、河、漢是也。險阻既遠，鳥獸之害人者消，然後人得平土而居之。

「堯舜既沒，聖人之道衰，暴君代作，壞宮室以為污池，民無所安息；棄田以為園囿，使民不得衣食。邪說暴行又作，園囿、污池、沛澤多而禽獸至。及紂之身，天下又大亂。周公相武王誅紂，伐奄三年討其君，驅飛廉於海隅而戮之，滅國者五十，驅虎、豹、犀、象而遠之，天下大悅。《書》曰：『丕顯哉，文王謨！丕承哉，武王烈！佑啟我後人，咸以正無缺。』

「世衰道微，邪說暴行有作，臣弒其君者有之，子弒其父者有之。孔子懼，作《春秋》。《春秋》，天子之事也；

是故孔子曰：『知我者其惟《春秋》乎？罪我者其惟《春秋》乎？』」

「聖王不作，諸侯放恣，處士橫議，楊朱、墨翟之言盈天下。天下之言不歸楊，則歸墨。楊氏為我，是無君也；墨氏兼愛，是無父也。無父無君，是禽獸也。公明儀曰：『庖有肥肉，廄有肥馬；民有飢色，野有餓莩，此率獸而食人也。』楊、墨之道不息，孔子之道不著，是邪說誣民，充塞仁義也。仁義充塞，則率獸食人，人將相食。吾為此懼，閑先聖之道，距楊、墨，放淫辭，邪說者不得作。作於其心，害於其事；作於其事，害於其政。聖人復起，不易吾言矣。

「昔者禹抑洪水而天下平，周公兼夷狄、驅猛獸而百姓寧，孔子成《春秋》而亂臣賊子懼。《詩》云：『戎狄是膺，荊舒是懲，則莫我敢承。』無父無君，是周公所膺也。我亦欲正人心，息邪說，距詖行，放淫辭，以承三聖者；豈好辯哉？予不得已也。能言距楊、墨者，聖人之徒也。」

＊ 譯文：

公都子說：「別人都說夫子您喜歡辯論，請問，您為什麼這樣呢？」

孟子說：「我難道喜歡辯論嗎？我是不能不辯論呀。人類社會產生很久了，一時太平，一時動蕩。在唐堯的時候，大水橫流，到處泛濫，大地上成為蛇和龍的居處，人們無處安身；低地的人在樹上搭巢，高地的人便打相連的洞穴。《尚書》說：『洚水警誡我們。』洚水就是洪水。堯帝命令禹來治理洪水。禹疏

通河道，使水都流到大海裏，把蛇和龍趕到草澤裏，水順着河床流動，形成長江、淮河、黃河、漢水。危險既已消除，害人的鳥獸也沒有了，人才能夠在平原居住。

「堯舜死了以後，聖人之道逐漸衰落，殘暴的君主迭起，他們毀壞民宅來做深池，使百姓無地安身；破壞農田來做園林，使百姓不能得到衣服和食物；荒謬的學說、殘暴的行為興起，園林、深池、草澤多了起來，禽獸也就來了。到商紂的時候，世界又大亂。周公輔助武王把紂王殺了，又討伐奄國，三年之後又把奄君殺掉，並把魔獸飛廉趕到海邊加以殺戮，被滅的國家一共五十個，把老虎、豹子、犀牛、大象趕到遠方，天下的百姓非常高興。《尚書》寫道：『光明呀，文王的謀略！偉大呀，武王的功烈！幫助我們，啟發我們，直到後代，使大家都正確而沒有缺點。』

「太平之世和仁義之道逐漸衰微，荒謬的學說、殘暴的行為又起來了，有臣子殺死君主的，也有兒子殺死父親的。孔子為此憂慮，編纂了史書《春秋》。著作歷史，這本來是天子的職權。所以孔子自己慨歎：『了解我的，恐怕就因為《春秋》這部著作吧？責罵我的，恐怕就因為《春秋》這部著作吧？』

「自那以後聖王也不再出現，諸侯恣意放蕩，一般士人也亂發議論，楊朱、墨翟的學說散佈天下，人們的主張不屬於楊朱派，便屬於墨翟派。楊朱主張個人至上，這就是目無君上；墨翟主張天下仁愛，不分親疏，這就是目無父母。目無君上，目無父母，那就成了不講倫理的禽獸了。公明儀說過：『廚房裏有肥肉，馬廄裏有肥馬，但是老百姓臉上有飢色，野外躺着餓死的屍體，這就是率領着野獸來吃人。』楊朱、墨翟的學說不消亡，孔子的學說就無法發揚，這便是荒謬的學說欺騙百姓，而阻塞了仁義的道路。仁義的道路被阻塞，也就等於率領野獸來吃人，人與人也將互相殘殺。我因而深為憂慮，便出來捍衛古

代聖人的學說，反對楊、墨的學說，駁斥錯誤的言論，使發表荒謬議論的人不能得逞。那些荒謬的學說從心裏產生出來，便會危害家事；危害了家事，也就危害了政治。即使聖人再度興起，也會同意我這番話的。

「從前大禹制服了洪水，天下才得到太平；周公兼併了夷狄，趕跑了猛獸，百姓才得到安寧；孔子編纂《春秋》，亂臣賊子才有所畏懼。《詩經》說過，『攻擊戎狄，痛懲荊舒，就沒有人敢於抗拒我。』像楊、墨這樣目無君上、目無父母的人，正是周公所要懲罰的。我也想要端正人心，消滅邪說，反對偏激的行為，駁斥荒唐的言論，來繼承大禹、周公、孔子三位聖人的事業。我難道是喜歡辯論嗎？我是不能不辯論呀。能夠用言論來反對楊、墨的，也就是聖人的門徒了。」

朋友圈縱橫談

※ 張　岱

天地自然，生生不息，不僅僅太平治世是生，哪怕動亂時勢也是生。那太平年月的生，是順應着生長；亂世的生，則是抗爭着生長。所以聖人說：「蠱（生蟲），大吉利。」

原文：

天地生生，不但治為生，即亂亦為生。蓋治之生，是順而生；亂之生是逆而生，是以聖人曰：「蠱，元亨也。」

※ 韓求仲

平民老百姓編纂史書，跟普通士人隨便議論有什麼區別？

普通士人瞎議論，正是用聖人行為做借口，這是太平治世的根本被動搖。到了普通士人隨便議論的境地，孟子又用雄言善辯來挽救，這是動蕩的根源得到治理。這一治一亂之間，就囊括了整個世界的變遷。

原文：

> 韓求仲云：布衣作《春秋》，何異處士橫議；處士橫議，正是借口聖人，此治胎亂也。及橫議矣，孟子又以議論救之，此亂胎治也。一治一亂，括盡世界。

※ 張南軒

驅趕老虎、豹子、犀牛、大象到偏遠之地，放逐龍、蛇到沼澤，不是把牠們都趕盡殺絕，再也不出現。而是防備牠們，使得牠們不能再危害百姓罷了。這是讓一切同時生存、生長的精神。

原文：

> 張南軒曰：驅虎、豹、犀、象而遠之，放蛇、龍於菹，不是將來俱滅了；防之，毋令為民害而已。此併生之意。

※ 袁了凡

《春秋》是通過魯國史來申明天子之法，就好比大禹治水是承接了堯的命令一樣。周公輔佐成王撥亂反正，所實行的沒有一件不是天子之事，所以説「天子之事也」。

原文：

> 袁了凡曰：《春秋》因魯史以明天子之法，猶禹承堯命以治水，周公相成王以撥亂，所行者莫非天子之事，故曰「天子之事也」。

　　孟子以抵制楊、墨為己任，開頭便說仁義，因為這就是駁斥楊、墨的要點。《孟子》一書所講，無非就是仁義和性善，而性又是從仁義中發源出來的。就是楊、墨也不能自外於其本性。

原文：

　　孟子只自任距楊、墨，首曰仁義，便是辟楊、墨大端。一書，無非說仁義，道性善。性，仁義所出也，楊、墨終不能自外本性。

　　認為孔子懼怕有人因為他刪定《春秋》而怪罪他，這個意思原本是根據《左傳序》而來。孔子身為聖人，刪定《春秋》是為千秋萬世剖定是非，卻也難免一個「懼」。這就好比堯舜從天地混沌中開闢鴻蒙，也難免一個「警」字，這其中的道理值得深思。

原文：

　　以罪我為懼，此義原根《左傳序》來，然聖人為萬世定大公案，卻脫不得一「懼」字，如堯舜開闢鴻蒙，脫不得一「警」字。此理可思。

　　《春秋》一書中闡明義理的事例過於繁多，使得聖人的用意反而晦暗不明。比如說「弒君名君，君有罪也」等話語，並不是作者的本意。現在直接說「亂臣賊子懼」，所謂沒有犯錯的君主和父親。這個意思講清楚了，警誡世人，那麼亂臣賊子自然就會

少了。

原文：

巨擘章

匡章曰：「陳仲子豈不誠廉士哉？居於陵，三日不食，耳無聞，目無見也。井上有李，螬食實者過半矣，匍匐往，將食之，三咽，然後耳有聞，目有見。」

孟子曰：「於齊國之士，吾必以仲子為巨擘焉。雖然，仲子惡能廉？充仲子之操，則蚓而後可者也。夫蚓，上食槁壤，下飲黃泉。仲子所居之室，伯夷之所築與？抑亦盜跖之所築與？所食之粟，伯夷之所樹與？抑亦盜跖之所樹與？是未可知也。」

曰：「是何傷哉？彼身織屨，妻辟纑，以易之也。」

曰：「仲子，齊之世家也；兄戴蓋祿萬鐘；以兄之祿為不義之祿而不食也，以兄之室為不義之室而不居也，辟兄離母，處於於陵。他日歸，則有饋其兄生鵝者，己頻顣曰：『惡用是鶃鶃者為哉？』他日，其母殺是鵝也，與之食之。其兄

自外至，曰：『是之肉也。』出而哇之。以母則不食，以妻則食之；以兄之室則弗居，以於陵則居之，是尚為能充其類也乎？若仲子者，蚓而後充其操者也。」

* 譯文：

匡章說：「陳仲子難道不是一個真正廉潔的人嗎？他住在於陵，三天沒有吃東西，耳朵沒有了聽覺，眼睛沒有了視覺。井上有個李子，金龜子已經吃掉了一大半，他爬過去，拿來吃了三口，耳朵才恢復了聽覺，眼睛才恢復了視覺。」

孟子說：「在齊國士人裏，我一定把仲子看作大拇指、擎天柱。即便如此，他怎麼能叫做廉潔？要推廣仲子的操行、作為，那只有把人變成蚯蚓之後才能辦到。蚯蚓，在地面上吃乾土，在地底下便喝泉水。仲子所住的房屋，是像伯夷那樣廉潔的人所修建的呢？還是像盜跖那樣的強盜所修建的呢？他所吃的穀米，是像伯夷那樣廉潔的人所種植的呢？還是像盜跖那樣的強盜種植的呢？這個還是不清楚的。」

匡章說：「那有什麼關係呢？他親自編草鞋，他的妻子績麻，交換所需。」

孟子說：「仲子出身於齊國的宗族大家，享有世代相傳的祿田。他的哥哥陳戴從蓋邑收入的俸祿便有幾萬石之多。他卻以他哥哥的俸祿為不義之物，不去吃；以他哥哥的房屋為不義之產，不去住。避開哥哥，離開母親，住在於陵。有一天，他回到家裏，恰巧有一個人送給了他哥哥一隻活鵝，他皺着眉頭說：『要這種呃呃叫的東西做什麼呢？』過了些時日，他母親殺了這隻鵝，給他吃了。恰巧他哥哥從外面回來，便說：『這就是那呃呃叫的東西的肉呀。』他便跑出門去，嘔了出來。母親的

食物不吃，卻吃妻子的；哥哥的房屋不住，卻住在於陵，這還能算是推廣廉潔之義到了極致嗎？像仲子這樣的行為，如果要推廣，只有把人變成蚯蚓才能辦到。」

朋友圈縱橫談

※ 方孟旋

有人議論說陳氏篡奪了齊國的王位，世家大族接受他，那麼他們的俸祿就是不義之物，仲子躲避開，這就如同伯夷、叔齊以享用周朝的食物為恥辱。所以孟子認為仲子是大人物，不講他不夠廉潔，而只說他很清高，由此可知天下不能沒有這個人。

原文：

方孟旋曰：說者謂陳氏篡齊，則世家之祿為不義，仲子避之，亦恥食周粟意也。故孟子以為巨擘，不說他不廉，只說他驕，便知天地間不可無此人。

※ 張　岱

孔子到了衛國，不談論衛國的政務；孟子到了齊國，也不言談齊國的事情。這可以說是孔門儒家的一貫做法。匡章是齊國人。秦國借用韓國、魏國的道路去進攻齊國，齊威王派遣匡章率領軍隊應戰，跟秦軍交戰之後退去，談判的使臣來來回回數次，匡章讓使臣改換旗幟，去朝見秦國國君。周邊的人說匡章背叛齊國臣服秦國，齊威王不理會。過了一陣，伺候的人再提起此話，齊威王還是不回應。有關官員上奏：「談論匡章罪行的人，不同

的人講的話都差不多，大王您為什麼不派軍隊去攻打他。」齊威王說：「匡章沒有背叛我，可說是明明白白，為什麼要攻打他？」又過了一陣子，傳來消息說齊國軍隊大勝，秦國軍隊大敗，這之後秦國卑稱「西藩之臣」向齊國謝罪。威王左右侍從問：「大王您是怎麼知道匡章沒有二心的？」齊威王說：「匡章的母親得罪了他的父親，被他的父親殺死並埋葬在養馬的屋子地下。我派遣匡章做領軍的時候，勉勵他：『您若是得勝回來，我一定將您的母親遷葬到好的墓地。』他回答我：『臣下不是沒有能力將母親改葬。我的母親得罪了父親，父親沒有得到大王同意就處死了她。若是我不能得到父親的同意而將母親改葬，是欺騙我死去的父親，所以不敢這麼做。』一個人身為人子不願意欺騙已死的父親，身為臣子又怎麼會欺騙他的君主呢？！」

原文：

　　孔子在衛，而不言衛事；孟子在齊，而不言齊事。亦是孔門家法。匡章，齊人。秦假道韓魏以攻齊，齊威王使章將而應之，與秦交和而捨，使者數相往來，章為變其徽幟，而使秦君。候者言章以齊入秦，威王不應。頃，候者復言，威王復不應，有司請曰：「言章之罪者，異人而同辭，王曷不發將而擊之？」王曰：「此不叛寡人明矣，曷為而擊之！」頃，聞齊兵大勝，秦兵大敗，於是秦稱「西藩之臣」而謝於齊。左右曰：「何以知之？」曰：「章子之母啟得罪其父，其父殺之而埋於馬棧之下。吾使章子將也。勉之曰：『夫子全兵而還，必更葬將軍之母。』對曰：『臣非不能更葬臣母也。臣之母得罪臣之父，臣之父未命而死。夫不得父命而更葬母，是欺死父也，故不敢。』夫為人子而不欺死父，豈為人臣欺生君哉？」

　　陳仲子，字子終，楚王派遣使者捧着百鎰金子聘請他做相國。仲子說：「我有個掃地做飯的妻子，請讓我跟她商量下。」他告訴妻子：「現在答應做楚國國相，以後就出門高頭大馬、僕從成群，吃食擺滿身前，豐盛闊氣。」妻子勸他：「左邊擺着琴，右邊擺着書，士人就覺得無比愉快。高頭大馬、僕從成群，所安處的也不過是容納膝蓋的小小一塊地方；食物擺滿案頭，能享用的也不過一塊肉。現在你為了容納膝蓋的小小一塊地方，以及吃得可口的一塊肉，而去擔負楚國一個國家的憂患，我擔心你難以保全性命啊。」仲子就跟妻子一起逃跑了，給人家澆灌菜園子為生。

原文：

　　陳仲子，字子終，楚王遣使持金百鎰，聘以為相。仲子曰：「僕有箕帚之婦，請入計。」乃謂妻曰：「今日為相，明日結駟連騎，食方於前。」妻曰：「左琴右書，樂在其中矣。結駟連騎，所安不過容膝；食方丈於前，所甘不過一肉。今以容膝之安，一肉之味，而懷楚國之憂，恐先生不保命也。」仲子乃相與逃去，為人灌園。

離婁上

離婁章

　　孟子曰：「離婁之明、公輸子之巧，不以規矩，不能成方圓；師曠之聰，不以六律，不能正五音；堯舜之道，不以仁政，不能平治天下。今有仁心仁聞而民不被其澤、不可法於後世者，不行先王之道也。故曰，徒善不足以為政，徒法不能以自行。《詩》云：『不愆不忘，率由舊章。』遵先王之法而過者，未之有也。聖人既竭目力焉，繼之以規矩準繩，以為方圓平直，不可勝用也；既竭耳力焉，繼之以六律正五音，不可勝用也；既竭心思焉，繼之以不忍人之政，而仁覆天下矣。故曰，為高必因丘陵，為下必因川澤；為政不因先王之道，可謂智乎？是以惟仁者宜在高位。不仁而在高位，是播其惡於眾也。上無道揆也，下無法守也，朝不信道，工不信度，君子犯義，小人犯刑，國之所存者幸也。故曰，城郭不完，兵甲不多，非國之災也；田野不闢，貨財不聚，非國之害也。上無禮，下無學，賊民興，喪無日矣。《詩》曰：『天之方蹶，無然泄泄。』泄泄猶沓沓也。事君無義，進退無禮，言則非先王之道者，猶沓沓也。故曰，責難於君謂之恭，陳善閉邪謂之敬，吾君不能謂之賊。」

　　孟子説：「一個人即使像黃帝時的離婁一樣目光如炬，像魯般一樣技巧高明，不憑藉圓規和曲尺也不能正確地畫出方形和圓形；即使有師曠審音的耳力，不根據六律也不能校正五音；即使有堯舜之道，不行仁政也不能管理好天下。現在有些諸侯，雖然有仁愛的心腸和仁愛的聲譽，老百姓卻受不到他的恩澤，他的政治也不能成為後代的模範，就是因為不去實行前代聖王之道。所以説，光有好心不足以治理政治，光有好法也不會自行實現；《詩經》説過：『不要偏差，不要遺忘，一切都依循傳統的規章。』依循前代聖王的法度而犯錯誤的，從來沒聽過。聖人既已用盡了目力，又用圓規、曲尺、水平器、繩墨，來造作方的、圓的、平的、直的器具，那些器具便用之不盡了；聖人既已用盡了耳力，又用六律來校正五音，各種音樂也就受用無窮了；聖人既已用盡了腦力，又實行仁政，那麼仁德便遍佈於天下了。所以説，築高台一定要憑藉山陵，挖深池一定要憑藉沼澤；如果管理政治不憑藉前代聖王之道，能説是聰明嗎？因此，只有仁人適合處於統治地位。如果不仁的人處於統治地位，就會把他的罪惡傳播給群眾。在上的沒有道德規範，在下的沒有法律制度，朝廷不相信道義，工匠不相信尺度，官吏違背義理，百姓觸犯刑法，國家還能保存的，那是僥幸。所以説，城牆不堅固，軍備不充足，不是國家的災難；荒野沒開闢，經濟不富裕，不是國家的禍害；如果在上的人沒有禮義，在下的人沒有教育，違法亂紀的人都起來了，國家也就快滅亡了。《詩經》上説：『上天正在動，不要這樣多言。』多言即囉嗦。事君不義，進退無禮，説話便詆毀前代聖人之道，這樣就是『喋喋多言』。所以説，用仁政來要求君主才叫做『恭』；向君主講説仁義以堵塞異端，這才叫『敬』；如果認為君主不能為善，這便是『賊』。」

※ 張　岱

> 孟子在別的地方談論政治多注重用心，在這裏獨獨重視法治，這是因為當時的諸侯輕視井田制度、學校制度等法度。要知道，法是心的體現，仁心和法治本來就不能割裂。

原文：

> 別處論政多重心，此獨重法，以當時諸侯蔑視井田、學校等法是也。要知法者，心之寄也，心與法固自離不得。

※ 方子春

「道揆」有圓通的意思，「法守」有必定的意思，這就是所謂的君主注重圓通，臣下注重方正。

原文：

> 方子春云：道揆有圓活意，法守有一定意，所謂君主圓，臣主方也。

※ 徐子卿

既怕痛，又怕癢，反而搞得不痛不癢，哪如爽快利落地說個「從法」，講清楚不能自行其是。話語裏，只是瞻前顧後，搖擺不定做什麼呢？

原文：

> 徐子卿曰：怕痛怕癢，反成個不痛不癢，何如爽爽利利說個

從法，說個不能自行。只管瞻前顧後，將燈影搖曳則甚？

規矩章

孟子曰：「規矩，方圓之至也；聖人，人倫之至也。欲為君，盡君道；欲為臣，盡臣道。二者皆法堯舜而已矣。不以舜之所以事堯事君，不敬其君者也；不以堯之所以治民治民，賊其民者也。孔子曰：『道二，仁與不仁而已矣。』暴其民甚，則身弒國亡；不甚，則身危國削，名之曰『幽』『厲』，雖孝子慈孫，百世不能改也。《詩》云：『殷鑒不遠，在夏后之世。』此之謂也。」

✳ 譯文：

　　孟子說：「圓規和曲尺是方、圓的標準，聖人是做人的楷模。作為君主，就要行君主之道；作為臣子，就要做臣子之事。這兩種，只要都取法堯和舜便行了。不用舜服侍堯的做法來服侍君主，便是對他的君主不恭敬；不用堯治理百姓的做法來治理百姓，便是殘害百姓。孔子說：『治理國家的方法只有兩種——行仁政和不行仁政罷了。』暴虐百姓太厲害，本身就會被殺，國家會滅亡；不太厲害，本身也會危險，國力會被削弱。這樣的君主，死了的諡號叫做『幽』，叫做『厲』，縱使他有孝順的子孫，經歷一百代也沒法更改。《詩經》說過：『殷商的前車之鑒不遠，就是夏朝。』說的正是這個意思。」

※ 張侗初

怎樣理解「規矩，是方和圓的盡頭；聖人，是做人的極致」？「至」有神通廣大、變化微妙的意思，不容易跟普通的墨守成規者解釋。過去太常史玉池先生教導我：「做學問要有規矩。」這話正合乎此意。

原文：

張侗初曰：何謂「規矩，方圓之至，聖人，人倫之至」？至則有神明變化之義，未易為尋常守株者言也。往史玉池先生教余曰：「學問要有規矩。」此言政合。

※ 韓求仲

「皆法」是指交互效仿堯、舜兩人的做法，這才是學到了關鍵和極致。仲昭說一個人若是效法了堯舜，就如同一件物體完全合乎規矩。這真是靈慧、奇妙的想法。

原文：

韓求仲云：「皆法」是交法其合二者，而法之要始盡。仲昭謂一人而法堯舜，猶一物而備規矩。靈思妙想。

※ 張　岱

自古以來，有幾個堯舜這樣的人物？有一點比不上堯舜，就貶稱為幽、厲暴君和殘暴之臣，這樣做反而容易導致人們走上不好的道路，也沒辦法去衡量比商湯、周武王稍差點的君主們。陳

大士（際泰）文章曾寫道：「我不強求君主都跟堯一般，希望他效法堯就行；我不強求君主都跟舜一般，希望他效法舜就好。效法堯舜到了極致，就是堯舜一樣的賢君；效法堯舜而有所不如，做君主還能做商湯、周武王以及太甲、成王一類的君主，做臣子也還能成為伊尹、周公、仲虺、君陳之類的臣子。為什麼呢？因為人雖然並不都是堯舜，但他們的做法是堯舜對待君主、治理民眾的做法。一旦趨向有誤，就得到傲慢君主、殘暴臣子的稱呼，怎麼可以不慎重呢！」這可以說是通達的話。

原文：

千古以來，堯舜得有幾人？一不如堯舜，便降為幽、厲賊臣，反易開人以不肖之路，又無以處夫湯武以下諸君。陳大士有文曰：「吾不責其如堯，責其法堯而已矣；吾不責其如舜，責其法舜而已矣。法堯舜而至，則堯舜也；法堯舜而不至，則為君猶不失湯武與太甲、成王之諸君也。為臣猶不失伊周與仲虺君陳之諸臣也。何者？其人非堯舜之人，而其道固堯舜所以事君、所以治民之道也。一誤其趨，遂有慢君、賊臣之號，可不慎與！」此言名通。

三代章

孟子曰：「三代之得天下也以仁，其失天下也以不仁。國之所以廢興存亡者亦然。天子不仁，不保四海；諸侯不仁，不保社稷；卿大夫不仁，不保宗廟；士庶人不仁，不保四體。今惡死亡而樂不仁，是猶惡醉而強酒。」

孟子説：「夏、商、周三代獲得天下是由於行仁政，他們喪失天下是由於不行仁政。國家的興衰存亡也是這個道理。天子如果不行仁政，便不能保持他的天下；諸侯如果不行仁政，便不能保持他的國家；卿大夫如果不行仁政，便不能保持他的祖廟；士人和老百姓如果不行仁政，便不能保全性命。現在有些人害怕死亡，卻沉湎於不仁，這好比害怕醉倒卻偏要喝酒一樣。」

朋友圈縱橫談

※ 張元岵

這段話開頭兩句側重「失」這一面。看明白祖宗是因為行仁而得到天下，子孫卻是由於不行仁而失去天下，説明一定不能不行仁。這裏有警醒人們的意味。

原文：

張元岵曰：首二句側重失上。見祖宗得之以仁者，其子孫即失之以不仁，可見決不可不仁的。有警醒人意。

※ 蘇東坡

「用霸道比王道，就好像用兄長來比較父親。我曾聽説過天下有名的父親是堯，若一定要跟堯一樣才能算得上父親，稍微比不上堯就降格為兄長，那麼舜、禹的父親瞽和鯀可能要降到僕人的位置，世上會有人把父親當做僕人對待，就無足為怪了。遵從匡章學説的人，弊端竟然大到這個程度。」這話可以跟陳大士（際泰）的話對照。

原文：

東坡曰：「霸之於王也，猶兄之於父也。聞天下之父嘗有曰堯者，而曰必堯而後父，少不若堯而降為兄，則瞽、鯀懼至僕妾焉，天下將有降父而至於僕妾者，無怪也。從章子之說者，其弊固至於此也。」與大士之言可參。

反求章

　　孟子曰：「愛人不親，反其仁；治人不治，反其智；禮人不答，反其敬 —— 行有不得者皆反求諸己，其身正而天下歸之。《詩》云：『永言配命，自求多福。』」

＊ 譯文：

　　孟子說：「我愛別人，別人不親近我，那得反問自己，我的仁愛夠嗎？我管理別人，沒管好，那得反問自己，我的智能和知識夠嗎？我禮貌地對待別人，得不到相應的對待，那得反問自己，我的恭敬夠嗎？任何行為如果沒得到預期效果都要反躬自省，自己的確端正了，天下人自會歸向他。《詩經》說過：『與天意相配的周朝萬歲呀！福分都得自己尋求。』」

朋友圈縱橫談

※ 張侗初 _____

　　彎曲的線條，一點沒有直線的影子；參差錯落，也跟整齊毫

無相似；變化本是由於自身，不因為外物。所以管子説：君子小心謹慎，尤其要考慮在前面。能夠明曉事物的性質，一定可以參行於未來，我們不先去搞清楚事物，卻希望事物自己出現，這哪裏是事物的本性。這樣一來，孟子所説的「反求」「自求」的意旨就很深奧了。

原文：

　　張侗初曰：鈎曲之形，無繩直之影；參差之上，無整齊之下；化本在我，不由於彼。故管子曰：君子繩繩乎慎其所先。明乎物之性者必以其類來也，我不先而求物之來，豈物之性哉！然則「反求」「自求」之旨深矣。

※ 張　岱

　　「愛人」「禮人」「治人」本來不是從對象 —— 即所愛、所禮、所治的人上用心，所以「自反」的時候也只是返心自問。那對象是心的鏡子，人們的形貌本來有美有醜，跟鏡子有什麼關係？這樣看，才明白「反」的意思。《詩經・大雅・文王》中所説的「永言配命，自求多福」，是説人要經常省思自己的行為是否合乎天理，也有持續不間斷的意思。

原文：

　　「愛人」「禮人」「治人」原不從人上用心，故「自反」時亦只是返心自問。蓋人為心鑒，形自妍醜，鑒也何尤？作如是觀，方成「反」義。大全注云「永言配命」是常思量要合道理，亦是無間斷意。

恆言章

孟子曰：「人有恆言，皆曰：『天下國家。』天下之本在國，國之本在家，家之本在身。」

✳ 譯文：

孟子説：「大家有句口頭語，都説：『天下國家。』可見天下的基礎是國，國的基礎是家，而家的根本則是自身。」

朋友圈縱橫談

※ 張　岱

　　「天下國家」，是宏大、空洞的一句話，一定要講出它的實在處；它是籠統的一句話，一定要指明其開頭、結尾的具體情形；它是很不要緊的一句話，一定要闡明它如此這般的關係所在。所以，研求、推敲常見的話有無道理，也是聖賢的一門重要學問。

原文：

　　「天下國家」，是懸空一句說話，定要說出它實際；是籠統一句說話，定要說出它首尾；是極沒要緊一句說話，定要說出它直恁關係。所以省察恆言，是聖賢極大學問。

巨室章

孟子曰：「為政不難，不得罪於巨室。巨室之所慕，一國慕之；一國之所慕，天下慕之；故沛然德教溢乎四海。」

✳ 譯文：

孟子說：「搞政治並不難，只要不得罪那些有影響力的公卿世族就行了。因為他們所敬慕的，一國的人都會敬慕；一國人所敬慕的，天下的人都會敬慕，這樣德教就可以浩浩蕩蕩地佈滿天下了。」

朋友圈縱橫談

※ 張　岱 _____

戰國時候的「巨室」跟春秋有所不同。春秋的巨室，如齊、韓、趙、魏，都是世卿，都具有雄才大略，他們的志向是不成為一國之君絕不罷手。而戰國的孟嘗君、平原君諸位，崇尚虛浮的名譽，廣收遊說之士。他們只是遊走、勸說、煽動，在內震懾君主、高官，在外謀求聲譽，本來沒什麼才能和謀略，不值得顧慮，但使用起來也能夠收穫名聲，招徠遠方人民，交際鄰國，發動群眾。所以孟嘗君田文為相，齊國得到安定；信陵君無忌興起，魏國強大起來。巨室跟國家的大勢互相呼應。沒有大的變故，怎麼可以輕易動搖這些巨室呢？

齊國的田常、晉國的趙盾和魯國的季孫氏、孟孫氏、叔孫氏

三家，不管是誰輕微地觸犯一下他們的鋒芒，都會招來大禍，巨室就是這樣不可以輕易觸動。孔子作為聖人，運用策略去摧毀三都，也因為孟孫氏反對而未能成功，最終只能離開魯國，又怎能期望別人能夠辦成呢？

原文：

　　戰國時巨室與春秋不同。春秋時巨室如齊、韓、趙、魏，皆屬世卿，其人皆有雄材大略，其志不至於得國不已。若戰國孟嘗、平原諸輩，崇務虛名，收養遊士；不過遊揚煽動，內懾君長，外張浮譽，本無才略，不足防慮，而用之亦足以收名、致遠、交鄰、動眾。是以田文相而齊安；無忌興而魏強。巨室與國勢相為終始。無有大故，可輕自搖動哉？

　　齊之田裳，晉之趙盾，魯之三家，輕犯其鋒，皆有烈禍，巨室之不可輕動若此。以孔子之聖，計墮三都而孟氏不肯墮成，而卒以出走，可望之他人乎？

順天章

　　孟子曰：「天下有道，小德役大德，小賢役大賢；天下無道，小役大，弱役強。斯二者，天也。順天者存，逆天者亡。齊景公曰：『既不能令，又不受命，是絕物也。』涕出而女於吳。今也小國師大國而恥受命焉，是猶弟子而恥受命於先師也。如恥之，莫若師文王。師文王，大國五年，小國七年，必為政於天下矣。《詩》云：『商之孫子，其麗不億。

上帝既命，侯於周服。侯服於周，天命靡常。殷士膚敏，祼將於京。』孔子曰：『仁不可為眾也。夫國君好仁，天下無敵。』今也欲無敵於天下而不以仁，是猶執熱而不以濯也。《詩》云：『誰能執熱，逝不以濯？』」

✻ 譯文：

　　孟子說：「政治清明的時候，道德不高的人被道德高的人役使，不太賢能的人被非常賢能的人役使；政治黑暗的時候，力量小的被力量大的役使，弱的被強的役使。這兩種情況，都是由上天決定的。順從上天的得以生存，違背上天的遭遇滅亡。齊景公曾經說過：『既不能命令別人，又不接受別人的命令，這是絕路一條。』因此流着眼淚把女兒嫁到吳國去。如今弱小國家以強大國家為師，卻以接受命令為恥，這好比學生以接受老師的命令為恥一樣。如果真以之為恥，最好以文王為師。以文王為師，強大國家只需要五年，較小的國家也只需要七年，就一定可以領導天下。《詩經》說過：『商代的子孫，數目何止十萬。上帝既已授命於文王，他們便都做周朝的臣屬。他們都臣服周朝，可見天意不是固定的。殷代的臣子也都漂亮聰明，他們去執行灌酒的禮節助祭於周京。』孔子也說過：『仁德的力量，不能拿人多人少來計算。君主如果愛好仁，天下就不會有敵手。』如今一些諸侯想要稱霸天下，卻又不行仁政，這好比想拿起燙手的東西卻不肯涼水沖洗降溫一樣。《詩經》說：『誰能發誓說不用涼水沖洗，就能拿起燙手的東西呢？』」

※ 張侗初

賢明的聖君興起，他的威望福德一統天下，這是上天授予他安定天下的資本；群雄競起，動亂產生，這也是上天給予他們奪取天下的資本。所說的「天授」而非「人力」，正是這個意思。

原文：

張侗初曰：明聖興而威福一，乃天與以安天下之資。群雄起而禍亂生，亦天與以爭天下之資。所謂天授非人力，意正如此。

※ 裴晉公

韓弘輿火速去討伐叛軍，孟承宗只能束手讓出土地求饒，不是因為朝廷的力量能夠將其消滅，而是因為韓弘輿的處理措施很妥當，能夠讓對方心悅誠服。這也是一個例子，可以用來證明孟子所說的行仁則無敵。

原文：

裴晉公曰：韓弘輿疾討賊，承宗斂手削地；非朝廷之力能置其死命，特以處置得宜，能服其心故爾。此是一證。

自取章

孟子曰：「不仁者可與言哉？安其危而利其菑，樂其所

以亡者。不仁而可與言，則何亡國敗家之有？有孺子歌曰：『滄浪之水清兮，可以濯我纓；滄浪之水濁兮，可以濯我足。』孔子曰：『小子聽之！清斯濯纓，濁斯濯足矣。自取之也。』夫人必自侮，然後人侮之；家必自毀，而後人毀之；國必自伐，而後人伐之。太甲曰：『天作孽，猶可違；自作孽，不可活。』此之謂也。」

＊ 譯文：

　　孟子說：「不仁的人難道可以同他討論什麼嗎？他們以危險為平安，以禍患為利益，把荒淫暴虐這些足以導致亡國敗家的事當作快樂來追求。對不仁的人如果還可以同他討論什麼，那哪裏還會有亡國敗家的事情呢？有個小孩唱道：「滄浪的水清亮呀，可以洗我的帽纓；滄浪的水混濁呀，可以洗我的兩腳。』孔子說：『學生們聽着！水清潔就洗帽纓，水混濁就洗腳，這都是由自己選擇的。』所以人必先有自取侮辱的行為，別人才侮辱他；家必先有自取毀壞的因素，別人才會毀壞它；國必先有自取討伐的原因，別人才討伐它。《尚書·太甲》篇說過：『上天造作的罪孽還可以躲避；自己造作了罪孽，沒有活下去的機會。』正是這個意思。」

朋友圈縱橫談

※ 張　岱 _____

　　孟子引用孺子歌與孔子的話，都是為了對照說明對不仁的人不值得說什麼。「有」字，是表明要發現。沒有言論就罷了，

有，那麼周邊的瑣屑言論也要省察呀。「自取」的意思是孔子憑自己的想法推斷出來的，孺子大概沒有這樣的意思。就好像楚國人寫信給燕國相國，筆誤寫下「舉燭」，而燕國相國將其意發揮成舉用賢能、罷黜不賢的人，跟這是同樣的情況。孺子唱的原本是楚國的歌謠，現在的人竟然都把它真當做是小孩的兒歌，不對。

世上的禍福，沒有不是因為頭腦清醒與否造成的。清醒的人，能在事情還沒有發生的時候明察徵兆；糊塗的人，在情勢已經分明的情況下仍然亂來。

原文：

孺子二節，全為不仁者不可與言作對照。「有」字要發見。無言則已，有，則邇言亦所當察矣。「自取」意是孔子以己意尋繹出來，孺子政未必有此意在。如郢人發書，誤書「舉燭」，而燕相國用以舉賢、退不肖，與此一例。此歌原是楚謠，今人都竟作孺子之歌，非是。

世間禍福，未有不以清濁為之取者。清者必明於事機之將然，濁者必僭於事勢之已然。

歸仁章

孟子曰：「桀紂之失天下也，失其民也；失其民者，失其心也。得天下有道：得其民，斯得天下矣；得其民有道：得其心，斯得民矣；得其心有道：所欲與之聚之，所惡勿施，爾也。民之歸仁也，猶水之就下、獸之走壙也。故為淵驅魚

者，獺也；為叢驅爵者，鸇也；為湯武驅民者，桀與紂也。今天下之君有好仁者，則諸侯皆為之驅矣。雖欲無王，不可得已。今之欲王者，猶七年之病求三年之艾也。苟為不畜，終身不得。苟不志於仁，終身憂辱，以陷於死亡。《詩》云：『其何能淑，載胥及溺。』此之謂也。」

✳ 譯文：

　　孟子說：「桀、紂喪失天下，是由於失去了百姓的支持；失去百姓的支持，是由於失去了民心。獲得天下要用下面的方法：獲得百姓的支持，便獲得了天下；獲得百姓的支持有方法：獲得民心，便獲得了百姓的支持；獲得民心也要用下面的方法：人民所希求的，幫他們聚積起來；人民所厭惡的，不要加諸他們頭上，如此也就行了。百姓歸附仁政，正好比水會向下流、野獸會奔走在曠野一樣自然。所以，替深池把魚趕來的是水獺，替樹林子把鳥雀趕來的是鷂鷹，替商湯、周武把百姓趕來的是夏桀和殷紂。現在的諸侯如果有追求仁的，那其他諸侯都會替他把百姓趕來。縱使不想統一天下，也是不可能的。但是今天那些希望統一天下的人，譬如害了七年的病要用三年的陳艾來醫治，如果平常不積蓄，終身都得不到。如果不用心施行仁政，終身都會有憂患、受侮辱，以至於滅亡。《詩經》說過：『那如何能辦得好，不過相率跳水淹死完了。』正是這個意思。」

朋友圈縱橫談

※ 張　岱 _____

　　嶺南一帶多見毒物，就有金蛇、白藥等解毒的藥物；湖南一

帶瘴氣厲害，就有薑、橘、茱萸等植物可以消弭瘴氣對人們的傷害。魚、鱉、螺、蜆等水產可以治療濕氣，牠們也都長於水中；麝香、羚羊可以治療石毒，牠們同樣長於山間。可能有某種病，就會產生治療它的藥；有某種禍亂，就會產生對付它的人。然而若是不積蓄，就不會自動獲得，因此不注重治病的「艾」而注重蓄藏「艾」的人。

孟子前文提到「執熱」，這裏說起「胥溺」，言下都可以看出當時天下人民的境遇，如陷入火中越來越熱，如沒入水裏越來越深。

原文：

嶺南多毒，而有金蛇、白藥以治毒；湖南多氣，而有薑、橘、茱萸以治氣。魚、鱉、螺、蜆治濕氣，而生於水；麝香、羚羊治石毒，而生於山。蓋有是病，即生是藥；有是亂，即生是人。蓋不蓄，則自不得也，所以不重艾而重蓄艾之人。

前引「執熱」，此引「胥溺」，總見天下如火益熱、如水益深意。

暴棄章

孟子曰：「自暴者，不可與有言也；自棄者，不可與有為也。言非禮義，謂之自暴也；吾身不能居仁由義，謂之自棄也。仁，人之安宅也；義，人之正路也。曠安宅而弗居，捨正路而不由，哀哉！」

　　孟子説：「自己殘害自己的人，不值得和他談什麼；自己放棄自己的人，不可能同他有所作為。出言破壞禮義，這叫做自己殘害自己；自己認為不能安居於仁，也不能遵循義而行，這叫做自己拋棄自己。仁是人最安適的住宅；義是人最正確的道路。空着安適的住宅不去住，捨棄正確的道路不去走，可悲得很呀！」

朋友圈縱橫談

※ 張　岱

　　這裏是針對戰國時的君主説的。如果認為行仁政而統一天下是迂回、遙遠、不切實用的做法，就是自己傷害自己；如果自認為「昏」，不足以達到行仁由義的境地，就是自己放棄自己。孟子的「哀哉」，跟賈誼在長沙痛哭流涕一樣，都是傷感、慨歎忠直良言不能被君主接受。

原文：

　　此為戰國之人君言。以為迂遠而闊於事情者，即自暴也；吾昏不能進於是者，即自棄也。「哀哉」與賈生之痛哭流涕同。

親長章

孟子曰：「道在邇而求諸遠，事在易而求諸難：人人親

其親、長其長，而天下平。」

＊ **譯文：**

孟子說：「道在近處，人們卻往遠處求，事情本來容易卻往難處做 —— 其實，只要各人愛自己的父母，尊敬自己的長輩，天下就太平了。」

朋友圈縱橫談

※ **張　岱**

「親長」的道理顯明，那麼凡是做人家父親、兄長的，都是在跟君主一同治理天下。所以，這個道理最為簡明、淺白。

原文：

親長之道明，則凡為人父兄者，皆與人主共治天下矣。故其道最為易簡。

※ **艾千子**

這段話本來是針對設立制度、治理國家的人說的，但不同於那些創立學說、錯謬百端的人，也就是楊朱、墨翟、申不害、商鞅之類用他們的學說治理天下的人。每個人都關愛自己的父母、尊敬自己的長輩，天下遂得太平，這就是所說的推行井田等制度，教導民眾種植、養畜，讓人民教育妻子兒女，贍養老人，在家侍奉父母兄長，出門服侍長輩、上級等做法。這不是針對愛敬父母長輩的人說的，而是針對那通過教育人民愛敬父母長輩而治理國家的人說的。以前的人，從來沒有像孟子談到這個程度的。

原文：

　　艾千子曰：此章原為立教治世者說，非自為學而過焉也，即楊、墨、申、商以其說治天下之徒。人人親親長長而天下平，即所謂制田里，教樹畜，導其妻子，使養其老，入以事其父兄，出以事其長上之事。非就親長之人言，乃就教親長之治言也。從來作者，皆不及此。

思 誠 章

　　孟子曰：「居下位而不獲於上，民不可得而治也。獲於上有道，不信於友，弗獲於上矣。信於友有道，事親弗悅，弗信於友矣。悅親有道，反身不誠，不悅於親矣。誠身有道，不明乎善，不誠其身矣。是故誠者，天之道也；思誠者，人之道也。至誠而不動者，未之有也；不誠，未有能動者也。」

＊ 譯文：

　　孟子說：「職位卑下，又得不到上級的信任，是不能治理好百姓的。要得到上級的信任有方法，首先要得到朋友的信任，否則也就得不到上級的信任了。要使朋友相信有方法，首先要得到父母的歡心，若是侍奉父母而不能使父母高興，朋友也就不相信了。要使父母高興有方法，首先要誠心誠意，反躬自問心意不誠，也就不能使父母高興了。要使自己誠心誠意也有方法，首先要明白什麼是善，不明白什麼是善，也就不能使自己

誠心誠意了。所以，誠心是自然的規律；追求誠心是做人的道理。極端誠心卻不能使別人感動的，是從來沒有過的事；不誠心，則從來沒有能感動別人的。」

朋友圈縱橫談

※ 張　岱

這一段跟《中庸》裏的意思完全一致。《中庸》談到「誠」，還有選擇善、堅持善、廣博地學、切實地行等功夫要做，這裏僅僅用「思誠」兩個字概括，更為簡明扼要。

原文：

此章全與《中庸》同。《中庸》於誠之者處，猶有擇善、固執、博學、篤行等功夫，而此但以「思誠」二字盡之，尤為簡切。

大老章

孟子曰：「伯夷辟紂，居北海之濱，聞文王作，興曰：『盍歸乎來！吾聞西伯善養老者。』太公辟紂，居東海之濱，聞文王作，興曰：『盍歸乎來？吾聞西伯善養老者。』二老者，天下之大老也，而歸之，是天下之父歸之也。天下之父歸之，其子焉往？諸侯有行文王之政者，七年之內，必為政於天下矣。」

　　孟子説：「伯夷避開紂王住在北海邊上，聽説西伯文王興起，便説：『為何不歸附他！我聽説西伯是善於養老的人。』姜太公避開紂王住在東海邊上，聽説文王興起，便説：『為何不歸附他？我聽説西伯是善於養老的人。』伯夷和太公兩位老人是天下最有聲望的老人，都歸附西伯，等於天下的父親都歸附西伯了。天下的父親歸附了，他們兒子還能到哪裏去呢？如果諸侯中間有實行文王的政治的，頂多七年，就一定能統治天下。」

朋 友 圈 縱 横 談

※ 張　岱

《野乘》寫道：有人問，姜太公、伯夷兩位老人都歸附周文王，一個幫助武王討伐商紂，立下赫赫戰功；一個則攔下武王馬頭，勸阻其不要以臣子的身份討伐商君。為什麼做法大不一樣呢？有人回答説，姜太公是憐憫當時天下沒有好君主，迫切地要拯救世人；伯夷則是恐懼未來人們眼中沒有君主，考慮得比較深遠。

《鶴林玉露》寫道：姜太公進取，建功立業拯救世人；伯夷隱退，用名節操守勉勵世人。二位老人各為世間辦了一件大事情，可以説都沒有辜負文王對他們的照顧、贍養呀。

這裏説的是文王施行仁政能夠使得天下人民歸附，揭示文王得以統治天下的要訣。善養，專門對施行政治措施而説，跟《盡心》《辟紂章》專門談如何養老不一樣。

宣宗時，某次經筵，講官講授了這章內容。皇帝問：「伯夷和姜太公都生活在偏僻海邊，然後歸附了周文王。等到武王討伐

商紂王的時候，一個去輔佐武王，一個攔下馬頭勸諫、阻攔，為什麼他們的看法不一樣？」儒臣回答說：「姜太公心裏最在意拯救人民，伯夷則把君臣的名分、地位看得最重。」皇帝說：「姜太公的心是關注當下，伯夷則是在乎千秋萬代，他們都是在為天下人民籌謀啊。」

原文：

《野乘》曰：問二老同歸文王，一則為鷹揚之烈，一則為叩馬之諫，何其不同也？曰：太公是憫當世之無君，而救之切；伯夷是恐後日之無君，而慮之深。

《鶴林玉露》曰：太公進而以功業濟世，伯夷退而以名節勵世。二老各為世間辦一大事。可謂不負文王所養矣。

此言文王之政能致天下之歸，見文王「為政於天下」處。善養，特就政中指言之，與《盡心》《辟紂章》專言養老者不同。

宣廟經筵進講此章。上曰：「伯夷、太公皆處海濱而歸文王，及武王伐紂，一佐之，一扣馬而諫，何以所見不同？」儒臣對曰：「太公以救民為心，伯夷以君臣為重。」上曰：「太公之心在當時，伯夷之心在萬世，無非為天下生民計也。」

善戰章

孟子曰：「求也為季氏宰，無能改於其德，而賦粟倍他日。孔子曰：『求非我徒也，小子鳴鼓而攻之可也。』由此觀之，君不行仁政而富之，皆棄於孔子者也，況於為之強

戰？爭地以戰，殺人盈野；爭城以戰，殺人盈城，此所謂率土地而食人肉，罪不容於死。故善戰者服上刑，連諸侯者次之，闢草萊、任土地者次之。」

※ 譯文：

　　孟子說：「冉求做季康子的家臣，不能改變季康子的做法，反而把田賦增加了一倍。孔子告訴其他弟子：『冉求不算我的學生，你們可以大張旗鼓地攻擊他。』從這裏看來，不幫助君主實行仁政，反而幫助他聚斂財富的人，都是孔子唾棄的，何況替那不仁的君主努力作戰的人呢？為爭奪土地而戰，殺死的人遍野都是；為爭奪城池而戰，殺死的人滿城都是，這就是統率土地而吃人肉，死刑都不足以懲罰他們的罪過。所以，好戰的人應該受最重的刑罰，從事合縱連橫的人該受次一等的刑罰，開墾荒地以分土授田的人該受再次一等的刑罰。」

朋友圈縱橫談

※ 張　岱

　　本章談論好戰的罪過，而先從富國說起，推論出好戰的罪過更大。第一節是舉例，下一節是參考案例，最後一節是論斷。

原文：

　　此章論善戰之罪，而以富國起語，所以甚善戰之罪也。首節是例，次節是案，末節是斷。

　　土地被開墾出來，荒地得到耕種，這值得慶賀；但如果開闢荒地用來分地授田，則判處第二等的刑罰。孟子評斷人的功過，只推究其動機。原因是，墾殖土地側重有利於人民，那就可以給予守護國家的功勞；墾殖土地側重有利於君主，那麼禍害人民的罪行不能逃避。

原文：

　　董是彝曰：土地闢，田野治，則有慶；闢草莽，任土地者，則次上刑。孟子論人功罪，只原其心。蓋治地而主於利民，則守國之功可以論；治地而主於利國，則殃民之罪不可逃。

眸子章

　　孟子曰：「存乎人者，莫良於眸子。眸子不能掩其惡。胸中正，則眸子瞭焉；胸中不正，則眸子眊焉。聽其言也，觀其眸子，人焉廋哉？」

＊ 譯文：

　　孟子說：「觀察一個人，沒有比觀察他的眼睛更好的了。眼睛不能掩飾一個人的醜惡。內心正直，他的眼睛就明亮；心術不正，他的眼睛就昏暗。聽人說話時觀察他的眼睛，這人的善惡又能往哪裏隱藏呢？」

朋友圈縱橫談

※ 張南軒 _____

　　讀書人讀到這裏，不僅僅可以獲得觀察人的辦法，還可以獲得檢討自身的要訣。偏狹的私心和邪惡的意念，片刻都不能有。它們一旦在心中產生，就會明明白白，沒辦法掩飾。讓人驚懼呀！

原文：

　　張南軒曰：學者讀此，非獨可得觀人之法，並可得檢身之要。私心邪氣，頃刻不可有。一有於中，而昭昭然不容掩矣。可懼哉！

※ 宋羽皇 _____

　　既然說要觀察眼睛，為什麼又說要辨析言談？因為「知言」是孟子的一門大學問，一定先辨析其言論怎麼樣，之後又觀察其眼睛，才能夠知道對方是不是全面，是不是陷入錯誤，是不是背離正道，或者是不是理屈詞窮，他不正確的地方在哪裏。而不是籠統含混地用一個「不正」就涵蓋了。

原文：

　　宋羽皇曰：既觀眸子，又何說聽言？蓋「知言」是孟子大學問，必聽其言之若何，而後觀其眸子，乃可知其或蔽、或陷、或離、或窮，其不正者在何處，非籠統說個「不正」而已。

　　只有擁有聖賢的心，才能去做揭發、檢舉別人錯誤的事。如同《韓非子》裏的寓言，一旦懷疑某人偷了斧子，那麼看對方時，就會覺得他說話也好、其臉上神色也好，都像是偷了斧子。擅用自己的聰明，無端給人定罪，其害處無窮無盡，而這些人往往妄用孟子「觀察人的眼睛」的道理做借口，我們能不謹慎嗎！

原文：

　　有聖賢之心，方可以行摘發之事。如韓子一有竊之疑，聲音笑貌無非竊者矣。自用聰明，妄入人罪，貽害無窮，皆以孟氏此言借為口實，可不慎乎？

恭儉章

　　孟子曰：「恭者不侮人，儉者不奪人。侮奪人之君，惟恐不順焉，惡得為恭儉？恭儉豈可以聲音笑貌為哉？」

＊ 譯文：

　　孟子說：「恭敬別人的人不會侮辱別人，自己節儉的人不會掠奪別人。有些諸侯，一味侮辱別人，掠奪別人，只怕別人不順服自己，那怎麼能做到恭敬和節儉？恭敬和節儉難道可以光靠聲音和笑臉就做出來嗎？」

※ 張　岱

　　侮辱、搶奪他人的君主，既然已經幹了這樣子的事情，卻又企圖掩蓋不好的名聲，又裝出恭敬、節儉的樣子，這如同在狐狸身上蒙上虎皮。所以孟子追究說好話、做笑臉的本質，也只是希望君主們真心實意地去做到恭敬和節儉而已。《尚書》寫道：「把恭敬、節儉作為美德，不要運用你的虛偽。」正好與本章互相補充說明。

原文：

　　侮奪人之君，既行其實，又欲掩其名，假借恭儉，狐蒙虎皮。故孟子把聲音笑貌窮其所託，亦只是要世主以真心行此恭儉耳。《書》曰：「恭儉惟德，無載爾偽。」正與此相發。

援溺章

　　淳于髡曰：「男女授受不親，禮與？」

　　孟子曰：「禮也。」

　　曰：「嫂溺，則援之以手乎？」

　　曰：「嫂溺不援，是豺狼也。男女授受不親，禮也；嫂溺，援之以手者，權也。」

　　曰：「今天下溺矣，夫子之不援，何也？」

　　曰：「天下溺，援之以道；嫂溺，援之以手 —— 子欲手

援天下乎？」

＊ 譯文：

　　淳于髡問孟子：「男女之間，不親手遞接東西，這是禮制嗎？」

　　孟子答道：「是禮制。」

　　淳于髡說：「那麼，假如嫂嫂掉進水裏，小叔子可以用手去拉她嗎？」

　　孟子說：「嫂嫂掉進水裏，小叔子不去拉她，這簡直是豺狼。男女之間不親手遞接東西，這是常規的禮制；嫂嫂掉進水裏，小叔子用手去拉她，這是變通的做法。」

　　淳于髡說：「現在天下的人都掉進水裏了，先生您不去救援，為什麼呢？」

　　孟子說：「天下的人都掉進水裏了，要用『道』去救援；嫂嫂掉進水裏了，要用手去救援 —— 你難道想要用手去救援天下的人嗎？」

朋 友 圈 縱 橫 談

※ 楊復所

　　天下人民沉溺在荒謬的學說裏，孟子用仁義之說來拯救他們；天下人民貪圖功業利益，孟子用正義的道路來指引他們。這正是孟子用「道」來拯救天下人民的做法。他暗暗地變通對待人民的方式，不像伸手援救某人那樣跡象明顯。這段話末尾一句，其語氣就好像是說：你覺得用手去拯救天下人民，才是真正的救

援嗎？這正是希望淳于髡思考儒家大道拯救人民的方式，跟那些凡俗的、救人就是伸出手拉一把那樣的學說不一樣。

原文：

　　楊復所曰：天下溺於邪說，孟子以仁義援之；天下溺於功利，孟子以正道援之。此正時時以道援天下處。默運其權，非若手援之可以跡見也。末句語氣如云：子欲手援天下，才是援乎？正要髡思吾道之所以援天下處，非如俗徒手之說。

※ 李崆峒

　　淳于髡詢問男女之間相處的禮儀，而舉出嫂嫂和小叔子的例子，為什麼呢？因為按照禮儀，嫂嫂和小叔子之間，彼此不用替對方服喪，平時也不需要互相問候。這真是區隔了又區隔，避開了再避開。淳于髡真是擅長辯論呀。戰國時候那些議論堅白之別的縱橫家們，大概除了孟子沒有人能駁倒他們。

原文：

　　李崆峒曰：髡問男女授受之禮，而舉嫂叔者，何也？禮嫂叔無服，又不通問。斯別之又別，嫌之又嫌者。髡真辯雄哉！大抵戰國橫議堅白，非孟子不能破。

教子章

公孫丑曰：「君子之不教子，何也？」

孟子曰：「勢不行也。教者必以正；以正不行，繼之以

怒。繼之以怒，則反夷矣。『夫子教我以正，夫子未出於正也。』則是父子相夷也。父子相夷，則惡矣。古者易子而教之，父子之間不責善。責善則離，離則不祥莫大焉。」

✳ 譯文：

　　公孫丑問孟子：「君子不親自教育兒子，這是為什麼呢？」

　　孟子答道：「由於情勢行不通。教育一定要用正理正道，用正理正道而無效，跟着來的就是發怒。一發怒，那反而傷感情了。兒子會說：『您拿正理正道教我，您卻不從正理正道出發。』這就是父子間互相傷害了。父子間互相傷害，就壞了。古人互相交換兒子來教育，使父子間不因用善勸勉而相責備。求其善而相責備，就會發生隔閡，父子間有隔閡是最不好的事。」

朋友圈縱橫談

※ 沈無回

　　古人交換兒子來教育，是不得已的做法，是為不聽話的兒子考慮。如果被教的人屬於上等智慧或者中等才智，就要像《左傳》中所說的那樣親自教誨：「愛你的兒子，要用仁義來教導他，不要使他被錯誤的東西影響。」父親也並不是都不教導兒子的。

原文：

　　沈無回曰：古者易子而教之，不得已，為不肖子慮也。若上智中材，則《傳》曰：「愛子，教之以義方，弗納於邪。」父亦未嘗不教。

※ 韓求仲

　　孔子親自教導兒子孔鯉，沒聽說他把兒子換給別人教。周公捶打兒子伯禽來教誨年幼的周成王，也沒聽說這樣做行不通。交換兒子來教育，終究只是針對那些不聽話的兒子的做法。

原文：

　　韓求仲云：孔子之教伯魚，未聞其易子也。周公之撻伯禽，未聞其勢不行也。易子而教，終是為不肖子說法。

※ 王弇州

　　《問服章》可以給君主看，不可以給臣子看。《則善章》可以給父親看，不可以給兒子看。

原文：

　　弇州云：《問服章》可以示君，不可以示臣。《責善章》可以示父，不可以示子。

※ 謝太傅

　　我曾經親自教導兒子。我深深通曉教育孩子的辦法。

原文：

　　謝太傅云：吾嘗自教兒。深得教子之法。

養志章

　　孟子曰：「事，孰為大？事親為大；守，孰為大？守身為大。不失其身而能事其親者，吾聞之矣；失其身而能事其親者，吾未之聞也。孰不為事？事親，事之本也；孰不為守？守身，守之本也。曾子養曾晢，必有酒肉；將徹，必請所與；問有餘，必曰：『有。』曾晢死，曾元養曾子，必有酒肉；將徹，不請所與；問有餘，曰：『亡矣。』—— 將以復進也。此所謂養口體者也。若曾子，則可謂養志也。事親若曾子者，可也。」

＊ 譯文：

　　孟子說：「侍奉誰最要緊？侍奉父母最要緊。守護什麼最重要？守護自己最重要。不失去品質節操而能侍奉好父母的，我聽說過；喪失了節操卻能夠侍奉父母的，我沒有聽說過。該不該侍奉？侍奉父母是根本；該不該守護？守護自己的節操是根本。從前曾子奉養他的父親曾晢，每餐一定都有酒有肉；撤除食物的時候，一定要問剩下的給誰；曾晢若問還有剩餘嗎，一定答道：『有。』曾晢死了，曾元養曾子，也一定有酒有肉；撤除食物的時候，便不問剩下的給誰了；曾子若問還有剩餘嗎，便說：『沒有了。』—— 其實他是留下預備以後進用。這個叫做口體之養。至於曾子對待父親，才可以叫做順從親意之養。侍奉父母做到像曾子那樣就可以了。」

※ 張　岱

那時候，委屈自己謀求俸祿的，如毛義收到官方的征辟命令喜動顏色一類的人，都說：「我做官是為了奉養父母啊。」他們不知道，一旦喪失品格，就會給父母帶去侮辱，又怎麼可能由此而侍奉好父母呢？如果能夠順從父母的意旨，即便如曾子那種平常的奉養，也可以使父母歡喜，所以說：「侍奉父母跟曾子所做的一樣就行了。」

原文：

當時屈身仕祿如毛義捧檄之類，皆曰：「吾為養親計耳。」不知一失其身，便辱其親，又安能事親？苟能承順親志，即如曾子尋常日用間，亦可以承歡，故曰：「事親若曾子者可也。」

※ 陳眉公

《康誥》說「如同護理嬰兒一樣」，誠心誠意地去做。大概父母對待嬰兒，沒有一件事情不是愉悅他的；做兒女的報答父母，卻只管給點吃喝，這樣做，心怎麼能安穩？即便是曾子贍養曾皙，同普通村落的婦女養育她的孩子相比，可能都不及十分之一仔細，所以也只能算得是「勉強可以」。

原文：

陳眉公曰：《康誥》「如保赤子」，心誠求之。大約父母之於赤子，無一件不是養志的；人子報父母卻只養口體，此心何安？即如曾子養曾皙，比之三家村老嫗養兒，十分尚不及一，所以僅稱得個「可」。

※ 張　岱

　　曾子每當讀《喪禮》，都不由淚濕衣襟，說：去了就不會回來的是父母親。等到做子女的想要贍養父母的時候，父母卻可能已不在，所以與其在父母死後殺牛去祭祀，還不如趁他們在世的時候用雞肉、豬肉去孝順他們。當初我做小官，給的俸祿裝不滿一釜，我也高高興興，不是因為有祿米，是歡喜父母還能享用得到。等到父母過世，我往南去了楚國，做了大官，仍然向着北方哭泣，不是因為地位不夠高，是哀傷父母沒來得及享受這樣的尊榮。

原文：

　　曾子每讀《喪禮》，泣下沾襟曰：往而不可還者親也。子欲養而親不待，是故椎牛而祭，不如雞豚之逮親存也。初，吾為吏，祿不及釜，尚欣欣而喜者，非以為多也，樂其逮親也。既沒之後，吾嘗南遊於楚，得尊官焉，猶北面而涕泣者，非為賤也，悲不逮吾親也。

※ 張　岱

　　曾參的後媽對待曾參很刻薄，但曾參贍養她卻從不匱乏；曾參的妻子蒸煮藜菜沒煮熟，曾參因此休妻。有人說：「這不符合七出之條。」曾參回答：「蒸煮藜，是小東西，這都做不好，何況處理大事情呢？」還是休棄了妻子。曾參的兒子曾元請求父親再娶，曾子說：「明君武丁因為續娶的老婆殺了兒子孝己；賢人尹吉甫因為續娶的老婆趕走了兒子伯奇。我往上比不上武丁，往下比不上尹吉甫，怎麼能避免後妻和兒子間鬧是非呢？」於是他終生都沒有再娶妻。

曾參後母遇參無恩，供養不衰；其妻蒸藜不熟，因出之。人曰：「非七出也，」參曰：「蒸藜，小物耳，而不用命，況大事乎？」遂出之。其子曾元請再娶，曾子曰：「高宗以後妻殺孝己；尹吉甫以後妻放伯奇。吾上不及高宗，下不及吉甫，庸能免於非乎？」遂終身不娶。

格非章

孟子曰：「人不足與適也，政不足間也；唯大人為能格君心之非。君仁，莫不仁；君義，莫不義；君正，莫不正。一正君而國定矣。」

❋ 譯文：

孟子說：「那些當政的小人不值得去譴責，他們的施政也不值得去非議；只有大人才能夠糾正君主心術的錯誤。君主仁，就沒有人不仁；君主義，就沒有人不義；君主正，就沒有人不正。一旦把君主端正了，國家也就安定了。」

朋友圈縱橫談

❋ 張　岱

「糾正君主錯誤的心術」，這不是花精力對付的地方；應該

花精力修煉的都是怎麼使自己成為「大人」。大人，他安居在仁裏，行走在義的路上，先端正自己而使事物都端正。君主的仁和義，都是由這樣的大人引導而來。

　　過去孟子曾經三次覲見齊王卻不談論政治，他的弟子疑惑不解。孟子就說：「我是先去對治大王錯亂的心，他的心端正了，之後天下的事情就可以治理清明了。」由此，可以推想到「格君」的意思。

原文：

　　「格君心之非」，絕無工夫；工夫全在自己為大人。大人者，居仁由義，正己而物正者也。君仁君義，俱從大人來。

　　昔孟子三見齊王而不言事，門人疑之。孟子曰：「我先攻其邪心，心既正，而後天下之事可從而理也。」可想格君之義。

毀譽章

孟子曰：「有不虞之譽，有求全之毀。」

＊ 譯文：

　　孟子說：「有出乎意料的讚揚，也有過於苛求造成的詆毀。」

※ 張　岱

　　文中的兩個「有」字要特別留心。說「有」，表明間或出現，而不是世上普遍都如此。這樣理解才是妥當的。

　　把松樹貶低為樗樹，對它的材質有什麼損害？把蕕草讚美為蘭花，也掩蓋不了它的臭味。所以誹謗、讚美降臨到自己頭上，君子一定會反省；如果它們落在別人頭上，君子也不會忽視。

原文：

　　二「有」字要着意。「有」者，間有之而世不盡然也。如此說方斟酌。

　　斥松為樗，何損於材；譽蕕為蘭，不掩其臭。故毀譽之加諸己也，君子必自省；其施諸人也，君子必不輕。

※ 王陽明

　　誹謗、讚美，時間久了就會自然顯出真相，從沒有能夠掩蓋實質的。隋末大儒王通用不爭辯來對待誹謗，是好法子呀。

原文：

　　王陽明曰：毀譽久之自見，未有能掩其實者。王通以無辯止毀，良是。

※ 張　岱

　　孟子談的「出乎意料的讚美」，這是警醒那些突然得到美譽而沾沾自喜的人；「苛求的詆毀」，這是讓那些聽說不好的事就

輕易相信的人防範。這兩個意思自有區別，以前的傳和注裏沒有談及。

原文：

「不虞之譽」，為驟得而自喜者防也；「求全之毀」，為聞穢而輕信者防也。兩意自別，傳、注中亦不及此。

易言章

孟子曰：「人之易其言也，無責耳矣。」

✳ 譯文：

　　孟子說：「一個人輕易地把話說出口，那是因為他不必負責任。」

朋友圈縱橫談

※ 張　岱 _____

　　責，是責任，擔負職責就不會隨便議論，不擔負職責就會信口開河。《韓非子》書中有「發議論的，一定要把他講的事情讓他承擔」，也就是這個意思。俗話說：錢不是由自己家出，人們會說「給吧」；得病的不是自己，人們會說「忍一下吧」。

　　就好比，現在那些談論邊防事務的人，可以讓他擔當抵禦外

敵的職責；現在那些談論流民、賊寇的人，就讓他去殺賊，這樣不是叫他們為難了嗎？夜裏想到這些，若是真這麼幹，那些做言官的人，敢不管好他們的三寸不爛之舌嗎？

原文：

「責」，任也，任內難盡，任外易言。《韓非子》有「言者，必責之以事」，即此意。諺曰：錢不出家言「與之」，病不着身言「忍之」。

有如今之言邊事者，即責之以禦虜；今之言流寇者，即責之以殺賊，豈不甚難？清夜思之，在言路者，得不三捫其舌？

人師章

孟子曰：「人之患在好為人師。」

✻ **譯文：**

孟子說：「人的毛病，在於喜歡做別人的老師。」

朋友圈縱橫談

✻ **張　岱**

孔夫子曾經說過：成績到了小土堆的程度繼續進取，我贊同；成績到了小山丘的程度就停下來，我不贊同。現在的人學問

還不如贅疣那麼高，竟然就企圖去做人的老師了！

原文：

　　孔子曰：如垤而進，吾與之；如丘而止，吾已矣。今學曾未如疣贅，則具然欲為人師。

樂正章

　　樂正子從於子敖之齊。

　　樂正子見孟子。孟子曰：「子亦來見我乎？」

　　曰：「先生何為出此言也？」

　　曰：「子來幾日矣？」

　　曰：「昔者。」

　　曰：「昔者，則我出此言也，不亦宜乎？」

　　曰：「舍館未定。」

　　曰：「子聞之也，舍館定，然後求見長者乎？」

　　曰：「克有罪。」

＊ 譯文：

　　樂正子跟隨着王子敖到了齊國。

　　樂正子去見孟子。孟子說：「你也來看我嗎？」

　　樂正子問：「先生怎麼說這個話兒？」

孟子問他：「你來了幾天了？」

樂正子答道：「昨天來的。」

孟子就說：「昨天來的，竟然這會兒才來看我，那麼，我說這個話兒不應該嗎？」

樂正子說：「因為住所沒有找好。」

孟子說：「你聽說過，要住所找好了才求見長輩嗎？」

樂正子說：「我錯了。」

朋 友 圈 縱 橫 談

※ 張　岱

孟子講了「來見」這一大段故事，落腳在「克有罪」這一句話。以此表明樂正子有勇氣，絕對不掩藏他的過失。

原文：

孟子敘此「來見」一段，全在「克有罪」一句，以表樂正子之勇，絕不覆藏其過。

鋪啜章

孟子謂樂正子曰：「子之從於子敖來，徒啜也。我不意子學古之道而以啜也。」

孟子對樂正子說：「你跟隨着王子敖來，只是為了飲食罷了。我沒想到你學習古人的大道，竟然是為了謀求飲食。」

朋友圈縱橫談

※ 張　岱

> 樂正子為了迎合君主喜好而犯了錯，孟子不好明白批評他，而把「啜」（謀求飲食）提出來，安立一個小罪名。如果人們真的以為樂正子為了衣食而當官，就是妄想、瞎說了。
>
> 原文：
>
> 失足王歡，不好明說，只把「啜」二字，小立罪名。若認真「啜」為正子實情，不啻癡人說夢。

猶告章

孟子曰：「不孝有三，無後為大。舜不告而娶，為無後也，君子以為猶告也。」

＊ 譯文：

孟子說：「不孝順父母的事有三種，其中以沒有子孫為最大。舜不先稟告父母就娶妻，為的是怕沒有子孫，因此君子認

為他的做法也如同稟告了一樣。」

朋友圈縱橫談

※ 張　岱

唯獨柳下惠可以坐懷不亂，唯獨舜可以不告而娶。君子一定推求其本來的緣由，才能忽略其行為做法。所以，能夠正確變通的，是聖人；能夠固守常法的，是賢人。

原文：

惟柳下惠可以坐懷，惟舜可以不告。君子必原其至情，方可略其形跡。故達權者，聖也；守經者，賢也。

仁實章

孟子曰：「仁之實，事親是也；義之實，從兄是也；智之實，知斯二者弗去是也；禮之實，節文斯二者是也；樂之實，樂斯二者，樂則生矣；生則惡可已也，惡可已，則不知足之蹈之手之舞之。」

＊ 譯文：

孟子說：「仁的實質是侍奉父母，義的實質是順從兄長，智的實質是明白仁義的道理不可離棄，禮的本質是對這兩者能加

以調節和修飾，樂的實質是高興地做到仁義，快樂就會發生。
快樂一發生就無法停止，無法停止就會不知不覺地手舞足蹈起
來。」

朋友圈縱橫談

※ 張　岱

仁、義、禮、樂所包涵的內容很廣，這裏專門指侍奉父母、
順從兄長，所以說是其「實質」。就好比《論語》裏講的「根本
樹立了，道就出現了」的「根本」。如果不涵蓋其他而說，那就
不是仁的實質，而是行仁的具體做法。解讀這一章意旨的人，都
應當思考一下這點。

原文：

仁、義、禮、樂所包甚廣，專指事親從兄，故謂之「實」。
猶《論語》「本立而道生」之「本」耳。若不括其餘而言之，則
非仁之實，仁之事而已。疏此章意者，皆當思此。

※ 王龍溪

手舞足蹈，自己卻沒意識到，是由於快樂得忘記了其他；快
樂以至於忘記了其他，才是真的快樂，所以說「極致的快樂就是
忘記快樂」。

原文：

王龍溪曰：手舞足蹈而不自知，是樂到忘處；樂至於忘，始
為真樂，故曰「至樂無樂」。

※ 周海門

　　第二節説「知」，後面又提到「不知」；已經知道卻沒有發覺，不知不覺卻已掌握，這就是幼兒稍微成長一點點那時候的認知，即便是聖賢也沒有辦法了解到的知識（指本能或先天之智），跟這個沒有區別。

原文：

　　周海門曰：次節言「知」，而又言「不知」；知而不知，不知而知，此即孩提稍長之知，亦即聖不可知之知，無有二也。

※ 徐子卿

　　有人問，義以敬為主，敬則沒有比順從兄長更優先的，這話怎麼理解？我回答説：孟子這段文只提到「順從兄長」，哪裏提到「敬」了？況且，假如孟子説長大一點知道敬重兄長，這個意思實在也不妥當，比不上用「從」字那麼好。因為仁涵蓋了一切，但它的本質從人之初時那無法分割、辨析的地方產生。所以説「侍奉雙親就對了」。義的規則統領天下萬事萬物，它的本質在於自己不要去違背。那嬰孩，出生時就帶着血性，當他們開始同世俗打交道，這正是他們會產生逆反的源頭，而兄長跟他同輩尤其容易招致逆反的時機，如果年幼的和年長的之間序列、規矩分明，那麼天底下的事務條理也就清楚了。所以孟子説「順從兄長就對了」。

原文：

　　徐子卿曰：或問義主於敬，敬莫先從兄，此義云何？余云：本文只説「從兄」，何曾説「敬」？且如孟子云長知敬兄，斯義畢竟未妥，不如「從」字之妙。蓋仁者包覆無外，而其實在元初

一點不可分析處。故曰「事親是也」。義者宰制天下，而其實在自己不去逆亂。夫畢幼者，生來血性，初與世故交錯，此時正用逆之端倪，而兄涉同儕尤易逆之機竅，若長幼有序，而天下之條理得矣。故曰「從兄是也」。

底豫章

孟子曰：「天下大悅而將歸己，視天下悅而歸己，猶草芥也，惟舜為然。不得乎親，不可以為人；不順乎親，不可以為子。舜盡事親之道而瞽瞍底豫，瞽瞍底豫而天下化，瞽瞍底豫而天下之為父子者定，此之謂大孝。」

＊ 譯文：

孟子說：「天下人都悅服而將歸附自己，卻把這一切看成草芥一樣微渺，只有舜能做到。不能得到父母的歡心，不可以做人；不能順從父母的旨意，不可以做兒子。舜竭盡一切心力來侍奉父母，結果他父親瞽瞍變得高興了；瞽瞍高興了，天下的風俗因此轉移；瞽瞍高興了，天下的父子倫常也由此確定了，這便叫做大孝。」

朋友圈縱橫談

※ 張　岱

羅仲素評論「瞽瞍高興了，天下的父子倫常也由此確定了」

這句話，認為這是因為天底下沒有犯錯的父母親。了翁聽到了，讚歎説：只有這樣理解，這以後天下的父子倫常才能確定。那些做臣子而殺君主的，那些做兒子卻殺父親的，是因為他們常常看到君父有不對的地方啊。

《周易》説：「做臣子的殺君主，做兒子的殺父親，這不是一天兩天就變成這樣的，它的根源是慢慢積累的。之所以會導致最終的結果，就是因為沒有早早察覺啊。」也是這個意思。

原文：

羅仲素論「瞽叟厎豫而天下之為父子者定」，云只為天下無不是厎父母。了翁聞而善之曰：唯如此，而後天下之為父子者定。彼臣弒其君，子弒其父，常見有不是處耳。

《易》曰：「臣弒其君，子弒其父，非一朝一夕之故也，其所由來者漸矣。由辨之不蚤辨也。」亦是此意。

離婁下

符節章

孟子曰：「舜生於諸馮，遷於負夏，卒於鳴條，東夷之人也；文王生於岐周，卒於畢郢，西夷之人也。地之相去也，千有餘里；世之相後也，千有餘歲。得志行乎中國，若合符節，先聖後聖，其揆一也。」

＊ 譯文：

　　孟子說：「舜出生在諸馮，遷居到負夏，死在鳴條，是東方人；文王生在岐周，死在畢郢，是西方人。兩地相隔一千多里，時代相距一千多年，但是他們得志時在華夏的所作所為，幾乎一模一樣，古代和後代的聖人，他們的準則是相同的。」

朋友圈縱橫談

※ 馬君常

　　讀到這裏可以明白，《平世章》說的不單單是大禹、后稷、顏淵，《武城章》也不單單指曾子、子思，還包括那些和他們一樣的聖賢。領會了聖賢們的作為如同符和節的相扣，那麼所有的環節就都明白了。

原文：

　　馬君常曰：讀此知《平世章》不單指禹、稷、顏淵，《武城

章》不單指曾子、子思。會得聖賢真符節,則符節皆活。

※ 張　岱

　　此章末尾的「揆」,注釋訓詁通常解為「度」,把末句解釋為「衡量後發現他們的道沒有區別」,這是從「我」的角度去揣度、評判堯舜兩位聖人,是不對的。「揆」是兩位聖人之所以能夠得志、有大作為的根本之處(即準則),現在提到內閣叫做「揆地」,孟子還說過「上無道揆」,這個「揆」都是一個意思。

原文:

　　末節「揆」字,注訓為「度」,「言度之而其道無不同」,是我去揆度二聖,非也。「揆」,乃二聖得志所行之根宗處,今言政府謂之「揆地」。孟子言「上無道揆」,「揆」字皆同。

溱洧章

　　子產聽鄭國之政,以其乘輿濟人於溱洧。孟子曰:「惠而不知為政。歲十一月,徒杠成;十二月,輿梁成,民未病涉也。君子平其政,行辟人可也,焉得人人而濟之?故為政者,每人而悅之,日亦不足矣。」

＊ 譯文:

　　子產主持鄭國的政治,曾用所乘的車輛幫助別人渡過溱水和洧水。孟子議論這事說:「這只是小恩小惠,他並不懂搞政

治。如果十一月修成走人的橋，十二月修成走車的橋，百姓就不會再為渡河發愁了。君子只要把政治搞好，他出外時，鳴鑼開道都可以，哪裏能夠一個個地幫助別人渡河呢？如果搞政治的人，挨個討人歡心，時間肯定不夠用呀。」

朋友圈縱橫談

※ 張　岱

這裏孟子只是要討論搞政治的主要方面，把子產拿出來說事。

孟子所諷刺的子產幫人過河，就如同孔子珍惜樊纓小物，目的本來不是指向某件具體的事。

子產執政，制定田地賦稅，發佈刑法，他的做法剛猛如火。孔子曾經特地讚美他：「子產是古代傳下來的仁愛的人。」子產，他像是大家的母親，慈惠而不懂得搞政治，專門指出他慈祥、友愛臣下、與人民共患難的一面，這是孔子細緻入微的地方。子產是孔子極為讚賞的人。子產治理鄭國，如同孔子治理魯國，起初發佈政令，都不得不以嚴厲果斷為上。所以，那些讚美他載人渡河者，與誹謗他衣着裘皮者如同一人。孔子特別讚美子產是「古之遺愛」，繼承了古人仁愛的美德，也正可以類比他本人誅殺少正卯，使沈猶氏不敢賣羊前先灌水，迫使公慎氏休棄淫亂的妻子，讓奢侈的慎潰氏離開魯國遷徙到別處，不是他以施政嚴厲為目的，而是要施惠魯國和人民。孔子是借子產來自比。

原文：

只論為政大體，借子產作案。

孟子譏「濟人」，即孔子惜樊纓之意，原不止為一事。

子產為政，作田賦，鑄刑書，其猛如火。孔子特表之曰：「古之遺愛。」子產，眾人之母，惠而不知為政，特地說出他一段慈祥愷弟，與民同患之意，此是孔子表微處。子產是夫子極得意人。子產治鄭，與夫子治魯，發令之始，不得不尚嚴毅。故輿人之誦，與麛裘之謗，亦若出諸一口。孔子特地稱子產曰「古之遺愛」，亦見得我之誅少正卯，沈猶氏不敢飲羊，公慎氏之出其妻，慎潰氏越境而徙，不是我行法之嚴，無非加惠全魯也。借子產蓋以自況。

視臣章

孟子告齊宣王曰：「君之視臣如手足，則臣視君如腹心；君之視臣如犬馬，則臣視君如國人；君之視臣如土芥，則臣視君如寇仇。」

王曰：「禮，為舊君有服，何如斯可為服矣？」

曰：「諫行言聽，膏澤下於民；有故而去，則君使人導之出疆，又先於其所往；去三年不反，然後收其田里。此之謂三有禮焉。如此，則為之服矣。今也為臣，諫則不行，言則不聽；膏澤不下於民；有故而去，則君搏執之，又極之於其所往；去之日，遂收其田里。此之謂寇仇。寇仇，何服之有？」

　　孟子告訴齊宣王：「君主把臣下當作自己的手腳，那臣下就會把君主當作自己的腹心；君主把臣下當作狗馬，那臣下就會把君主當作路人；君主把臣下當作泥巴草芥，那臣下就會把君主當作仇敵。」

　　齊宣王說：「禮制規定，臣子須為往日的君主穿孝服，君主怎樣對待臣子，臣子才會為他服孝呢？」

　　孟子說：「有勸諫，君主就接受照辦；有什麼話，君主就聽從；恩惠普及於百姓；臣子有什麼事不得不離開，君主就打發人引導他離開國境，並且先派人到他要去的那地方做好準備；離開了三年還不回來，這才收回他的土地房屋。這叫做三有禮。這樣做，臣子就會為他服孝了。現在做臣子的，勸諫，君主不接受；說的話，君主不聽從；恩惠到不了百姓；臣子有事要離職，君主則把他捆綁起來，還想方設法使他在去的地方走投無路；臣子離開當天，就收回他的土地房屋。這個叫做仇敵。對仇敵一樣的舊君，臣子還服什麼孝呢？」

朋友圈縱橫談

※ 張　岱

　　魯穆公曾向子思請教說：「大夫光明正大地離開故國，故國對他仍然以禮相待，在這種情況下，故國國君死了，大夫奔回故國為舊君服齊衰三月，這是古來就有的禮節嗎？」子思說：「古代的國君，在用人時是以禮相待，在不用人時也是以禮相待，所以才有為舊君反服之禮。現在的國君，需要用人時，就像要把人家抱到懷裏，親熱得無以復加，不需要用人時，就像要把人家推

入深淵，必欲置之死地。這樣對待臣子，臣子不帶領他國軍隊前來討伐就不錯了，哪裏還談得上為舊君反服呢？」孟子在本章中的回答，是從子思那兒學到的。

原文：

> 穆公問於子思曰：「為舊君反服，古與？」子思曰：「古之君子，進人以禮，退人以禮，故有舊君反服之禮也。今之君子，進人若將加諸膝，退人若將墜諸淵。毋為戎首，不亦善乎！又何反服之禮之有？」孟子此對，得之子思。

※ 丘毛伯

臣子哪裏有報復他的君主的道理呢？不過卻不能保證他沒有報復的想法。

原文：

> 丘毛伯曰：人臣豈有報復其君之理？而不能必其心。

※ 張　岱

本章中所說的「膏澤」是指臣子的恩惠。就好比呼風喚雨是神龍的本事，不過如果沒有天帝的命令，雨卻不能下到人間。

原文：

> 此膏澤屬臣，言噓雲佈雨，神龍之能，但非帝有命，不能下耳。

去徙章

孟子曰：「無罪而殺士，則大夫可以去；無罪而戮民，則士可以徙。」

＊ 譯文：

　　孟子説：「士人沒有罪，卻被殺掉，那麼大夫便可以辭職離開；百姓沒有罪，卻被殺戮，那麼士人便可以遷居別國。」

朋友圈縱橫談

※ 張　岱 _____

　　趙簡子殺害了竇犨鳴犢和舜華，孔子聽説時，已經來到黃河邊，準備西去拜見趙簡子。他慨歎説：「我孔丘聽説，有人剖開母腹殺死胎兒，那麼神獸麒麟就不會來到那裏的郊野；有人把池沼排乾水，將大小魚一網打盡，那麼蛟龍就不會在那裏的水中停留；有人把鳥巢打翻，摔破鳥卵，鳳凰就不願意在當地飛翔。鳥獸對於不義之舉還知道躲避，何況是人呢？」孔子於是回到家鄉鄒國去居住，創作了《盤操》感傷此事。君子要能從細微處察覺徵兆，應當效法孔子。

原文：

　　趙簡子殺竇犨鳴犢及舜華，孔子聞之，臨河而歎曰：丘聞之，刳胎殺夭則麒麟不至其郊，竭澤而漁則蛟龍不處其淵，覆巢

破卵則鳳凰不翔其邑。鳥獸之於不義尚知避之，況於人乎？遂還息於鄒，作盤琴以哀之。君子見幾，當法孔子。

仁義章

> 孟子曰：「君仁，莫不仁；君義，莫不義。」

✳ **譯文：**

孟子說：「君主若仁，便沒有人不仁；君主若義，便沒有人不義。」

朋友圈縱橫談

※ **張侗初**

仁側重包覆、恩澤；義側重評判、制裁。仁義並用，生的手段和殺的手段同時施行，這是做君主的要訣。荀子說：君主，是測量的儀，儀正了其投影也正；君主，如同盤子，盤子是圓的，盛的水也是圓的；君主如同水盂，水盂是方的，盛的水也就跟着方了。

原文：

張侗初曰：仁主覆露；義主裁割。仁義雙行、生殺並用，帝王之道也。經濟言曰：「君者，儀也，儀正而景正。君者，盤也，盤圓而水圓。君者，盂也，盂方而水方。」

禮義章

孟子曰：「非禮之禮，非義之義，大人弗為。」

＊ 譯文：

孟子説：「不合禮制的所謂禮，不合正義的所謂義，有德行的人是不幹的。」

朋友圈縱橫談

※ 張　岱

> 不合禮制卻仍偽託是禮，不合正義卻仍偽託是義，這都是虛偽作假的人搞出來的，就好像一些沒道德的人明明行事毫無底線卻自稱持守中正之道。有德行的人，對此不能不分辨清楚。
>
> 原文：
>
> 非禮而仍託之禮，非義而仍託之義，總之假仗者所為，如小人之無忌憚而仍謂之中庸。大人於此不可不察！

禮義章

孟子曰：「中也養不中，才也養不才，故人樂有賢父兄

也。如中也棄不中，才也棄不才，則賢不肖之相去，其間不能以寸。」

＊ 譯文：

孟子說：「持守中道、道德品質很好的人，來教養那或過或不及、道德品質不好的人；有才能的人來教養那沒有才能的人，所以人人都喜歡有好父兄。如果道德品質很好的人放棄那些道德品質不好的人，有才能的人不管那些沒有才能的人，那麼，那所謂好與不好的距離也近得不能用分寸來計量了。」

朋友圈縱橫談

※ 徐儆弦

「養」就像培育花木一樣，栽種、培植、澆灌，這樣花木的天性就自然得到保全了。「樂」字正是從「養」衍生出來的，有欣欣向榮的意味。「棄」和「養」則恰恰相反。

原文：

徐儆弦曰：「養」如養花木一般，栽培灌溉則天全而性得矣。「樂」字正從「養」字來，有欣欣向榮之意。「棄」正與「養」相反。

有為章

孟子曰：「人有不為也，而後可以有為。」

✽ **譯文：**

孟子説：「人要有所不為，才能有所作為。」

朋友圈縱橫談

※ 艾千子

日常生活中沒有規矩，不端方，隨便將就，這個人一定不會有大的作為。司馬相如在臨邛與文君私奔，喪失了節操，這是其品行細節有了瑕疵，儘管後來他機遇好，得到漢武帝的賞識，終究沒有成就值得稱道的事功，這就是一個例證。孟子此章本意是這樣，至於做人要籌謀仔細而後再行動，不輕易做什麼，那都是此章不緊要的地方。讀書人應當明白這點。

原文：

艾千子曰：平居不立廉隅，苟且自將，必不能大有所就。司馬相如失節臨邛，細行已虧，後雖遭時遇主，終無事業可觀，亦一證也。此題意原如此，善謀後動不輕舉，乃題中末意，學者當知之。

※ 張　岱

「有所不為」是要求人要狷介、有操守，如同「不合正義，不合大道，一點點小東西都不願意從別人那裏取得」的意思；也如同「哪怕做一件不合正義的事情，殺一個無辜的人，就可以得到天下，也不去做」的意思。時下的文章談「不為」，闡釋為像尺蠖一樣彎折身體，跟龍蛇一樣蟄伏，韜光養晦等待時機，都不對。

原文：

「有不為」是介然有守，如「非其義，非其道，一介不以取諸人」之意；如「行一不義，殺一不辜得天下，有不為」之意。時文講「不為」，作尺蠖之屈，龍蛇之蟄，遵養時晦者，皆非。

後患章

孟子曰：「言人之不善，當如後患何？」

✳ 譯文：

孟子說：「宣揚別人的不好，該怎麼應對由此引起的後患呢？」

朋友圈縱橫談

※ 張　岱

陳繼儒（眉公）曾寫道：發言抨擊壞人，那追求完美的好人，還會為之改變臉色；發言指責一個不好的人，其他同樣不好的人圍觀，也都會切齒怒罵。這文字看穿了世事人情，值得作為座右銘。

東漢伏波將軍馬援教訓侄子說，聽見別人的不好，應當像聽見別人提及自己父母名諱一樣，耳朵可以聽，但嘴巴卻不可以說。

原文：

眉公有作云：「言攻不善人，而善人之求全者，且為之動色；言一不善人，而眾不善之旁觀者，亦為之切齒。」參透世情，宜銘座右。

伏波將軍誡其兄子言，聞人之惡，當如聞父母之名，耳可得而聞，口不可得而言也。

※ 沈無回

議論別人不好的人，心裏充滿殺機，他要麼會遭遇奇特的禍患，要麼會陷入極其困窘的境地。《孟子》文中的「後患」，不專指受到報復而言。

原文：

沈無回曰：言人不善的人，滿腔都是殺機，不有奇禍，必有奇窮。「後患」，不拈定報復說。

※ 張　岱

伊川先生說：前輩們從來不說別人的壞話，每次遇到說別人不好的人，就說「你不妨看看他的長處」，這真是忠厚長者該說的話呀。

原文：

伊川曰：前輩不言人短，每見言人之短者，則曰「女且取他長處」，真長者之言。

天地包涵世間萬事萬物，山川大河收藏世間一切污穢。人們遇到不好的人，不能沒有這樣的包容度量。

原文：

盤雲大師曰：天地包涵萬物，山澤藏納污垢。人遇不善，不可無此度量。

已甚章

孟子曰：「仲尼不為已甚者。」

✳ **譯文：**

孟子說：「孔子不做過火的事情。」

朋友圈縱橫談

※ 張　岱

世俗的議論老是將「做過頭」的人當作賢明、智慧者，不懂唯獨聖人才能夠駕馭「過火」的事。能駕馭過火的事，就能控制不做過火的事，這才是孔子之所以為聖人。孟子揭示孔子訣竅與其他的聖賢比較，而不是跟通常所說的賢明、智慧者並觀。「道」只可以恰如其分，稍微刻意過頭一點就是「過火」。孟子認為當

時被讚為廉潔的陳仲子，主張降低田賦的白圭，提倡取消分工、統治者和民眾一起耕種的許行，張揚各自「仁義」學說的楊朱、墨子，這些人都是過頭了的，所以提出「仲尼不做過火的事」來拯救，不應該將此視作講中庸的古怪論調。

伯夷那麼清高，柳下惠那麼寬和，還免不了「過頭」。「不過火」，不是刻意的，孟子認為如此這般、自然而然就可以了。有人寫信給楊龜山（楊時），說：「緩步走，後成長起來的，是懂得堯舜之道的；不做過火的事情，是明白孔子的心。」龜山讀了很高興。

原文：

時說恒以「已甚者」屬之賢智，不知惟聖人才能「為已甚」。能為而能不為，所以為仲尼也。揭出仲尼經與他聖對較，不與賢智平揣。「道」只是恰好，略着意過一分便是「已甚」。孟子見當時廉如陳仲子，賦法如白圭，並耕如許行，仁義如楊、墨，都是過一分的，所以說個「仲尼不為已甚者」救他，不應作中庸隱怪解也。

伯夷之清，柳下惠之和，皆不免「已甚」。「不為」，非有意，孟子觀之謂如是而已。或上楊龜山書云：「徐行後長，得堯舜之道；不為已甚，知仲尼之心。」龜山讀之甚喜。

信果章

孟子曰：「大人者，言不必信，行不必果，惟義所在。」

* **譯文：**

　　孟子說：「有德行的人，說話不一定都講信用，做事不一定都果斷，他們與義同在，依義而行。」

朋友圈縱橫談

※ 張　岱

　　孔子路過蒲地，被當地人圍困。蒲人說：「你不去衛國，我們就放你走。」孔子跟蒲人盟誓不去衛國，蒲人讓孔子從東門走了。孔子仍然往衛國去。子貢質疑：「盟誓也可以背棄嗎？」孔子回答：「被脅迫發的誓，神是不會理的。」這正是只看合不合乎義，而不強求做事一定都貫徹到底。

　　義的境界很廣大，猶如一個大世界，講話做事有信用、貫徹到底，只是條小路。陸象山（九淵）先生說：「有些人，好好大世界不享用，卻霸着小路；好好的大人不做，卻要做小人。可惜呀！」

原文：

　　孔子罹蒲之難，蒲人曰：「毋適衛，吾出子。」與之盟，出孔子東門。孔子遂適衛。子貢曰：「盟可負耶？」孔子曰：「要盟也，神不聽。」此正惟義所在，而不必信果者。

　　義是個大世界，必信必果是個小蹊小徑。象山子曰：「大世界不享，卻要佔個小蹊小徑；大人不做，卻要做個小人。惜哉！」

赤子章

孟子曰：「大人者，不失其赤子之心者也。」

✳ **譯文：**

　　孟子說：「有德行的人，便是能保持那種嬰兒般天真純樸之心的人。」

朋友圈縱橫談

※ **張　岱**

　　嬰兒與幼兒有區別，嬰兒剛剛從母體的胞衣中脫離出來，身體是紅色的，所以叫做「赤子」。幼兒已經知道愛和敬，已經有認知能力。嬰兒如同混沌才被分開，完整而淳樸，沒有知見，一如本然的性靈，老子稱「像嬰兒還沒成長到幼兒的時候」就是這樣。所以，嬰兒是知見還沒有萌芽，幼兒則已經萌芽。

原文：

　　赤子與孩提不同，赤子才離胞胎以其身赤，故曰「赤子」。孩提知愛知敬，已落知能。赤子渾沌初剖，塊然純樸，無知無能，一天命之性，老子謂「如嬰兒之未孩者」是也。故赤子是未發，孩提是已發。

※ 李見羅

「不失去（赤子之心）」，這裏面雖然大有學問，但這裏主要是為了説明何謂大人。論修養的工夫，聖人也從來沒有停止過努力；講到人本來的天性，普通人也都具備。

原文：

李見羅曰：「不失」內雖有學問在，然此以現成大人說。論工夫，聖人亦無歇手；論本體，庸人亦是現成。

※ 徐自溟

嬰兒的淳樸心之所以會喪失，不僅僅是由於產生了私欲、虛偽、妄念，即便是聰明才辨也會使得它喪失。身外的東西一天天增加，本來的天性就一天天減少。

原文：

徐自溟曰：赤子之心所由失者，不獨以私欲偽妄失之，即聰明才辨亦所以失之。外來者日增，本來者日減。

※ 李腟峒

大人和赤子，他們的心是一樣的。將嬰兒淳樸之心擴張，就是大人，保持原樣就是赤子。就像草木剛剛發芽的時候，從土裏冒出來它就已經完全具備了草木的品質，從赤子到大人的跳躍，也只是像培植草木一般使得原本具有的稟賦更充足，而不能改變稟賦使之增加。就像松樹參天，柏樹盤曲在石頭上，桃樹和李樹能這樣嗎？

原文：

李崆峒曰：大人赤子心一耳。擴之為大人，未擴則赤子。如草木始於萌芽，出土時分量已具，大人只培之使足已耳，非能矯之使增也。如松參天，柏盤石，桃李能之乎？

大事章

孟子曰：「養生者不足以當大事，惟送死可以當大事。」

＊ **譯文：**

孟子說：「養活父母不算什麼大事情，只有給他們送終才算得大事情。」

朋友圈縱橫談

※ 喬君求

侍奉父母的，一直到給他們送終，才算是抵達了做人兒女奉養父母的終點。古人說的一定要誠心誠意，一定要貫徹始終，不要留下遺憾，才是做孝子的極致。

原文：

喬君求曰：事親者，直到送死，方是人子養生的盡頭處。古所稱必誠必信，勿之有悔，方是孝子用心之極。

自得章

孟子曰：「君子深造之以道，欲其自得之也。自得之，則居之安；居之安，則資之深；資之深，則取之左右逢其原。故君子欲其自得之也。」

＊ 譯文：

孟子說：「君子依循正確的方法來深入研究，就是要自己有所得。自己有所得，就能牢固地掌握它而不動搖，就能積蓄深厚；積蓄深厚，就能取之不盡，左右逢源。所以君子希望自己有所得。」

朋友圈縱橫談

※ 王龍溪

做學問關鍵是要自信自立，不是依賴外界可以獲得的，追求自己有所得罷了。自己有所得的學問，就能牢固地掌握它而不動搖，就能積蓄深厚而不露端倪，就能用起來取之不盡，左右逢源，應對無窮盡的狀況，像是流水一般，溢滿各處。

原文：

王龍溪曰：學貴自信自立，不是倚傍世界做得的，求自得而已。自得之學，居安則動不危，資深則機不露，左右逢源，則應不窮，見在流行，隨處平滿。

※ 張侗初

　　我們要認識道。道，是人的性靈本來具備的。我們本來就有，然後自覺獲得，所以叫做「自得」。在道上深深研究，不忽略，不助長，就像母雞孵蛋，又像持火煉丹，穩定而堅持。

原文：

　　張侗初曰：須要識個道。道，性靈所自有也。吾自有而吾得之，故曰「自得」。深造以道，勿忘勿助，如雞抱卵，如火養丹。

※ 張　岱

　　從門進來的不被家人珍視！莊、老的學說不消說，申不害、韓非子那下等的名和實的探討，裏面有些特別見地，而頑固地堅持它，說起來確鑿不疑，在天下國家施行都有成效。我們儒家的學問卻大而無用，只是因為儒者們依靠外在，本來面貌既不真實，施行起來也不實在。

　　君子獲得高深的造詣必須依循「道」（正確的方法）。道，就是聽任天性。依循道才能自覺地有所得，而不是憑藉外來的熏染。我們本身就具備它，一生都沿着它前進卻不清楚它是「道」，所用所學，只是在名義上打轉，從外表跡象上找尋，對自己本有的東西卻茫然無所察覺。

原文：

　　從門入者不為家珍，莊、老不必論，申、韓卑卑名實之間，中有獨得，故持之彌堅，言之彌確，見諸天下國家都是成效。吾儒大而無用，只為倚門傍戶，體既不真，用亦不實。

　　君子之深造必以道。道者，率性者也。以道方自得，非由

外鑠，我固有之者也，終身由而不知其道，所行習者，只從名義
上周旋，形跡上簡點，而固有者茫無干涉。

反約章

孟子曰：「博學而詳說之，將以反說約也。」

✳ **譯文：**

　　孟子說：「廣博地學習，詳細地解說，最終還是要回到簡略
地述說大義的境界。」

朋友圈縱橫談

※ **張侗初** _____

　　先瞧瞧廣博地學的是什麼？每件都是我們本來的天性做出來
的，為什麼會不回歸到本體上？時時刻刻都博學，時時刻刻都是
在述說大義；每一處都博學，也就是每一處都探尋大義。如果說
博學了很多，然後才返歸到把握大義，就像商人積累錢財一般，
不是做學問。

原文：

　　張侗初曰：且理會博的是什麼？件件都是我本體做出，如何
不還歸本體上？時時博，便時時約；處處博，便處處約。若說博
了許多，方才反約，是商賈積聚一般，不成個學問。

道理本來就簡約，先博學了，然後回歸到把握大義上來，所以叫做「返歸約」。

原文：

丘月林曰：理本約，先博了，仍回到約上來，故曰「反約」。

心服章

孟子曰：「以善服人者，未有能服人者也；以善養人，然後能服天下。天下不心服而王者，未之有也。」

✳ **譯文：**

孟子說：「拿善來使人服輸，沒有能夠成功的；拿善來教養人，這才能使天下的人都歸服。天下的人不心服卻能統一天下的，從來沒有過。」

朋友圈縱橫談

※ 朱　熹

用善來使人服輸，唯恐別人善良，就好比張華上奏晉武帝，擔憂吳國人另外設立一個好的君主，那樣晉就沒有辦法奪取江南了。用善來教養人，唯恐別人不變得善，就好比商湯對待葛人，

贈給他們牛羊，又派人去幫助他們耕種一樣。

原文：

朱子曰：以善服人，惟恐人之善，如張華對武帝，恐吳人更立令主，則江南不可取之類。以善養人，惟恐人不入於善，如湯於葛，遺之牛羊，又使人往為之耕之類。

※ 張南軒

霸主所做的，都是要用善來使別人服輸。比如齊桓公在首止會盟諸侯，從而幫助鞏固周惠王太子鄭的地位；晉文公在踐土會盟諸侯，帶領諸侯們朝拜周王之類。這章的意旨，應當從戰國王者、霸主們壓服諸侯的情況比擬揣摩，現在的解讀人常常從教養百姓的方面闡釋，胡亂攀扯井田、學校、孝悌忠信、勞來匡直等做法，其實是瞎猜，毫無關係。

原文：

張南軒曰：霸者所為，不過欲以善服人。如齊桓會首止，而定王世子；晉文盟踐土，率諸侯以朝王之類。故此章意，當從王者、霸者服當時諸侯處想像比切，今作者皆就養百姓上講，浪及井田、學校、孝弟忠信、勞來匡直等，絕不相蒙。

蔽賢章

孟子曰：「言無實不祥。不祥之實，蔽賢者當之。」

　　　孟子説：「説話沒有內容，不起作用，是不好的。這種不好的結果，應當由阻礙賢者進用的人來負責。」

朋友圈縱橫談

※ 季彭山

　　凡是説話能導致不好結果的，都有實質內容。之所以説「沒有內容的話，結果不好」，這是誇大阻礙進賢的惡果。對比前後兩個「實」字，可以領會到此意。

原文：

　　　季彭山曰：凡言之足以致不祥者，皆「實」也。曰「無實不祥」者，甚蔽賢之詞也。觀兩「實」相應可見。

原泉章

　　徐子曰：「仲尼亟稱於水，曰：『水哉，水哉！』何取於水也？」

　　孟子曰：「原泉混混，不捨晝夜，盈科而後進，放乎四海。有本者如是，是之取爾。苟為無本，七八月之間雨集，溝澮皆盈；其涸也，可立而待也。故聲聞過情，君子恥之。」

徐子問：「孔子幾次稱讚水，說：『水呀，水呀！』他讚水的是什麼方面呢？」

孟子說：「有本源的泉水滾滾地往下流，晝夜不停，把低窪之處注滿，又繼續向前奔流，一直流到海洋去。有本源的便像這樣，孔子取它這一點罷了。假若沒有本源，一到七八月間，雨水眾多，大小溝渠都滿了；但是它乾涸起來，也是立等可待的。所以，如果自己的名譽超過實際，君子視作恥辱。」

朋友圈縱橫談

※ 張 岱

一處有虛偽，其他都虛偽，這個深淺人們自己心知肚明。「恥」，不是為將來會乾涸而恥辱，正是為今天的（無源頭的）盈滿而恥辱。自己的心先就不能接受。

把文中的「情」字解釋為「實」，不準確。這裏不說「過實」，而說「過情」，這是就自己的真實情感不能掩飾而言。

原文：

一偽皆偽，淺深自知。「恥」，不恥其它日之涸，政恥其今日之盈，寸心先對不過。

「情」字作「實」字解，不得。不曰「過實」，而曰「過情」，正在自己真情所不能掩飾處說。

幾希章

孟子曰：「人之所以異於禽獸者幾希，庶民去之，君子存之。舜明於庶物，察於人倫，由仁義行，非行仁義也。」

＊ 譯文：

孟子說：「人不同於禽獸的地方只那麼一點點，一般百姓丟棄它，君子保存了它。舜明白事物的規律，了解人類的常情，於是遵循仁義之路而行，而不是把仁義作為工具、手段來使用。」

朋友圈縱橫談

※ 張　岱

「幾希（一點點）」，不是有一件東西由君子保存它，是那一念留存用心的地方；「存」字，是形容「幾希」的字眼。保持而不脫離，「爐子還有灰燼，火似乎仍是紅的」，這時所遺留的並不多。「之」字，不指向「幾希」，而指向君子。

原文：

「幾希」不是有件東西而君子存之，即此一念存留肯照顧者，便是「存」字，即是形容「幾希」字眼。抱而不脫「爐存火似紅」之存甚不多些。「之」字，不指「幾希」，指君子之人。

　　《大學》講「至善」，《中庸》注重「修道」，都跟人情世故有關，「人不同於禽獸的地方只有一點點」，那一點點的差別就是有倫理、無倫理。而舜之所以是一個明智的人，正在於他知道物不同於人，他所觀察的，正是觀察人不同於物之處。

原文：

　　《大學》「至善」，《中庸》「修道」，總無出人倫外，「人之所以異於禽獸者幾希」，只有倫與無倫之間耳。故舜之所為明者，正明物之異於人，所為察者，正察人之異於物。

　　出於人事的道理和萬物的規則，藹然可親卻無法理解的，是仁；出於人事的道理和萬物的規則，截然分明不可紊亂的，是義。這樣講仁義很透徹。「幾希」，就是不多的意思。不過，靜之中剛剛有所發動稱為「幾」，動卻無形稱為「希」。

原文：

　　陸景鄴曰：由於人倫庶物之藹然而不可解者，仁也；由於人倫庶物截然而不可紊者，義也。講仁義極透。「幾希」，不多也。然靜而方動曰「幾」；動而無形曰「希」。

　　如果「普通百姓丟棄義」，那麼人們就都變成禽獸了，為什麼人類還能綿延至今沒有滅絕呢？多虧君子憑個人之力，保存天下平民百姓都丟棄的義。這兩句應該這麼理解，才能和下面幾章

關聯起來。

　　自古以來的聖賢們擔憂、刻苦、警惕、勉勵，只是為了普通百姓，若是他們保存義只是為了自己，那就是只管自己解脫的「自了漢」。吉祥的麒麟，威武的鳳凰，牠們把光彩、輝煌都掩藏起來，跟普通的鳥獸又有什麼區別呢？本章裏的兩個「之」字要注意。

原文：

　　「庶民去之」，則人皆禽獸矣，何以人類至今不絕也？虧得君子以一人之存，存天下之去耳。兩句應如此說，始與下數章有關合。

　　千古聖賢憂勤惕勵，只為此庶民，若只存一己「幾希」，作「自了漢」而已。祥麟威鳳，匿采藏輝，與鳥獸何異！兩「之」字要理會。

禹惡章

　　孟子曰：「禹惡旨酒而好善言。湯執中，立賢無方。文王視民如傷，望道而未之見。武王不泄邇，不忘遠。周公思兼三王，以施四事；其有不合者，仰而思之，夜以繼日；幸而得之，坐以待旦。」

✻　譯文：

　　孟子說：「禹不喜歡美酒，卻喜歡有價值的言論。湯堅持中

正之道，舉拔賢人卻不拘泥於死規矩。文王對待老百姓就像對待受傷的人，得到真理又像從未見過一樣。武王不輕侮近臣，也不遺忘遠方的賢臣。周公想要兼學夏、商、周三代的君主，來實踐禹、湯、文王、武王所行的勳業；自己的言行如果有不合於他們的，就仰頭思考，白天想不好，夜裏接着想；僥幸地想通了，便坐着等待天亮去付諸實行。」

朋友圈縱橫談

※ 張　岱

據說虞舜傳位給大禹的時候，有十六字警誡，核心就是「人心」常處於險地，「道心」又精微難見。大禹「厭惡美酒」，其嚴厲禁止，是將人心的堤防修葺嚴整。大禹又「喜歡有道理的話」，他四處諮詢，孜孜不倦，是打開道心的鑰匙。

原文：

虞廷儆戒，不過「人心惟危，道心惟微」。「惡旨酒」，過絕之嚴，是峻人心之堤防。「好善言」，延訪之勤，是開道心之扃鑰。

※ 楊升庵

舜跟禹用人都是只用貴族，八元八凱都是高陽氏、高辛氏的才俊人物，到商湯的時候才開始擴大用人的途徑，所以商朝的文獻裏一會兒說「廣求賢明之士」，一會兒又說「到處找優秀的人」。伊尹、萊朱、巫咸、傅說都是由於賢德有才而被任用，不是因為家世顯赫。商湯「選用賢能之士不死守規矩」，就是他堅

守中庸之道的一個表現。

原文：

> 楊升庵曰：虞夏用人止於世族，八元八凱，皆高陽高辛之才子，至湯始廣其途，故商書一則曰「敷求哲人」，再則曰「旁招俊人」。伊尹、萊朱、巫咸、傅說皆以賢，非以親舊也。「立賢無方」，即是他執中之一端。

※ 艾千子

從空間上看，岐山、豐鎬，這是周朝的近畿地方；邶國、墉國、衛國，這是周朝的偏遠方國。周王剛剛打下商朝的時候，是時間上的近；周朝綿延三十代，維繫八百年的時候，是時間上的遠。這樣去揣摩其精神，才是武王「不輕侮近的，也不遺忘遠的」本意。

原文：

> 艾千子曰：岐、豐，邇也；邶、墉、衛，遠也。始克商，邇也；卜世三十，卜年八百，遠也。如此摹神，乃是武王「不泄邇，不忘遠」。

※ 張 岱

廣求遍找人才，到商湯的時候才擴大了途徑。這以後，魯國三桓（孟孫氏、叔孫氏和季孫氏），鄭國七穆（鄭穆公的後代駟氏、罕氏、國氏、良氏、印氏、游氏、豐氏），秦、齊、趙、魏之四君（戰國四公子：魏無忌、趙勝、黃歇、田文），都是因門第、血統沿襲其富貴。往下到了東晉六朝的王、謝、崔、盧等

家族，世家把持了政治、經濟利益。商湯的「選用賢能不死守規矩」，是千古以來少見的。

守衛王宮的勇士都知道愛惜刀劍，門窗上都刻上名言警句，這是「不忘近」的情狀。封建諸侯、樹立屏藩一定名正言順，為子孫打算一定籌劃妥當，這是「不忘遠」的情況。

原文：

敷求旁招，至湯始廣其途。後此，而魯三桓，鄭七穆，秦、齊、趙、魏之四君，皆以門第相沿。及東晉六朝王、謝、崔、盧輩，各據紈褲膏粱。「立賢無方」，故是千古希覯。

綴衣虎賁皆知恤刀劍，戶牖皆箴銘，此是「不泄邇」的樣子。建侯樹屏所必飾，燕翼貽謀所必預，此是「不忘遠」的樣子。

※ 周介生

《見知章》提到了伊尹、萊朱、太公望、散宜生，而沒有提到周公。《幾希章》稱讚舜、禹、商湯、周武，而沒有提到帝堯。這大概因為堯是第一個開創君主制度的人，周公是最後一位堅守為相之道的宰相。將兩章合起來看，那麼我們儒家的傳承脈絡、學術源流就完整無缺了。

原文：

周介生曰：《見知章》稱伊、朱、望、散，而不及周公。《幾希章》稱舜、禹、湯、武，而不及帝堯。蓋堯開君道之始，周公居相道之終。合兩章觀之，而道統源流始為無漏。

王迹章

　　孟子曰：「王者之跡熄而《詩》亡，《詩》亡然後《春秋》作。晉之《乘》，楚之《檮杌》，魯之《春秋》，一也。其事則齊桓、晉文，其文則史。孔子曰：『其義則丘竊取之矣。』」

＊ 譯文：

　　孟子説：「聖王採詩的事情廢止了，《詩》也就沒有了；《詩》沒有了，《春秋》就出現了。晉國的《春秋》又叫做《乘》，楚國的又叫做《檮杌》，魯國的仍叫做《春秋》，都是一樣的：所記載的事情是齊桓公、晉文公之類的事，所用的筆法是一般史書的筆法。孔子編纂《春秋》則不同，他説：『詩三百篇褒善貶惡的大義，我在《春秋》上便借用了。』」

朋友圈縱橫談

※ 張　岱

　　《詩》《書》《禮》《易》《樂》《春秋》六經，只有《禮》和《樂》處於不正統的閏位。人們從上天獲得啟示，伏羲因此製作了《周易》；從三皇更替為五帝，《尚書》自唐虞開篇；帝的地位降至王，《詩經》中《商頌》居前；王的勢力被諸侯分割，《春秋》敘史從魯隱公開始。這四部經典的流傳，都跟五德的運轉，相互伴隨、更迭，以次第揭示王者的作為。所以《詩經》和《春秋》只是體

裁不一樣，他們的功用是一樣的。有人說「義」，是統治者書寫
的「義」。孔子有王的德行，沒有王的地位，因此他偷偷地借用
王者的「義」，通過《春秋》一書，確定了春秋時期二百四十二
年間的正邪、對錯。

原文：

> 六經惟禮樂居閏位。天開於人，義始畫《易》；皇易而帝，
> 《書》首唐虞；帝降而王，《詩》首商頌；王分而伯，《春秋》始
> 乎隱。此四經之傳，皆與五德之運，代為終始，以遞明王跡者
> 也。故《詩》於《春秋》體異，而用則同。或曰「義」，乃王
> 者之「義」。孔子有德無位，故以為竊取王者之「義」，而定
> 二百四十二年之邪正是非也。

私淑章

**孟子曰：「君子之澤，五世而斬，小人之澤，五世而斬。
予未得為孔子徒也，予私淑諸人也。」**

＊ 譯文：

> 孟子說：「君子的流風餘韻，五代以後便斷絕了；小人的影
> 響，也是五代以後斷絕了。我沒有能夠做孔子的門徒，我是私
> 下向他學習來的。」

朋友圈縱橫談

※ 李鹿園

對這一章的理解一直以來都很含混，大概就跟偷取心法差不多。

原文：

李鹿園云：「此章從來混混，政與竊取心法相似。」

※ 張　岱

就好像是説：君子的影響五代以後就斷絕了，小人的影響也是五代以後斷絕了，孔子的流風餘韻到我將斷絕。我遺憾沒能被孔子教導，現在把我私下學習他的情況説出來。兩個「予」字口氣很急切，正有自誇的意思在裏頭。虞溥曾説：渴望成為驥的馬，也是驥一類的馬；仰慕顏回的人，也是顏回一類的人。孟子效法孔子，正是他的志向。我看《家語》《史記》裏的七十二賢，很少有著述流傳，但他們的名聲卻因孔子的原因流傳下來。俗話説：一登龍門，身價百倍。「世上再沒有孔夫子，我也沒法做別人的學生。」這大概是韓愈的自信吧。

原文：

猶云：君子之澤五世而斬，小人之澤亦五世而斬，孔子之澤至我將斬矣。予恨未得親炙，今將私淑而表明之也。兩個「予」字口氣極緊，正有矜之意在。虞溥有言：希驥之馬，亦驥之乘；希顏之徒，亦顏之倫。子輿之學孔子，固其志也。余觀七十二賢見於《家語》《史記》者，頗少著述，而亦以傳。語曰：「登龍門者價倍。」「世無仲尼，不當在弟子之列。」此韓昌黎之所以自任歟？

廉惠章

孟子曰：「可以取，可以無取，取傷廉；可以與，可以無與，與傷惠；可以死，可以無死，死傷勇。」

✳ 譯文：

    孟子說：「可以拿也可以不拿時，拿了對廉潔有損害；可以給也可以不給時，給了對恩惠有損害；可以死也可以不死時，死了對勇敢有損害。」

朋友圈縱橫談

※ 張　岱 _____

> 先說「可以做」，其後說「可以不做」，是孟子的斷然評論，並不是疑惑自問的詞語。
>
> 原文：
>
> 次言「可以無」者，乃斷然之見。非自疑之詞也。

廉惠章

逢蒙學射於羿，盡羿之道，思天下惟羿為愈己，於是殺

羿。孟子曰：「是亦羿有罪焉。」

公明儀曰：「宜若無罪焉。」

曰：「薄乎云爾，惡得無罪？鄭人使子濯孺子侵衛，衛使庾公之斯追之。子濯孺子曰：『今日我疾作，不可以執弓，吾死矣夫！』問其僕曰：『追我者誰也？』其僕曰：『庾公之斯也。』曰：『吾生矣。』其僕曰：『庾公之斯，衛之善射者也；夫子曰吾生，何謂也？』曰：『庾公之斯學射於尹公之他，尹公之他學射於我。夫尹公之他，端人也，其取友必端矣。』庾公之斯至，曰：『夫子何為不執弓？』曰：『今日我疾作，不可以執弓。』曰：『小人學射於尹公之他，尹公之他學射於夫子。我不忍以夫子之道反害夫子。雖然，今日之事，君事也，我不敢廢。』抽矢，扣輪，去其金，發乘矢而後反。」

＊ 譯文：

古時候，逢蒙跟羿學射箭，完全掌握了羿的技巧，他便想，天下的人只有羿超過自己，便把羿殺死了。孟子說：「這裏也有羿的罪過。」

公明儀說：「羿好像沒有什麼罪過吧。」

孟子說：「羿的罪過不大罷了，怎能說一點也沒有呢？鄭國派子濯孺子侵犯衛國，衛國便派庾公之斯來追擊他。子濯孺子說：『今天我的病發作了，拿不了弓，我活不成了。』問駕車的人：『追我的人是誰呀？』駕車的人答：『庾公之斯。』子濯孺子便說：『我有活路啦。』駕車的人說：『庾公之斯是衛國有名的射手，您反而說有活路了，這是什麼道理呢？』子濯孺子答道：『庾公之斯跟尹公之他學射，尹公之他又跟我學射。尹公之他是

個正派人，他所選擇的朋友和學生一定也正派。』庚公之斯追上了，問道：『老師為什麼不拿弓？』子濯孺子說：『今天我的病發作了，拿不了弓。』庚公之斯便說：『我跟尹公之他學射，尹公之他又跟您學射。我不忍心拿您教的技巧反過來傷害您。但是，今天的事情是國家的公事，我又不敢不辦。』於是抽出箭，向車輪敲了幾下，把箭頭敲掉，發射了四箭然後回去了。」

朋友圈縱橫談

※ 張南軒

　　假使逢蒙是夏朝的臣僚，羿篡奪了夏的政權，凡是夏的臣子都應該誅殺他，逢蒙憑藉大義討伐賊臣，雖然他曾經跟羿學習射箭，又哪裏有什麼罪呢？可是逢蒙出於私心，忌憚羿而射殺了他，這就是殺害師父的罪過。這樣來看，誰的罪多，誰的罪少，就可以判斷了。

原文：

　　張南軒曰：使逢為夏廷之臣，羿篡夏氏，凡為臣子得而誅之。蒙以義討賊，雖嘗學射，亦何罪之有？蒙以私意，忌而射之，是則為殺其師耳！以此而觀，輕重之權衡，可得而推矣。

西子章

　　孟子曰：「西子蒙不潔，則人皆掩鼻而過之；雖有惡人，齋戒沐浴，則可以祀上帝。」

　　孟子説：「即便是西施，只要身上沾染了骯髒，別人經過她的時候，也會捂着鼻子；即便是醜陋的人，只要齋戒沐浴，也可以祭祀上帝。」

朋友圈縱橫談

※ 張　岱

　　這是要破除「有些人性善，有些人性不善」的命題，文中西施、惡人都是假設。張符九説過：這一章借用極美和極醜兩種極端的人，包含了中間無數平常人。

原文：

　　此以破「有性善，有性不善」之旨，俱是設言。張符九曰：「借兩等極美極惡人，該卻中間許多人在。」

言性章

　　孟子曰：「天下之言性也，則故而已矣。故者以利為本。所惡於智者，為其鑿也。如智者若禹之行水也，則無惡於智矣。禹之行水也，行其所無事也。如智者亦行其所無事，則智亦大矣。天之高也，星辰之遠也，苟求其故，千歲之曰至，可坐而致也。」

　　孟子說：「天下討論物性、人性的，只要能推求其所以然便行了。推求其所以然，基礎在於順應自然之理。我們討厭聰明，是因為聰明容易陷於穿鑿附會。假若聰明人像禹治水那樣，聰明就不會令人厭惡了。禹治水，只是順應水勢，因勢利導，看起來像是無所作為。假設聰明人也能這樣無所作為，那就是大聰明。天極高，星辰極遠，只要能推求其所以然，一千年以後的冬至，都可以坐着推算出來。」

朋友圈縱橫談

※ 張　岱

　　這章是為天下那些談論物性、人性的人而寫的，所以頻頻提到「言性」兩個字。這樣就是對的，那樣則是錯的 —— 綱領已經明晰，那頭緒也就不紊亂了。

原文：

　　此章書為天下之言性者而發，故頻呼「言性」二字，如此則是，如此則非，綱領既明，不煩頭緒。

※ 蘇東坡

　　無所依憑稱作性，有其原因稱作故。故一定是依照自然之理形成的，世界上一定沒有不順應自然的跡象，因此說「以順應自然為本」。「本」，是本體、自身，不是從主要、末節的意思上說的。

原文：

　　蘇子瞻曰：無所待之謂性，有所因之謂故。故者必出於自然，世間斷無不利之故，故曰：「以利為本。」「本」者，本體也，非本末之謂也。

簡　章

　　公行子有子之喪，右師往弔。入門，有進而與右師言者，有就右師之位而與右師言者。孟子不與右師言，右師不悅曰：「諸君子皆與驩言，孟子獨不與驩言，是簡驩也。」

　　孟子聞之，曰：「禮，朝廷不歷位而相與言，不逾階而相揖也。我欲行禮，子敖以我為簡，不亦異乎？」

＊ 譯文：

　　公行子死了兒子，右師去弔唁。進了門，便有人走過來同他說話；坐定後，又有人靠近他的席位同他說話。孟子不同右師說話，右師不高興，說：「各位君子都同我說話，唯獨孟子不同我說話，這是對我的簡慢。」

　　孟子聽說了，便說：「按照禮節，在朝廷中，不跨過位次交談，也不越過台階作揖。我要依禮而行，子敖卻認為我簡慢了他，不是很奇怪嗎？」

※張　岱 _____

> 聖賢對待小人，必須要有一招制敵的看家拳，又有保護自己的藏身法。孟子劈頭一個「禮」字，用大道理壓制右師，讓他心裏明白孟子怠慢他卻無可奈何。誰說對待小人，做到嚴厲不難，而難在不厭惡他們呢？

原文：

> 聖賢待小人，定有看家拳，又有藏身法。劈頭一「禮」字壓倒驪，心知其簡而無如之何，誰謂嚴而不惡？

存心章

　　孟子曰：「君子所以異於人者，以其存心也。君子以仁存心，以禮存心。仁者愛人，有禮者敬人。愛人者，人恒愛之；敬人者，人恒敬之。有人於此，其待我以橫逆，則君子必自反也：我必不仁也，必無禮也，此物奚宜至哉？其自反而仁矣，自反而有禮矣，其橫逆由是也，君子必自反也，我必不忠。自反而忠矣，其橫逆由是也，君子曰：『此亦妄人也已矣。如此，則與禽獸奚擇哉？於禽獸又何難焉？』是故君子有終身之憂，無一朝之患也。乃若所憂則有之：舜，人也；我，亦人也。舜為法於天下，可傳於後世，我由未免為

鄉人也，是則可憂也。憂之如何？如舜而已矣。若夫君子所患則亡矣。非仁無為也，非禮無行也。如有一朝之患，則君子不患矣。」

＊ 譯文：

　　孟子說：「君子同一般人不同的地方，就在於居心不同。君子把仁放在心上，把禮放在心上。仁人愛別人，有禮的人恭敬別人。愛別人的人，別人常愛他；恭敬別人的人，別人常恭敬他。假使這裏有個人對君子橫蠻無理，君子一定反躬自問：我一定不仁，一定無禮，不然這種態度怎麼落到我頭上來呢？反躬自問以後，我確實仁愛，確實有禮，那人卻仍然不改橫蠻無理，君子一定又反躬自問：我一定不忠。反躬自問知道自己確實忠心耿耿，那種橫蠻無理仍然一樣，君子就會說：『這不過是個狂人罷了，他這麼樣，同禽獸有什麼區別呢？對於禽獸，我又有什麼為難呢？』所以君子有終生的憂慮，卻沒有意外的痛苦。他所有的是這樣的憂慮：舜是人，我也是人。舜呢，為天下人的模範，名聲傳於後代，我呢，仍然不免是一個普通人。這才是值得憂慮的事。憂慮了怎麼辦呢？努力像舜一樣罷了。至於別的痛苦，君子就沒有了。不是仁愛的事不幹，不合於禮的事不做。即使有意外的災難，君子也不認為是痛苦了。」

朋 友 圈 縱 橫 談

※ **馮爾賡**

　　「不同於一般人」是一個總綱，「存心」是骨幹，「反躬自問」

　　當才子遇上孟子

也就是「存心」，「終生憂患」是由於君子不停息地反躬自問。這正是君子效法聖人而不同於一般人的地方。

原文：

馮爾賡曰：「異人」是總冒，「存心」是骨子，「自反」即是「存心」，「終身憂」即是自反無歇手處。此正君子法聖人而異人處。

※ 謝象三

「禽獸何難」，這個「難」字可以做難易之「難」理解。就像舜讓鳳凰來禮拜、讓百獸起舞，可見禽獸也不是那麼難於感化的，更何況人呢！這正可以說明，存心沒有停止的地方，如果說君子對於「禽獸」一樣的人就置之不理，那就不是始終居心於仁了。

原文：

謝象三曰：「禽獸何難」，作難易之難解，如舜使鳳儀獸舞，則是禽獸亦不難化，而何況於人！正見存心無住手處，若說付之不較，則又非存心矣。

※ 張　岱

自古以來，聖人多着呢，為何只舉舜一個人做例子？正是要給那些身處艱難挫折中的人樹立一個榜樣啊。不過，舜能夠「為後人法則」，「可傳之後代」，我想要從堯舜授受帝位、傳遞道之心法說起，至於舜身處逆境而自強，則交織蘊含在其中。如果單單說他身處逆境而努力不息即為可法可傳，是沒有掌握要義。

原文：

> 千古聖人多矣，何只舉一舜？正為處橫逆者做榜樣耳。然「為法」「可傳」，吾欲從授受傳心說起，處橫逆一事，緯合其中。單舉此為法為傳，未可得也。

※ 張　岱

「憂之如何」？不要把這看成普通的一句話，而要看作心和口相商，自問自答，其自恨自悼的景象，描畫出了憂思的神貌。

舜不可「如」，不能像他一般憂思罷了，否則即便衣帽打扮跟他一模一樣，又跟舜有什麼關係？

原文：

> 「憂之如何」？不作歇後語，竟作心口相商，自恨自悼景象，絕為「憂」字描神。

> 舜不可「如」，「如」其憂思而已，不然即優孟衣冠，與舜何與？

禹稷章

禹、稷當平世，三過其門而不入，孔子賢之。顏子當亂世，居於陋巷，一簞食，一瓢飲，人不堪其憂，顏子不改其樂，孔子賢之。孟子曰：「禹、稷、顏回同道。禹思天下有溺者，由己溺之也；稷思天下有飢者，由己飢之也，是以如是其急也。禹、稷、顏子易地則皆然。今有同室之人鬥者，

救之，雖被髮纓冠而救之，可也；鄉鄰有鬥者，被髮纓冠而往救之，則惑也，雖閉戶可也。」

＊ 譯文：

　　大禹、后稷處於太平的時代，三次經過自己家門都不進去，孔子稱讚他們。顏回生活在動亂的時代，住在陋巷裏，日常飲食就是一筐飯、一瓢水，別人都受不了那種困苦，他卻能自得其樂，孔子也稱讚他。孟子説：「大禹、后稷、顏回遵從一樣的處世原則。大禹想到天下人有溺水的，就像自己溺水一樣；后稷想到天下人有捱餓的，就像自己捱餓一樣，所以他們拯救百姓才這樣急迫。大禹、后稷、顏子如果交換身份，其做法也會一樣。假如現在有同屋的人互相鬥毆，縱是披着頭髮頂着帽子，連帽帶子也不結去救他都可以。如果鄉鄰在鬥毆，你也披着頭髮不戴好帽子去救，那就是糊塗了。這種情況下你縱使把門關着都可以的。」

朋友圈縱橫談

※ 張　岱

　　這一章是為了揭示顏回隱藏的賢德，而不是表彰禹、稷的功勞。正因為他們身份不同做法一致，哪怕交換身份也是一樣，直接把維繫世風的功勞歸於顏回，使得千古而下的窮酸書生們大有顏面，推想孔夫子表彰「兩賢」的用意，應該就是為此。

原文：

　　此章為顏子闡幽，非為禹、稷敘功。惟其不易地而然，所

以易地而然，直以持世之功歸顏子，令千古窮措大生色，想夫子兩賢之意，應亦爾爾。

※ 張元岵

這一章的主旨原本是要表彰顏回人飢己飢、人溺己溺的情操，卻濃墨重彩敘述大禹、后稷。客方的意思明顯了，主角的情況自然清晰。

原文：

張元岵曰：章旨原表章顏子飢溺一節，卻重說禹、稷。客意明，則主意自透。

※ 張　岱

「關起門」有大作用，所謂聖人之德是能夠韜晦。這正是君子拯救世人的一個前提，孟子拿來講他自己。

蘇東坡喜歡收集藥物和釀酒，他說：「生病的人吃上藥，我也感覺身體跟他一樣鬆快起來；好飲的人沉醉在酒中，我也感覺跟他一樣酣暢舒服。這樣做都不是為了別人，而是為了自己。」對別人的飢餓、溺水感同身受，正是這個意思。

原文：

「閉戶」有大作用在，所謂龍德而潛也；政是救世處，孟子取以自況也。

東坡喜蓄藥釀酒，云：「病者得藥，吾為之體輕；飲者困於酒，吾為之酣適。全非為人，政以自為。」飢溺由己，政是此意。

責善章

公都子曰：「匡章，通國皆稱不孝焉，夫子與之遊，又從而禮貌之，敢問何也？」

孟子曰：「世俗所謂不孝者五：惰其四支，不顧父母之養，一不孝也；博弈好飲酒，不顧父母之養，二不孝也；好貨財，私妻子，不顧父母之養，三不孝也；從耳目之欲，以為父母戮，四不孝也；好勇鬥狠，以危父母，五不孝也。章子有一於是乎？夫章子，子父責善而不相遇也。責善，朋友之道也；父子責善，賊恩之大者。夫章子，豈不欲有夫妻子母之屬哉？為得罪於父，不得近，出妻屏子，終身不養焉。其設心以為不若是，是則罪之大者，是則章子已矣。」

＊ 譯文：

公都子說：「匡章這個人，全國都說他不孝，您卻同他來往，而且相當敬重他，請問這是為什麼呢？」

孟子說：「一般所謂不孝的事情有五件：四肢懶惰，不管父母的生活，一不孝；好下棋喝酒，不管父母的生活，二不孝；好錢財，偏愛妻室兒女，不管父母的生活，三不孝；放縱聲色欲望，使父母因此受恥辱，四不孝；逞勇好鬥，危及父母，五不孝。章子在這五項之中有一項嗎？章子不過是父子之間以善相責，而不能好好相處罷了。以善相責，這是朋友相處之道；父子之間以善相責，是最傷感情的。章子難道不想夫妻母子團

聚嗎？就因為得罪了父親，不能和他親近，因此把自己的妻子、兒女也趕走，終身不要他們侍奉。他心想如果不這樣做，那罪過就更大了，這就是章子（匡章）呀。」

朋友圈縱橫談

※ 張　岱

孟子對於匡章只根據「其設心」三個字，就認同他。他曾給陳仲子定罪：「躲開兄長，離棄母親。」他推究匡章的本意，說他：「考慮到自己沒有侍奉父親，不配享有親情，就趕走妻子、兒女。」這可以說是孟子的判決書。

原文：

孟子於匡章只是「其設心」三個字，所以取之。定陳仲子罪曰：「辟兄離母。」原匡章之心曰：「出妻屏子。」是孟子之刑書。

※ 張　岱

章子的父親要殺章子的母親，章子極力勸阻，他父親發怒而把他趕出了家門。章子在外居住，也趕走妻子、兒女，即便他父親過世後，也至死不見妻兒。原因大概不只是為了向父親謝罪，也是向他的母親謝罪——他認為母親的死，自己未能救助。章子不欺騙已死的父親，又怎麼會欺騙在世的君主？戰國時就有人為章子鳴冤叫屈。孟子在這裏沒有明白說出此意，不知是什麼緣故？

章子的父親因為隱私之事殺掉章子之母，並將章子逐出家門，外人都不知道底細，只知道章子被父親驅逐，就傳出了不孝

順的名聲。章子甘願接受這樣的污名，而為他的父親掩飾錯誤，這是他的孝順處。孟子只辯駁了對章子不孝的誹謗，卻不揭發其中的隱情，這也是聖賢君子憐惜他的孝心啊。

原文：

　　章子之父殺章子之母，章子強諫，父怒而逐之。章子外居，出妻屏子，雖父死，終身不復見。蓋非止謝其父，乃以謝其母；謂其母死而己不得救也。不欺死父，豈欺生君？戰國時有為章子訟冤者。孟夫子之不明言，不知何故？

　　章子之父以隱事殺其母，並逐其子，外人皆不之知，故匡章因父所逐，遂傳此不孝之名。章子甘受其名，而為父隱過，總是其孝處。孟子止辯其不孝，而不發其隱，亦聖賢錫類之孝也。

武城章

　　曾子居武城，有越寇。或曰：「寇至，盍去諸？」曰：「無寓人於我室，毀傷其薪木。」寇退，則曰：「修我牆屋，我將反。」寇退，曾子反。左右曰：「待先生如此其忠且敬也，寇至，則先去以為民望；寇退，則反，殆於不可？」沈猶行曰：「是非汝所知也。昔沈猶有負芻之禍，從先生者七十人，未有與焉。」

　　子思居於衛，有齊寇。或曰：「寇至，盍去諸？」子思曰：「如伋去，君誰與守？」

孟子曰：「曾子、子思同道。曾子，師也，父兄也；子思，臣也，微也。曾子、子思易地則皆然。」

✳ **譯文：**

　　曾子住在武城，越國軍隊來犯。有人便說：「敵寇要來了，何不離開呢？」曾子離開時說：「不要讓別人住在我這裏，毀壞那些樹木。」敵人退了，曾子說：「把我的牆屋修理一下吧，我要回來了。」敵人退走了，曾子也回來了。旁邊的人說：「武城的人們對待您是這樣忠誠恭敬，敵人來了，您便早早地離開，給百姓做了個壞榜樣；敵人退了，馬上回來，恐怕不可以吧？」沈猶行說：「這個不是你們能懂的。從前先生住在我那裏，有個名叫負芻的作亂，跟隨先生的七十個人也都早早走開了，沒有參加抵抗。」

　　子思住在衛國，齊國軍隊來犯。有人說：「敵人來了，何不離開呢？」子思說：「假若我也離開了，君主同誰來守城呢？」

　　孟子說：「曾子、子思兩人秉承的原則是相同的。曾子當時是老師，是前輩，所以應該離開；子思當時是臣子，是小官，所以必須留下。曾子、子思如果對換地位，他們也會像對方一樣行動的。」

朋 友 圈 縱 橫 談

✳ **張侗初**

　　顏回未嘗沒有過胼手胝足地勞作，禹、稷未嘗沒有過簞食瓢飲。武城自有保衛城池的功臣，衛國也自有能夠洞察先機的高人。原來聖賢們是隨時靈活應對，處處都通達無礙的，我由此開

了眼界，才知道書裏頭的那些古人都是擅長變通的。

原文：

　　張侗初曰：顏子未嘗不胼胝，禹、稷未嘗不簞瓢。武城亦有捍禦之勞臣，衛國亦有先幾之高士。隨時圓轉，到處靈通，開此眼界，方知書冊上古人都是活局。

儲子章

儲子曰：「王使人瞷夫子，果有以異於人乎？」

孟子曰：「何以異於人哉？堯舜與人同耳。」

* **譯文：**

　　儲子說：「大王打發人來窺探您，您真有跟別人不同的地方嗎？」

　　孟子說：「我有什麼跟別人不同的地方呢？堯舜也和一般人一模一樣呢。」

朋友圈縱橫談

※ 張　岱

　　孟子這話不單單表白自己跟別人沒有不同，言下仍然想要打動齊王，勉勵他做堯舜一樣的君主，以證實自己「堯舜就在眼

原文：

　　不只證己之無異，仍是打動齊王為堯舜，以實己堯舜陳前之意。泛說便無義味。

齊人章

　　齊人有一妻一妾而處室者，其良人出，則必饜酒肉而後反。其妻問所與飲食者，則盡富貴也。其妻告其妾曰：「良人出，則必饜酒肉而後反；問其與飲食者，盡富貴也，而未嘗有顯者來，吾將瞷良人之所之也。」

　　蚤起，施從良人之所之，遍國中無與立談者。卒之東郭墦間之祭者，乞其餘；不足，又顧而之他——此其為饜足之道也。

　　其妻歸，告其妾，曰：「良人者，所仰望而終身也，今若此——」與其妾訕其良人，而相泣於中庭，而良人未之知也，施施從外來，驕其妻妾。

　　由君子觀之，則人之所以求富貴利達者，其妻妾不羞也，而不相泣者，幾希矣。

　　齊國有一個人，家裏有一妻一妾。那丈夫每次外出，一定
吃飽喝醉才回家。他妻子問他一道吃喝的是些什麼人，據他說
來，全都是一些有錢有勢的人。他妻子便告訴他的妾說：「我們
的丈夫外出，總是吃飽喝醉才回來；問他同些什麼人吃喝，他
說全都是些富人權貴。但是，我從來沒見過有什麼顯貴人物到
我們家裏來，我準備偷偷地看看他究竟到哪裏去了。」

　　第二天清早起來，妻子便尾隨在丈夫後面走，走遍城中，
沒有一個人站住同她丈夫說話的。最後一直走到東郊外的墓
地，見他走近祭掃墳墓的人，討些殘菜剩飯；不夠，他又東張
西望地跑到別處去乞討了——這便是他吃飽喝足的辦法。

　　他妻子回到家裏，便把這情況告訴他的妾，說：「丈夫是我
們仰望而終身倚靠的人，現在他竟是這樣的！」妻就跟妾一起
為丈夫感到羞恥，在院子裏相對哭泣。而丈夫還不知道，得意
洋洋地從外面回來，向兩個女人擺架子。

　　在君子看來，有些人用來求富貴顯達的辦法，能使妻妾不
感到羞恥而相對哭泣的，實在太少了。

朋友圈縱橫談

※ 韓求仲

　　妻妾一定會感到羞恥而哭泣，都是君子揣測出來的情形，想
象中是這樣罷了，所以這節的「由君子看來」，統領全文。

原文：

　　韓求仲曰：妻妾之必羞必泣，總是君子看他情狀，想當然

耳，故此節「由君子觀之」一句，直貫到底。

※ 南嶽師

　　世間富貴發達的人，同樣會成為東陵的枯骨，僅剩下享用過的貢品，留給來墓地的人。現在的追求富貴者讓人為他感到羞恥而哭泣，那麼過去和未來的追求者也都讓人為他感到羞恥而哭泣。

原文：

　　南嶽師曰：富貴利達，難保不作東陵之骨，只存其所嗜之餘，以待來墻間者。現在之求可泣，已往、未來皆可泣。

萬章上

怨慕章

萬章問曰：「舜往於田，號泣於旻天，何為其號泣也？」

孟子曰：「怨慕也。」

萬章曰：「『父母愛之，喜而不忘；父母惡之，勞而不怨。』然則舜怨乎？」

曰：「長息問於公明高曰：『舜往於田，則吾既得聞命矣；號泣於旻天，於父母，則吾不知也。』公明高曰：『是非爾所知也。』夫公明高以孝子之心，為不若是恝，我竭力耕田，共為子職而已矣，父母之不我愛，於我何哉？帝使其子九男二女，百官牛羊倉廩備，以事舜於畎畝之中，天下之士多就之者，帝將胥天下而遷之焉。為不順於父母，如窮人無所歸。天下之士悅之，人之所欲也，而不足以解憂；好色，人之所欲，妻帝之二女，而不足以解憂；富，人之所欲，富有天下，而不足以解憂；貴，人之所欲，貴為天子，而不足以解憂。人悅之、好色、富貴，無足以解憂者，惟順於父母可以解憂。人少，則慕父母；知好色，則慕少艾；有妻子，則慕妻子；仕則慕君，不得於君則熱中。大孝終身慕父母。五十而慕者，予於大舜見之矣。」

＊ 譯文：

　　萬章問孟子：「舜到田野裏去，向着天空嚎哭，他為什麼要這樣？」

　　孟子答道：「因為他對父母既埋怨又懷戀。」

　　萬章說：「曾子說過：『如果父母喜愛，雖然高興，卻不因此而懈怠；如果父母厭惡，雖然憂愁，卻不因此而怨恨。』那麼，舜怨恨父母嗎？」

　　孟子說：「從前長息曾經問過公明高，他說：『舜到田野裏去，這我懂得了；他向天嚎哭，哭訴父母的不是，這我就不懂是為什麼。』公明高說：『這不是你所能懂得的。』在公明高看來，孝子的心是不能像這樣漫不經心的。我盡力耕田，努力盡到做兒子的職責罷了；父母不喜愛我，我有什麼辦法？帝堯打發他的孩子九男二女跟百官一起帶着牛羊、糧食等東西到田野中去為舜服務；天下的士人也有很多到舜那裏去，堯準備把整個天下都讓給舜。舜卻只因為沒有得到父母的喜愛，便好像走投無路的人找不着依靠一般。天下的士人喜愛他，這是誰都盼望的，卻不足以消除憂愁；美麗的姑娘，這是誰都愛好的，他娶了堯的兩個女兒，卻不足以消除憂愁；財富，這是誰都希望獲得的，富而至於佔有天下，卻不足以消除憂愁；尊貴，這是誰都希望獲得的，尊貴而至於做了君主，卻不足以消除憂愁。大家的喜愛、美麗的姑娘、財富和尊貴都不足以消除憂愁，只有得着父母的歡心才可以消除憂愁。人在幼小的時候，就懷戀父母；懂得喜歡女子，便愛慕年輕漂亮的姑娘；有了妻子，便迷戀妻室；做了官，便敬慕君主，不得君主的歡心便內心焦急不安；只有最孝順的人才終身懷戀父母。到了五十歲還懷戀父母，我在偉大的舜身上見到了。」

> 這段通篇強調「怨慕」兩個字，要知道只「敬慕」君主的人，原本心中沒有君主，說到底他只是為了妻子、美女罷了。尋找忠臣一定要到有孝子的家庭去找，哪會有不懷戀父母而能敬慕君主的人呢？

原文：

> 通章只重「怨慕」二字，須知慕君之人，原不知有君，到底只為妻子少艾耳。求忠臣必於孝子之門，豈有不能慕父母而能慕君者乎？

妻舜章

萬章問曰：「《詩》云：『娶妻如之何？必告父母。』信斯言也，宜莫如舜。舜之不告而娶，何也？」

孟子曰：「告則不得娶。男女居室，人之大倫也。如告，則廢人之大倫以懟父母，是以不告也。」

萬章曰：「舜之不告而娶，則吾既得聞命矣；帝之妻舜而不告，何也？」

曰：「帝亦知告焉則不得妻也。」

萬章曰：「父母使舜完廩，捐階，瞽瞍焚廩。使浚井，出，從而掩之。象曰：『謨蓋都君咸我績，牛羊，父母，倉

廩，父母，干戈，朕，琴，朕，弤，朕，二嫂使治朕棲。』象往入舜宮，舜在床琴。象曰：『鬱陶思君爾。』忸怩。舜曰：『惟茲臣庶，汝其於予治。』不識舜不知象之將殺己與？」

曰：「奚而不知也？象憂亦憂，象喜亦喜。」

曰：「然則舜偽喜者與？」

曰：「否。昔者有饋生魚於鄭子產，子產使校人畜之池。校人烹之，反命曰：『始捨之，圉圉焉；少則洋洋焉；攸然而逝。』子產曰：『得其所哉！得其所哉！』校人出，曰：『孰謂子產智？予既烹而食之，曰，得其所哉，得其所哉。』故君子可欺以其方，難罔以非其道。彼以愛兄之道來，故誠信而喜之，奚偽焉？」

　　萬章問孟子：「《詩經》説過：『娶妻該怎麼辦？一定要先稟告父母。』信從這話的，應該沒有人比得上舜。但舜卻事先不向父母稟告就娶了妻，這是什麼道理呢？」

　　孟子答道：「舜如果先稟告，便娶不成。男女結婚，是人與人之間重要的倫常。如果舜事先稟告父母，那麼，這一重要的倫常在舜身上便會被廢棄了，結果便將怨恨父母。所以他便不稟告了。」

　　萬章説：「舜不稟告父母而娶妻，我懂得其中的道理；堯把女兒嫁給舜，也不向舜的父母説一聲，又是什麼道理呢？」

　　孟子説：「堯也知道，假若事先説明，便會嫁不成。」

　　萬章問道：「舜的父母打發舜去修繕穀倉，等舜上了屋頂，便抽去梯子，他父親瞽瞍還放火焚燒穀倉。他們又打發舜去淘

井，不知道舜從旁邊的洞穴逃出來了，便用土填塞井眼。舜的兄弟象説：『謀害舜都是我的功勞，牛羊分給父母，倉廩分給父母，干戈歸我，琴歸我，弤弓歸我，兩位嫂嫂要替我鋪床疊被。』象便向舜的住房走去，舜卻坐在床邊彈琴，象説：『哎呀！我好想念您呀！』臉上有慚愧之色。舜説：『我想念着這些臣下和百姓，你替我管理管理吧！』不知舜是否清楚象要殺他？」

孟子答道：「怎麼不清楚呢？象憂愁，他也憂愁；象高興，他也高興。」

萬章説：「那麼，舜的高興是假裝的嗎？」

孟子説：「不是。從前有一個人送了條活魚給鄭國的子產，子產叫主管池塘的人養起來，那人卻煮着吃了，回報説：『剛放在池塘裏，牠還要死不活的；過了一會兒，搖擺着尾巴活動起來了，突然間遠遠地不知去向。』子產説：『牠找到了自己的地方呀！找到了自己的地方呀！』那人出來了，説：『誰説子產聰明，我已經把那條魚煮着吃了，他還説：「牠找到了自己的地方呀，找到了自己的地方呀！」』所以對於君子，可以用合乎人情的方法來欺騙他，不能用違反道理的詭詐欺罔他。象既然假裝着敬愛兄長的樣子來，舜因此真誠地相信而高興起來，怎麼是假裝的呢？」

朋友圈縱橫談

※ 張　岱

因為有堯做主，故而舜能夠不稟告父母就娶妻，因為君父是一樣的。後世曾有哪個帝王之家，選中了駙馬，而一定先獲得其父母同意然後再嫁公主的嗎？舜在當時只是一個喪妻的草民罷

了，不需要把事情講得太離奇。

有一種說法是：讓舜去修倉庫的是父母二人，點火燒倉庫時卻只有瞽叟，舜才得以幸免，沒被燒成倉庫頂上的灰燼；讓舜淘井時，瞽叟等到他已經出來，之後才掩土埋井，因為這樣舜才沒有做了井中的泥。這個時候，瞽叟只是迫於後妻的言語壓力，但他跟舜的父子天然的情誼沒有斷絕，所以之後才會有瞽叟變得高興的事。後來閔子騫勸諫父親勿休後妻的話 ──「母在一子寒，母去三子單」，也看到了這一點。

萬章一章的諸多問題，應該跟《桃應章》參照着讀，由於舜能夠協和民眾，堯才看中他，將兩個女兒嫁給他。修倉庫，淘水井，與父母結怨，無疑是子虛烏有的事。

原文：

有堯為主，然後舜可以不告，蓋君父一體也。後世曾見有帝王之家，選中駙馬，必請父母之命，然後來尚宮主乎？舜在當時亦有鰥之匹夫耳，不必太說得奇異。

一說「使舜完廩」者父與母，而焚廩時止一瞽叟，舜所以免為廩上之灰。使浚井，瞽叟迫其既出，然後從而掩之，舜所以免為井中之泥。此時瞽叟亦只壓於後妻之言，而父子天性尚未絕也，故隨即有厎豫之事。後來閔子「一子寒，三子單」之語，亦窺見到此。

萬章諸問，政須與《桃應章》參看，舜以克諧烝乂，而有厘降之事。完廩、浚井，為子虛烏有無疑。

※ 徐自溟

那魚不是在水裏生存，而是在子產的心裏悠游，可見君子的仁愛，不會因為世情的詭詐而窘迫。

原文：

徐自溟曰：魚不生於水，而生於子產之心，可見君子之仁，不為世情所窮。

封象章

萬章問曰：「象日以殺舜為事，立為天子則放之，何也？」

孟子曰：「封之也；或曰，放焉。」

萬章曰：「舜流共工於幽州，放驩兜於崇山，殺三苗於三危，殛鯀於羽山，四罪而天下咸服，誅不仁也。象至不仁，封之有庳。有庳之人奚罪焉？仁人固如是乎 —— 在他人則誅之，在弟則封之？」

曰：「仁人之於弟也，不藏怒焉，不宿怨焉，親愛之而已矣。親之，欲其貴也；愛之，欲其富也。封之有庳，富貴之也。身為天子，弟為匹夫，可謂親愛之乎？」

「敢問或曰放者，何謂也？」

曰：「象不得有為於其國，天子使吏治其國而納其貢稅焉，故謂之放。豈得暴彼民哉？雖然，欲常常而見之，故源源而來，『不及貢，以政接於有庳』。此之謂也。」

✻ 譯文：

萬章問道：「象每天把謀殺舜作為一件大事，舜做了天子後

卻只是流放他，為什麼？」

孟子答道：「其實舜是封象為諸侯，不過有人說成流放他罷了。」

萬章說：「舜把共工流放到幽州，把驩兜發配到崇山，把三苗之君驅逐到三危，把鯀充軍到羽山，懲處了這四個大罪犯，天下便都歸服了，這是因為他討伐了不仁的人的緣故。象是最不仁的人，卻把有庳之國封給他。有庳國的百姓有什麼罪過？對別人，就加以懲處；對弟弟，就封以國土，難道仁人的做法竟是這樣前後不一嗎？」

孟子說：「仁人對於弟弟，有所憤怒，不藏於心中；有所怨恨，不留在胸內，只是親他愛他罷了。親他，便想使他貴；愛他，便想使他富。把有庳國土封給他，正是使他又富又貴。如果本人做了天子，弟弟卻只是一個平頭百姓，能說是親他愛他嗎？」

萬章說：「請問，為什麼有人說是流放呢？」

孟子說：「象不能在他的國土上為所欲為，天子派遣了官吏來給他治理國家，繳納貢稅，所以有人說是流放。象難道能夠殘害他的百姓嗎？縱是如此，舜還是想常常看到象，象也不斷地來和舜相見。『不必等到規定的朝貢時間，平常也借政治上的需要來接待有庳』，說的就是這件事。」

朋 友 圈 縱 橫 談

※ 王弇州

舜誅殺四兇而封象，什麼理由？有人說：「四大罪人是得罪了天下人民，象不過是得罪了舜自己。得罪了天下人，即便是親

弟弟也不能寬赦；得罪了自己，即便是很疏遠的人也不能誅殺，何況是親弟弟呢！」要是以為聖人也跟普通老百姓一樣會跟弟弟產生嫌隙，荒謬呀。

原文：

王弇州曰：舜之誅四兇而封象也，何居？曰：「四兇得罪於天下也，象不過得罪於己也。得罪於天下，雖弟無赦也；得罪於己，雖疏無誅也，況親如弟乎？」謂聖人而修匹夫之各於弟，非也。

※ 王陽明

只要説舜的心裏不存一點怨怒，前後的意思自然順暢，何必説什麼舜對弟弟生起怨恨，但他不會保持超過一宿？

原文：

王陽明曰：只說不留一點怨怒於胸中，語意自融，何消說怨怒在弟，而己不藏宿？

※ 張　岱

天子派遣官吏治理封國，正顯出舜親愛弟弟之處。如果象殘暴、跋扈地對待人民，法律一定不會寬容他，最終又怎麼能保持他的富貴呢？由此知道，周公處置蔡叔、管叔的措施，還是比不上舜帝處置象。

象接連不斷地來見舜，可見舜對待弟弟跟對待四嶽、十二牧不一樣，更何況是四兇。我大明朝封建諸王，只讓他們享用封地的俸祿，而不能管理人民，這讓他們的美名、爵位可以一代代長

久地傳下去。這正是漢朝馬皇后妥善地保存家族榮華的辦法。我
大明朝對待元勳和貴戚，也都是採用這樣的辦法。

原文：

　　天子使吏治其國，政是親愛吾弟處。暴民跋扈，法必難
容，富貴安能終保？故知周公之處管、蔡，終不如大舜之處
傲象。

　　源源而見，則舜之待弟且不與四嶽十二牧同例，何況四
兇。我明之封建，止食俸祿，而不受民社，使帶礪勳名，世世可
久。此政漢馬后之所以善保其世族也。我朝之待元勳戚畹，俱用
此法。

盛德章

　　咸丘蒙問曰：「語云：『盛德之士，君不得而臣，父不得
而子。』舜南面而立，堯帥諸侯北面而朝之，瞽瞍亦北面而
朝之。舜見瞽瞍，其容有蹙。孔子曰：『於斯時也，天下殆
哉，岌岌乎！』不識此語誠然乎哉？」

　　孟子曰：「否。此非君子之言，齊東野人之語也。堯老
而舜攝也。《堯典》曰：『二十有八載，放勳乃徂落，百姓如
喪考妣，三年，四海遏密八音。』孔子曰：『天無二日，民
無二王。』舜既為天子矣，又帥天下諸侯以為堯三年喪，是
二天子矣。」

咸丘蒙曰：「舜之不臣堯，則吾既得聞命矣。《詩》云：『普天之下，莫非王土；率土之濱，莫非王臣。』而舜既為天子矣，敢問瞽瞍之非臣，如何？」

曰：「是詩也，非是之謂也，勞於王事而不得養父母也。曰：『此莫非王事，我獨賢勞也。』故說詩者，不以文害辭，不以辭害志。以意逆志，是為得之。如以辭而已矣，《雲漢》之詩曰：『周餘黎民，靡有孑遺。』信斯言也，是周無遺民也。孝子之至，莫大乎尊親；尊親之至，莫大乎以天下養。為天子父，尊之至也；以天下養，養之至也。《詩》曰：『永言孝思，孝思維則。』此之謂也。《書》曰：『祗載見瞽瞍，夔夔齊慄，瞽瞍亦允若。』是為父不得而子也？」

* 譯文：

咸丘蒙問孟子：「俗話說：『道德最高的人，君主不能以他為臣，父親不能以他為子。』舜做了天子，堯便率領諸侯面向北去朝他，他父親瞽瞍也面向北去朝他。舜見到瞽瞍，面有不安之色。孔子說：『在這個時候，天下岌岌可危呀！』不曉得這話是真的嗎？」

孟子答道：「不是。這不是君子的言語，而是齊東野人的話。堯年老時，叫舜代理天子之職罷了。《堯典》上說：『二十八年以後，堯死了，群臣好像死了父母一樣，服喪三年，老百姓也停止一切音樂。』孔子說過：『天上沒有兩個太陽，人間沒有兩個天子。』假若舜真在堯死以前做了天子，同時又率領天下的諸侯為堯服喪三年，這便是同時有兩個天子了。」

咸丘蒙說：「舜不以堯為臣，我懂得您的教誨了。《詩經》

説：『遍天下沒有一塊土地不是天子的，從陸地到大海，沒有一個人不是天子的臣民。』舜既做了天子，瞽叟卻不是臣民，又是什麼道理呢？」

孟子説：「《北山》這首詩，不是你所説的那意思，而是説作者本人勤勞國事以致不能夠奉養父母。他説：『這些事沒有一件不是王的事呀，為什麼獨我一人勞苦呢？』所以解説詩的人，不要拘於文字而誤解詞句，也不要拘泥於詞句而誤解原意。用自己切身的體會去推測作者的本意，這就對了。假如拘泥於詞句，《雲漢》詩裏説：『周朝剩餘的百姓，沒有一個存留。』假如相信這話，那麼周朝是沒有存留一個人了。孝子孝的極致，沒有超過尊敬他的雙親的；尊敬雙親的極致，沒有超過拿天下來奉養父母的。瞽叟身為天子的父親，可説是尊貴到極點了；舜用天下來奉養他，可説是奉養的頂點了。《詩經》又説：『永遠保持孝心，孝心是天下的準則。』正是這個意思。《尚書》又説：『舜恭敬小心地來見瞽叟，態度謹慎恐懼，瞽叟也因之真正順理而行了。』這難道是『父親不能以他為子』嗎？」

朋友圈縱橫談

※ 方孟旋

咸蒙丘引用的「語云」云云，沒有依據。孟子引用《堯典》，又引用《詩經》《尚書》的話作為佐證，大概是説凡是《詩經》《尚書》上沒有記載的話，都可以斥為齊東野人的瞎説。

原文：

> 方孟旋曰：蒙「語云」無據。孟子引《堯典》，又引《詩》

《書》之語以為證，蓋謂語不載於《詩》《書》者，皆可以齊東野人斥之。

天與章

萬章曰：「堯以天下與舜，有諸？」

孟子曰：「否。天子不能以天下與人。」

「然則舜有天下也，孰與之？」

曰：「天與之。」

「天與之者，諄諄然命之乎？」

曰：「否。天不言，以行與事示之而已矣。」

曰：「以行與事示之者，如之何？」

曰：「天子能薦人於天，不能使天與之天下；諸侯能薦人於天子，不能使天子與之諸侯；大夫能薦人於諸侯，不能使諸侯與之大夫。昔者，堯薦舜於天，而天受之；暴之於民，而民受之。故曰，天不言，以行與事示之而已矣。」

曰：「敢問薦之於天，而天受之；暴之於民，而民受之，如何？」

曰：「使之主祭，而百神享之，是天受之；使之主事，而事治，百姓安之，是民受之也。天與之，人與之，故曰，天子不能以天下與人。舜相堯二十有八載，非人之所能為也，天也。堯崩，三年之喪畢，舜避堯之子於南河之南，天

下諸侯朝覲者，不之堯之子而之舜；訟獄者，不之堯之子而之舜；謳歌者，不謳歌堯之子而謳歌舜，故曰天也。夫然後之中國，踐天子位焉。而居堯之宮，逼堯之子，是篡也，非天與也。《太誓》曰：『天視自我民視，天聽自我民聽。』此之謂也。」

❋ 譯文：

　　萬章問道：「堯拿天下授與舜，有這麼回事嗎？」

　　孟子答道：「不對，天子不能夠拿天下授與人。」

　　萬章又問：「那麼舜得到天下，是誰授與的呢？」

　　答：「上天授與的。」

　　又問：「上天授與時，反覆叮嚀告誡他了嗎？」

　　答：「不是。上天不說話，通過行為和政事顯示罷了。」

　　又問：「通過行為和政事顯示，是怎樣的呢？」

　　答：「天子能夠向上天推薦人，卻不能強迫上天把天下給與他；正如諸侯能夠向天子推薦人，卻不能強迫天子把諸侯的職位給與他；大夫能夠向諸侯推薦人，卻不能強迫諸侯把大夫的職位給與他。從前，堯將舜推薦給上天，上天接受了；又把舜公開介紹給百姓，百姓也接受了；所以說，上天不說話，通過行為和政事顯示罷了。」

　　又問：「堯把舜推薦給上天，上天接受了；堯把舜公開介紹給百姓，百姓也接受了，具體情形是怎樣的呢？」

　　答：「堯叫他主持祭祀，所有神明都來享用，這便是上天接受了；叫他主持政事，事情做得很好，百姓很滿意他，這便是百姓接受了。上天授與他，百姓授與他，所以說，天子不能夠

拿天下授與人。舜幫助堯治理天下，一共二十八年，這不是某一人所能決定的，而是天意。堯死了，三年服喪期限結束，舜為了讓堯的兒子能夠繼承天下，自己逃避到南河的南邊去。可是，天下諸侯朝見天子的，不到堯的兒子那裏，卻到舜那裏；打官司的，也不到堯的兒子那裏，卻到舜那裏；歌頌的人，也不歌頌堯的兒子，卻歌頌舜。所以說，這是天意。這樣，舜才回到首都，繼承了天子的職位。如果自己居住於堯的宮室，逼迫堯的兒子讓位給自己，這是篡奪，而不是天授了。《太誓》說過：『上天用百姓的眼睛來看，上天用百姓的耳朵來聽。』正是這個意思。」

朋友圈縱橫談

※ 顧涇陽

　　堯把天下授予舜，這件事記載在《典謨》，哪裏還需要問？孟子反覆教導，拈出一個「天」字，不單單增添了燕國子噲之類篡奪權位的人的笑料，也可以打消後世那些有心問鼎天下的奸雄們很多癡心妄想。

原文：

　　顧涇陽曰：堯以天下與舜，此事載之《典謨》，何須更問？孟子諄諄出一「天」字，不特為子噲輩徒增笑資，即後世一切奸雄萌問鼎之志者，亦可消他許多癡夢。

傳子章

萬章問曰：「人有言：『至於禹而德衰，不傳於賢，而傳於子。』有諸？」

孟子曰：「否，不然也。天與賢，則與賢；天與子，則與子。昔者，舜薦禹於天，十有七年，舜崩，三年之喪畢，禹避舜之子於陽城，天下之民從之，若堯崩之後不從堯之子而從舜也。禹薦益於天，七年，禹崩，三年之喪畢，益避禹之子於箕山之陰。朝覲訟獄者不之益而之啟，曰：『吾君之子也。』謳歌者不謳歌益而謳歌啟，曰：『吾君之子也。』丹朱之不肖，舜之子亦不肖。舜之相堯、禹之相舜也，歷年多，施澤於民久。啟賢，能敬承繼禹之道。益之相禹也，歷年少，施澤於民未久。舜、禹、益相去久遠，其子之賢不肖，皆天也，非人之所能為也。莫之為而為者，天也；莫之致而至者，命也。匹夫而有天下者，德必若舜禹，而又有天子薦之者，故仲尼不有天下。繼世以有天下，天之所廢，必若桀紂者也，故益、伊尹、周公不有天下。伊尹相湯以王於天下，湯崩，太丁未立，外丙二年，仲壬四年，太甲顛覆湯之典刑，伊尹放之於桐，三年，太甲悔過，自怨自艾，於桐處仁遷義，三年，以聽伊尹之訓己也，復歸於亳。周公之不有天下，猶益之於夏、伊尹之於殷也。孔子曰：『唐虞禪，夏後殷周繼，其義一也。』」

　　萬章問孟子：「有人説：『到禹的時候道德就衰微了，天下不傳給賢聖，卻傳給自己的兒子。』有這樣的事嗎？」

　　孟子回答：「不，不是這樣的。上天要把天下授與賢聖，便授與賢聖；上天要把天下授與君主的兒子，便授與君主的兒子。從前，舜把禹推薦給上天，十七年之後，舜死了，三年服喪完畢，禹為了讓位給舜的兒子，自己躲避到陽城去。可是，天下百姓追隨禹，正好像堯死了以後不追隨堯的兒子卻追隨舜一樣。禹把益推薦給上天，七年之後，禹死了，三年服喪完畢，益又為着讓位給禹的兒子，自己躲避到箕山北面去。當時朝見天子的人，打官司的人都不去益那裏，而去啟那裏，説：『他是我們君主的兒子呀。』歌頌的人也不歌頌益，而歌頌啟，説：『他是我們君主的兒子呀。』堯的兒子丹朱不好，舜的兒子也不好。而且，舜輔佐堯，禹輔佐舜，歷時多年，對百姓施與恩澤的時間長。啟很賢明，能夠認真地繼承禹的傳統。益輔佐禹，歷時較短，對百姓施與恩澤的時間短。舜、禹、益之間相距時間的長短，以及他們兒子的好壞，都是天意，不是人力所能做到的。沒有人叫他們這樣做，而竟這樣做了的，便是天意；沒有人去爭取，而竟得到了，便是命運。以一個老百姓而得到天下的，他的道德必然要像舜和禹一樣，而且還要有天子推薦他，所以孔子沒有天子的推薦，便不能得到天下。世代相傳而得到天下，上天卻要廢棄的，一定要像夏桀商紂那樣殘暴無德，所以益、伊尹、周公所逢的君主不像桀紂，便不能得到天下。伊尹輔佐湯統一了天下，湯死了，太丁未立就死了，外丙在位二年，仲壬在位四年，到太丁的兒子太甲在位，破壞了湯的法度，伊尹便流放他到桐邑，三年後，太甲悔過，自己怨恨，自己改悔，在桐邑便能夠以仁居心，唯義是從，三年之

後，完全聽從伊尹的教訓了，然後又回到亳都做天子。周公不能得到天下，正好像益在夏朝、伊尹在殷朝一樣。孔子說過：『唐堯虞舜以天下讓賢，夏商周三代卻世世代代傳於子孫，道理是一樣的。』」

朋友圈縱橫談

※ 韓　愈

堯舜把天子之位傳給賢人，是希望天下人民各得其所；大禹把天子之位傳給兒子，是因為憂慮後世因為爭奪王位產生動亂。堯舜給予民眾的利益大呀，禹為人民考慮得真深！與其把天子之位傳給不合適的人而導致爭鬥、動亂，還不如傳給兒子。即便他不夠賢能，但還會遵循父輩設立的法度。

原文：

韓退之曰：堯舜之傳賢也，欲天下之得所也；禹之傳子也，憂後世爭之之亂也。堯舜之利民也大，禹之慮民也深。與其傳不得人而爭且亂，孰若傳之子！雖不得賢，猶可守法。

※ 薛方山

堯、舜禪讓天下給賢人，這是他們愛護子孫的方式；商湯、周武王放逐暴君、討伐不義，這是他們為了天下人民而奮不顧身。後世有人把祖宗辛苦建立的基業，想盡辦法傳給不肖子孫，使得天下很快就大亂，像秦始皇、隋文帝那樣做，能算是愛護子孫麼？

原文：

　　薛方山曰：堯舜之禪受，堯舜之愛其子也；湯武之放伐，湯武之捨其身也。後世有挈祖宗之天下，俛焉授不肖之子，使不旋踵而為天下大戮若秦政、隋文之類者，可謂愛其子哉？

※ 黃貞父

　　啟能夠恭敬、謹慎繼承禹的，也就是堯舜傳下來的兢兢業業的心法，所以禹傳位給兒子也就是傳位給賢人；而像商均、丹朱傲慢不馴，他們不恭敬父輩的地方，也就是他們不好的地方。

原文：

　　黃貞父曰：啟所能敬承繼禹之道，即堯舜兢業之心法，故與子即與賢也，如均朱之傲慢，其不敬處，即其不肖處。

※ 張　岱

　　《尚書》說過：「我伊尹不可以接近不遵循天道的人！於是營建桐宮，讓太甲在先王身邊思索並深切地體會其教誨，不要讓世人因他而迷惑。太甲來到桐宮，服喪。」這段文裏本來沒有「放」字，「放」字是從孟子開始加上去的。所以有先儒說：「放」，就是教，是古文篆隸字體傳寫的訛誤，這可能接近事實。

原文：

　　《尚書》曰：「予弗狎於弗順，營於桐宮，密邇先工其訓，無俾世迷，王徂桐宮，居憂。」原不曾有「放」字，「放」字自孟子始。故先儒云：「放」者，教也，古文篆隸之訛也，庶或近之。

伊尹章

萬章問曰：「人有言，『伊尹以割烹要湯』，有諸？」

孟子曰：「否，不然。伊尹耕於有莘之野，而樂堯舜之道焉。非其義也，非其道也，祿之以天下，弗顧也；繫馬千駟，弗視也。非其義也，非其道也，一介不以與人，一介不以取諸人。湯使人以幣聘之，囂囂然曰：『我何以湯之聘幣為哉？我豈若處畎畝之中，由是以樂堯舜之道哉？』湯三使往聘之，既而幡然改曰：『與我處畎畝之中，由是以樂堯舜之道，吾豈若使是君為堯舜之君哉？吾豈若使是民為堯舜之民哉？吾豈若於吾身親見之哉？天之生此民也，使先知覺後知，使先覺覺後覺也。予，天民之先覺者也；予將以斯道覺斯民也。非予覺之，而誰也？』思天下之民，匹夫匹婦有不被堯舜之澤者，若己推而內之溝中。其自任以天下之重如此，故就湯而說之以伐夏救民。吾未聞枉己而正人者也，況辱己以正天下者乎？聖人之行不同也，或遠或近，或去或不去，歸潔其身而已矣。吾聞其以堯舜之道要湯，未聞以割烹也。《伊訓》曰：『天誅造攻自牧宮，朕載自亳。』」

＊ 譯文：

　　萬章問孟子：「有人說，『伊尹去做廚子切肉做菜，以便接

近商湯』，有這事嗎？」

孟子答道：「不，不是這樣的。伊尹在莘國的郊野種莊稼，他以堯舜之道為樂。如果不合道義，縱使把天下的財富作為他的俸祿，他都不看一下；縱使有四千匹馬繫在那裏，他也都不望一下。如果不合道義，一點點東西也不給別人，一點點東西也不從別人那裏取得。商湯曾派人拿着禮物去聘請他，他卻平靜地說：『我拿商湯的聘禮、錢財幹什麼？我何不在田野裏耕種，以堯舜之道為樂呢？』商湯幾次派人去聘請他，不久，他便完全改變了態度，說：『我與其在田野之中耕種，以堯舜之道為樂，又哪裏比得上使現在的君主做堯舜一樣的君主呢？又哪裏比得上使現在的百姓像堯舜時代一樣生活呢？我何不親身實現、親眼看到堯舜的盛世？上天生育人民，就是要先知先覺者來喚醒後知後覺者。我是百姓中的先覺者，我就得拿這個堯舜之道使現在的人有所覺悟。我不去喚醒他們，又有誰去呢？』伊尹想，天下百姓中，如果有一個男子或一個婦女，沒有沾潤堯舜之道的惠澤，就好像自己把他推進溝中一樣。他是像這樣把天下的重擔挑在自己肩上，所以到了商湯那裏，便用討伐夏桀、拯救百姓的道理來勸說他。我沒有聽說過自己不正而能夠匡正別人的，何況先使自己遭受侮辱卻能夠匡正天下的呢？聖人的行為可能各有不同，有的疏遠當時君主，有的靠攏當時君主，有的離開朝廷，有的留戀朝廷，歸根到底，都得使自己乾乾淨淨。我只聽說過伊尹用堯舜之道向商湯干求，沒有聽說過他做廚師接近商湯的事。《伊訓》說過：『上天的討伐，最初的禍根起自夏桀的宮室，我是從殷都亳邑開始謀劃。』」

※ 魏蒼雲

　　觀察聖賢，看他們在細節上做得有無疏漏；觀察豪傑，看他們在主要方面有沒有走樣。這兩句話可以概括「伊尹三章」的要點。

原文：

　　魏蒼雲曰：看聖賢，看其細處無滲漏；看豪傑，看其大處不走作。二語可括伊尹三章。

※ 張　　岱

　　心裏面有完整的竹子樣貌，這是描畫之前就已掌握了畫法；心地正直下筆自然端正，這是在寫字之前就已掌握了筆法。鋪開紙張才考慮寫字，難以寫出好字；鋪開畫布才考慮畫畫，畫不出好的圖來。伊尹擔任阿衡（商代師保之官）的能力在有莘氏那裏務農時建構，商朝的「大船」是傳說在修房子的勞作裏奠基，太公望通過海濱釣魚漫長歲月磨礪軍事才能，諸葛亮在隆中耕種時籌劃鼎足天下的策略。談論功業，要看其胸中的蘊藏，而不是看有沒有遇到好機會。身在田園，不以巢父、許由的隱逸之道為樂，而仰慕堯舜安定天下萬民的行為，這一定不是能在田園中默默終老的人。

原文：

　　胸中有完竹，畫於未畫也；心正而筆正，書於未書也。臨楮求書，書不成書矣；臨縑求繪，繪不成圖矣。阿衡構於有莘，商舟締於版築，鷹揚造於漁釣，鼎足定於隆中。論事業者論蘊藉，

不論遭際也。在畎畝之中，不樂巢許之道，而樂堯舜之道，便不是終於畎畝之人。

※ 黃貞父

伊尹連商湯德行不足的地方都自己承擔責任，可見是一心想要使他做堯舜一樣的君主。

原文：

黃貞父曰：連湯之慚德都一概承當，總見他使君為堯舜之君處。

※ 張　岱

《路史》記載：夏桀的都城在安邑，商湯的都城在亳，一東一西相隔不遠。但是商湯討伐夏桀的時候，軍隊不直接奔向安邑反而迂迴繞道鳴條。這是因為商湯不願意出乎夏桀的意料而偷襲他，王師光明正大地進軍，這都是出於伊尹的教導啊。伊尹正是一個端正自己從而匡正天下人的人，他不會做向湯干求的事情，這很明白。

「囂然」，「幡然」，針對的雖然是兩種情況，但伊尹其實只做了一件事，那就是以堯舜之道為樂罷了。孔子說顏回「唯獨我跟你有這樣的（『是』）快樂」，那個「是」字是指代堯舜之道；漆雕開告訴孔子「我對這事（『斯』）還沒能樹立信心」，那個「斯」字，也是指代堯舜之道。過去忠憲公高攀龍在東林書院講學，偶然被問到出山的事情，忠憲公回答說：「我一生只做一件事。」也是這個意思。

原文：

《路史》曰：桀都安邑而湯都亳，東西相近。乃湯之伐桀，不徑走安邑而反迁走鳴條。蓋不掩襲以出桀之不意，師出以正，皆尹教之也。尹正己以正天下者也，其無要湯之事，益明矣。

「囂然」，「幡然」，出處雖是兩截，伊尹原做一件事，只樂堯舜之道而已。孔、顏「惟我與爾有是夫」，「是」字；漆雕開「吾斯之未能信」，「斯」字，謂此件事也。昔高忠憲公講學東林，偶問及出山，公答曰：「一生只做得一件事。」亦是此意。

有命章

萬章問曰：「或謂孔子於衛主癰疽，於齊主侍人瘠環，有諸乎？」

孟子曰：「否，不然也。好事者為之也。於衛主顏仇由。彌子之妻與子路之妻，兄弟也。彌子謂子路曰：『孔子主我，衛卿可得也。』子路以告。孔子曰：『有命。』孔子進以禮，退以義，得之不得曰『有命』。而主癰疽與侍人瘠環，是無義無命也。孔子不悅於魯衛，遭宋桓司馬將要而殺之，微服而過宋。是時孔子當阨，主司城貞子，為陳侯周臣。吾聞觀近臣，以其所為主；觀遠臣，以其所主。若孔子主癰疽與侍人瘠環，何以為孔子？」

萬章問道：「有人説，孔子在衛國住在衛靈公寵倖的癰疽家裏，在齊國住在宦官瘠環家裏。有這種事嗎？」

孟子説：「不，不是這樣的，這是好事之徒捏造出來的。孔子在衛國，住在顏仇由家中。彌子瑕的妻子和子路的妻子是姊妹。彌子瑕對子路説：『孔子住在我家中，可以輕易得到衛國卿相的位置。』子路把這話告訴了孔子。孔子説：『一切由命運決定。』孔子依禮法而進，依道義而退，所以他説得不得官位『由命運決定』。如果他住在癰疽和宦官瘠環家中，這種行為便是無視禮義和命運了。孔子在魯國和衛國不得志，又碰上了宋國的司馬桓魋打算攔截他、殺害他，只得變換服裝悄悄地經過宋國。這時候，孔子正處在困難的境地，便住在司城貞子家中，做了陳湣公的臣子。我聽説，觀察在朝的臣子，看他所招待的客人；觀察外來的臣子，看他所寄居的主人。如果孔子真以癰疽和宦官瘠環為主人，他怎麼能成為孔子？」

朋友圈縱橫談

※ 丘毛伯

彌子瑕用利益來引誘孔子，宋司馬桓魋想要憑藉勢力攔截孔子。而孔子自己立身行事，只是遵循禮儀和依據道義。

原文：

丘毛伯曰：彌子瑕之誘孔子也以利，桓司馬之劫孔子也以威。若孔子之自處，只是以禮以義。

可以以彌子瑕為主人，卻不寄居在他家，這跟天命有什麼關係？「天命決定」只是孔子的託詞，其實孔子正是遵循禮儀進止、依據道義行動。雍睢（又作癰疽），又名渠，是衛靈公寵愛的宦官。衛靈公曾經跟夫人南子同乘一輛車，雍睢陪乘，孔子從車，招搖過市，孔子感到羞恥，離開衛國。瘠環，姓瘠名環，齊國的宦官，是齊景公親近、狎昵的人。

原文：

周介生曰：彌子可主而不主，豈關造化？「有命」直是寓言，正其禮進義退處。雍姓睢名，又名渠，衛靈公之嬖臣。衛靈公嘗與夫人同車，睢為驂乘出使，孔子為次乘，招搖市過之，孔子醜之，去衛。瘠環，瘠姓環名，齊之寺人也，為齊景公所近狎。

五羖章

萬章問曰：「或曰，『百里奚自鬻於秦養牲者，五羊之皮，食牛，以要秦穆公』。信乎？」

孟子曰：「否，不然。好事者為之也。百里奚，虞人也。晉人以垂棘之璧與屈產之乘假道於虞，以伐虢。宮之奇諫，百里奚不諫。知虞公之不可諫而去之秦，年已七十矣，曾不知以食牛干秦穆公之為污也，可謂智乎？不可諫而不諫，可謂不智乎？知虞公之將亡而先去之，不可謂不智也。時舉於秦，知穆公之可與有行也而相之，可謂不智乎？相秦而顯其

君於天下，可傳於後世，不賢而能之乎？自鬻以成其君，鄉黨自好者不為，而謂賢者為之乎？」

＊ 譯文：

　　萬章問孟子：「有人說，『百里奚用五張羊皮的價錢和替人家飼養牛的條件，把自己賣給秦國養牲畜的人，以此來接近秦穆公、干求官位』。這可信嗎？」

　　孟子答道：「不，不是這樣的。這是好事之徒捏造的。百里奚是虞國人。晉國用垂棘的美玉和屈地所產的良馬向虞國借路，來攻打虢國。虞國的大臣宮之奇諫阻虞公，百里奚卻不去勸阻。他知道虞公是勸阻不了的，因而離開虞國，搬到秦國，這時他已經七十歲了。他竟不知道用飼養牛的方法來干求秦穆公是一種惡濁行為，他要是這樣做的話，可以稱是聰明嗎？但是，他預見到虞公無法勸阻，便不去勸阻，能說他不聰明嗎？他又預見到虞公將要被滅亡，因而早早離開，不能說不聰明呀。當他在秦國被推舉出來的時候，便知道秦穆公是可以有所作為的君主，於是輔助他，可以說是不聰明嗎？做秦國的卿相，使穆公在天下有顯赫的名望，並足以流傳於後代，不是賢者能夠做到這樣嗎？出賣自己來成全君主，鄉里中隨便一個潔身自愛的人都不肯幹，竟然認為賢者肯幹嗎？」

 朋友圈縱橫談

※ 張　岱

　　千古歷史，宮之奇一諫濃墨重彩。侍奉昏亂君主的大臣，清

楚沒辦法勸諫，卻仍勉強勸諫並阻止君主，不是不知道粉身碎骨也對大事沒好處，不過是堅持自己的節操罷了。就像天狗吞食太陽時，人們敲鑼打鼓去拯救，難道那太陽真的可以通過敲鑼打鼓來拯救嗎？只是表達支持太陽的誠心罷了。

宮之奇帶領他的族人離開了虞國，最終不再做虞國人。

晉國是虞國的仇敵。當時各諸侯國，能夠對付晉國的，秦國最厲害，所以百里奚離開虞國到秦國去。他三次幫助秦穆公更換晉國之君，其實是為虞國報仇，這跟張子房作為韓國後裔，致力推翻秦朝，從根本上說是為韓國復仇一樣。

原文：

千古少不得宮之奇一諫。事亂君者，知君之不可諫。猶必強諫而止之，非不知殞身碎首無益於數，盡吾節焉耳。譬如擊鼓而救日，豈謂日真可以鼓救者哉？致吾扶陽之誠焉耳已！

宮之奇亦以其族行，亦不終為虞人。

晉，虞仇也。當時列國可以報晉者，莫如秦，故去虞入秦。三置晉君，乃為虞報仇，與子房始終為韓事同。

※ 于　謙

假使管仲沒有輔助齊桓公建立一番功勳，他對於殉主的前同僚召忽必定有愧；假使百里奚沒有輔佐秦穆公做出一番事業，他一定會愧對曾經的同僚宮之奇。

原文：

于忠肅曰：使管仲無佐桓一段功業，終有愧於召忽；使百里奚無相穆一段功業，終有愧於宮之奇。

萬章下

大成章

孟子曰:「伯夷,目不視惡色,耳不聽惡聲。非其君,不事;非其民,不使。治則進,亂則退。橫政之所出,橫民之所止,不忍居也。思與鄉人處,如以朝衣朝冠坐於塗炭也。當紂之時,居北海之濱,以待天下之清也。故聞伯夷之風者,頑夫廉,懦夫有立志。

伊尹曰:『何事非君?何使非民?』治亦進,亂亦進,曰:『天之生斯民也,使先知覺後知,使先覺覺後覺。予,天民之先覺者也。予將以此道覺此民也。』思天下之民,匹夫匹婦有不與被堯舜之澤者,若己推而內之溝中 ── 其自任以天下之重也。

「柳下惠不羞污君,不辭小官。進不隱賢,必以其道。遺佚而不怨,阨窮而不憫。與鄉人處,由由然不忍去也。『爾為爾,我為我,雖袒裼裸裎於我側,爾焉能浼我哉?』故聞柳下惠之風者,鄙夫寬,薄夫敦。

「孔子之去齊,接淅而行;去魯,曰:『遲遲吾行也。』去父母國之道也。可以速而速,可以久而久,可以處而處,可以仕而仕,孔子也。」

孟子曰:「伯夷,聖之清者也;伊尹,聖之任者也;柳下惠,聖之和者也;孔子,聖之時者也。孔子之謂集大成。集大成也者,金聲而玉振之也。金聲也者,始條理也;玉振

之也者，終條理也。始條理者，智之事也；終條理者，聖之事也。智，譬則巧也；聖，譬則力也。由射於百步之外也，其至，爾力也；其中，非爾力也。」

＊ 譯文：

孟子說：「伯夷，眼睛不看不好的事物，耳朵不聽不好的聲音。不是他理想的君主，不去侍奉；不是他理想的百姓，不去使喚。政治清明，他就出來做官；天下混亂，他就退居民間。施行暴政的國家，住着暴民的地方，他都不願意去住。他認為同鄉下佬相處，就像穿戴着禮服禮帽坐在泥巴和火堆裏。在商紂的時候，他住在北海海邊，等待天下清平。所以聽到伯夷風節的人，貪婪的人都變得廉潔起來了，懦弱的人也都變得自強了。

「伊尹說：『哪個君主不能侍奉？哪個百姓不能使喚？』因此他政治清明也出來做官，天下混亂也出來做官，並且說：『上天生育這些百姓，就是要先知先覺的人來開導他們。我是這些人之中的先覺者，我將以堯舜之道來喚醒他們。』他這樣想：在天下的百姓中，只要有一個男子或一個婦女沒有沾潤堯舜之道的好處，就好像自己把他推進山溝之中 —— 他就是這樣地把天下的重擔挑起來。

「柳下惠不以侍奉壞君為可羞，也不以官小而辭職。立於朝廷，不隱藏自己的才能，但一定按他的原則辦事。自己被遺棄，也不怨恨；窮困，也不憂愁。他同鄉下人相處，高高興興地不忍離開。他說：『你是你，我是我，你縱然在我旁邊赤身露體，哪能就會污染我呢？』所以聽到柳下惠風節的人，胸襟狹小的人也變得寬大起來了，刻薄的人也變得厚道起來了。

「孔子離開齊國時，不等把米淘完就走；離開魯國時，卻

說『我們慢慢走吧』，這是離開祖國的態度。應該趕緊走就趕緊走，可以久留就久留，應該不做官就不做官，可以做官就做官，這便是孔子。」

孟子又說：「伯夷是聖人之中清高的人，伊尹是聖人之中負責的人，柳下惠是聖人之中隨和的人，孔子則是聖人之中識時務的人。孔子，可以稱為集大成者。『集大成』的意思，就像奏樂，先敲鎛鐘，最後用特磬收束，完完整整。先敲鎛鐘，是節奏條理的開始；用特磬收束，是節奏條理的終結。條理的開始在於智，條理的終結在於聖。智好比機巧，聖好比氣力。在百步以外射箭，射到靶子，是你的氣力在起作用；射中靶心，卻不是你的氣力在起作用。」

朋友圈縱橫談

※ 張　岱

什麼叫做「巧」？如同天空沒有陰雲，鏡面上不落灰塵，心中念頭不生不滅，見事不偏不頗，胸中完完整整、明明白白有個靶子。這就是一團原初的氣，它輕盈灑脫，它發動時就好像射箭次次都射中紅心，使的是臂力、巧勁，其實不費力。孟子把「巧」比擬「智」，用「智」來解讀「時」，這也顯示了聖人天生的不凡。

原文：

何謂「巧」？太空無翳，明鏡無塵，不起念頭，不落邊際，胸中完完全全有個正鵠，這個就是一團元氣，輕輕脫脫，發處都中紅心，雖然用力，原不着力也。孟子將「巧」來比個「智」，將「智」來說個「時」，正獨見聖人先天處。

※ 韓求仲

這章的主題，關鍵詞落在一個「而」字上。奏樂時，先敲擊鐘來開頭，後擊打玉磬來結尾，中間有無數樂器合鳴、節奏起伏，所以說是「集大成」。

原文：

韓求仲曰：題中命脈在一「而」字。金聲於前，玉振於後，中間包絡無數，故曰「集大成」。

※ 張　岱

「金聲而玉振」，這裏用了一個「而」字，那麼這句話是偏重前頭的金聲 —— 有敲擊鐘鎛的開始，才有擊打玉磬的結尾，有始有終呀。智也好，聖也好，都是一回事。凡事一定是使用智慧、技巧開始，之後憑藉聖德來終結，這就是為什麼談到聖德的時候，認為它都基於智慧。下面的文字，只是要設喻來講清楚這個意思罷了。平庸的儒生分析知和行，如同看待音樂的始終和條理，總是當做完全分離的事。你觀察那奏樂，開始的時候，八音能缺一件嗎？結束的時候，八音能缺一件嗎？其實這從頭到尾就是一件事情，從古以來聖人們也只做這一件事。

原文：

「金聲而玉振」，下一「而」字，則重在金聲，有金聲才有玉振，有始才有終也。智之事，聖之事，只是一事。必智以開其始，然後聖以要其終，此正論聖之時，全由於智。下文取譬不過足其意耳。俗儒分析知行，便把始終條理截作兩件。始作樂時，八音可缺得一件否？作樂終時，八音亦可缺得一件否？終始只是一件事，從古聖人亦只做一件事。

爵祿章

北宮錡問曰：「周室班爵祿也，如之何？」

孟子曰：「其詳不可得聞也，諸侯惡其害己也，而皆去其籍；然而軻也嘗聞其略也。天子一位，公一位，侯一位，伯一位，子、男同一位，凡五等也。君一位，卿一位，大夫一位，上士一位，中士一位，下士一位，凡六等。天子之制，地方千里，公侯皆方百里，伯七十里，子、男五十里，凡四等。不能五十里，不達於天子，附於諸侯，曰附庸。天子之卿受地視侯，大夫受地視伯，元士受地視子、男。大國地方百里，君十卿祿，卿祿四大夫，大夫倍上士，上士倍中士，中士倍下士，下士與庶人在官者同祿，祿足以代其耕也。次國地方七十里，君十卿祿，卿祿三大夫，大夫倍上士，上士倍中士，中士倍下士，下士與庶人在官者同祿，祿足以代其耕也。小國地方五十里，君十卿祿，卿祿二大夫，大夫倍上士，上士倍中士，中士倍下士，下士與庶人在官者同祿，祿足以代其耕也。耕者之所獲，一夫百畝，百畝之糞，上農夫食九人，上次食八人，中食七人，中次食六人，下食五人。庶人在官者，其祿以是為差。」

北宮錡問孟子：「周朝制定的官爵、俸祿的等級制度是怎樣的呢？」

孟子答道：「詳細情況已經不能知道了，因為諸侯害怕那種制度不利於自己，把文獻都毀滅了。但是，我也曾大略聽到一些。天子為一級，公一級，侯一級，伯一級，子和男共為一級，一共五級。君為一級，卿一級，大夫一級，上士一級，中士一級，下士一級，一共六級。天子直接管理的土地縱橫各一千里，公和侯各一百里，伯七十里，子、男各五十里，一共四級。土地不夠五十里的國家，不能直接隸屬天子，而附屬於諸侯，叫做附庸。天子的卿所受封地同於侯，大夫所受封地同於伯，元士所受封地同於子、男。公侯大國土地縱橫各一百里，君主的俸祿為卿的十倍，卿為大夫的四倍，大夫為上士的一倍，上士倍於中士，中士倍於下士，下士的俸祿則和在公家當差的老百姓相同，所得俸祿也足以抵償他們耕種的收入了。中等國家土地為方圓七十里，君主的俸祿為卿的十倍，卿為大夫的三倍，大夫倍於上士，上士倍於中士，中士倍於下士，下士的俸祿則和在公家當差的老百姓相同，所得俸祿也足以抵償他們耕種的收入了。小國的土地為方五十里，君主的俸祿為卿的十倍，卿為大夫的二倍，大夫倍於上士，上士倍於中士，中士倍於下士，下士的俸祿則和在公家當差的老百姓相同，所得俸祿也足以抵償他們耕種的收入了。耕種的收入，一夫一婦分田百畝。百畝田地，施肥耕種，上等的農夫可以養活九個人，其次的養活八個人，中等的養活七個人，其次六個人，下等的五個人。老百姓在公家當差的，他們的俸祿也照這樣分等級。」

※ 章大力

君主參考天來設置爵位，參考地來制定俸祿，衡量的標準是百姓中給公家當差的人中最低一等的。起初，不會這樣說：「我享受俸祿啦。」他們如此勞作，所得到的報償也跟別的百姓自己耕種養活自己一樣。下等的士人用服務代替耕種的情況清楚了，之後卿大夫的職責也清楚了，即便天子、諸侯，他們管理政治也是代替耕種罷了。假如對於人民毫無貢獻，那就是不耕種而吃白食，不符合道義。所以天子和百姓各有職分，不需互相指責，而享受豐厚奉養的人應該擔負更大的責任。

原文：

章大力云：王者制爵從天，制祿從地，度量起於庶人自吏之至下者。始不曰：「我祿之也。」其勞力如是，而食其報適如庶人之自耕而食耳。下士代耕之義明，然後卿大夫之義皆明，雖天子諸侯亦皆代耕而已。苟為無功於民，則是不耕而食，於義無處也。故天子庶人無以相過，而享大奉者有大責也。

※ 張　岱

天子和平民是緊密聯繫的，他們中間只是隔着一些官吏來幫忙運送糧食而已。享用美食、上等的供養，都是從農夫那兒徵收來的，達官貴人們不要忘記其源頭啊！

這章詳細地解說了代耕，正可以看出封建諸侯是同井田制度互為表裏的。

友德章

　　萬章問曰：「敢問友。」

　　孟子曰：「不挾長，不挾貴，不挾兄弟而友。友也者，友其德也，不可以有挾也。孟獻子，百乘之家也，有友五人焉：樂正裘，牧仲，其三人，則予忘之矣。獻子之與此五人者友也，無獻子之家者也。此五人者，亦有獻子之家，則不與之友矣。非惟百乘之家為然也，雖小國之君亦有之。費惠公曰：『吾於子思，則師之矣；吾於顏般，則友之矣；王順、長息則事我者也。』非惟小國之君為然也，雖大國之君亦有之。晉平公之於亥唐也，入云則入，坐云則坐，食云則食；雖蔬食菜羹，未嘗不飽，蓋不敢不飽也。然終於此而已矣。弗與共天位也，弗與治天職也，弗與食天祿也，士之尊賢者也，非王公之尊賢也。舜尚見帝，帝館甥於貳室，亦饗舜，迭為賓主，是天子而友匹夫也。用下敬上，謂之貴貴；用上敬下，謂之尊賢。貴貴尊賢，其義一也。」

萬章問孟子：「請問怎樣交朋友。」

孟子答道：「不倚仗年紀大，不倚仗地位高，不倚仗兄弟的富貴而去交朋友。交朋友，為了朋友的品德而去結交，不能有所倚仗。孟獻子是位擁有一百輛車馬的大夫，他有五位朋友 —— 樂正裘、牧仲，其餘三位，我忘記了。這五人同獻子交好，並不以獻子是大夫為念。這五人如果老想着獻子是位大夫，也就不會同他交友了。不僅具有一百輛車馬的大夫是如此的，縱使小國的君主也有朋友。費惠公說：『我對於子思，把他當做老師；對於顏般，則當做朋友；至於王順和長息，那是服侍我的人罷了。』不僅小國的君主是如此，縱使大國之君也有朋友。晉平公之於亥唐，亥唐叫他進門，就進門；叫他坐，就坐；叫他吃飯，就吃飯。即便是糙米飯小菜湯，也不會吃不飽，因為怕朋友生氣，不敢不吃飽。然而晉平公也只是做到這一點罷了。他不會同亥唐一起分享權位，一起治理政事，一起享受俸祿。這只是一般士人尊敬賢者的做法，不是王公尊敬賢者所應當有的做法。舜謁見堯，堯請他這位女婿住在另一處官邸中，也請他吃飯，輪流請對方吃飯，這是以天子的高位同老百姓交友的範例。地位卑微的人尊敬高貴的人，叫做尊重貴人；高貴的人尊敬地位卑微的人，叫做尊敬賢者。尊重貴人和尊敬賢者，道理是相同的。」

朋友圈縱橫談

※ 張　岱

樂正裘，是山東汶上人，他家裏窮沒辦法吃上飯，讀書讀

了十二年，也沒有得到一個做官的機會，於是就遠離塵世，在嵩山隱居終老。孟獻子在野外田獵，經過他隱居的茅屋，兩人拉著手聊天，都很愉快，孟獻子不忍心提出走。這樣，兩個人就交好起來。

牧仲是展氏的一個砍柴人，他夏天不穿葛衣，冬天不紮腰帶，在市集又笑又唱。他唱道：「牧仲啊，牧仲，你為什麼心神不寧，這世界已經江河日下，為什麼不安於這長久的貧困？」孟獻子聽到了很驚訝，說：「這是奇人異士。」就把他帶到家裏去，牧仲在他家住了幾個月，不再表現出癲狂之態。等到他和樂正裘爭論看雲辨兆，他有很多話值得記錄，在其他文集裏可以見到。

原文：

樂正裘，汶上人，家貧不能膳，讀書十二載，卒不一遇，遂去，而老於崧山下。孟獻子田於郊外，過其隱匿之廬，握手甚歡，不忍言旋，於是兩人之交甚善。

牧仲，展氏之樵人也，夏不襦葛，冬不束帶，笑歌於市中。歌曰：「牧仲，牧仲，爾胡憧憧，世已江河，長此安窮。」獻子聞而詫之曰：「異人也。」遂引至其家，居數月不復佯狂焉。至與樂正裘論占雲之辨，語多足記，另見諸集中。

※ 陶石簣

「無獻子之家（不在意獻子大夫的身份）」，是針對獻子自己不依賴自己的身份而言的，若是對他的五個朋友而言，那麼就是這五個人忽視權勢，而不是有百輛車馬的大夫忽視權勢了。只有獻子把自己的權勢、財富當做沒有，他的五個朋友才會放下對他身份地位的在意，獻子也才能跟他們做朋友，否則獻子怎麼會跟介意其地位的人做朋友？這樣解釋，才能把「亦」字說清楚，也

才表達出獻子不依仗他的顯赫地位的意思。

原文：

　　陶石簣曰：無獻子之家，就獻子自無其家說，若都作五人說，乃專是五人忘勢，非是百乘之家忘勢矣。惟獻子視己之家有而若無，所以五人亦不有其家，獻子方肯與之友，否則豈肯與之友？如此說方得「亦」字明白，方是獻子「不挾貴」意。

※ 張　岱

　　《高士傳》記載：亥唐是晉國人。他清高、嚴謹、樸實，晉國的人都很敬畏他。平公跟他共坐，過了一會兒，亥唐出去了，叔向進來，平公伸出一條腿來，跟叔向感慨：「哎呀，我先前跟亥先生一起坐着，腿痛腳麻都不敢伸一下。」叔向很不高興。平公就再跟他說：「你想變得富裕嗎？我賜給你俸祿。你想變得顯達嗎？我給你封爵。可是亥先生卻無欲無求。我除了跟他在一塊的時候，正襟危坐，以示恭敬，沒有什麼可以拿來奉養他的。你有什麼不高興的呢？」

原文：

　　《高士傳》云：亥唐，晉人也。高恪寡素，晉國憚之。平公與亥唐坐，有間，亥唐出，叔向入，平公伸一足曰：「吾向時與亥子坐，腓痛足痺不敢伸。」叔向不悅。公曰：「子欲富乎？吾祿子。欲貴乎？吾爵子。亥先生乃無欲也。吾非正坐，無以養之。子何不悅乎？」

交際章

萬章問曰：「敢問交際何心也？」

孟子曰：「恭也。」

曰：「『卻之卻之為不恭』，何哉？」

曰：「尊者賜之，曰：『其所取之者義乎，不義乎？』而後受之，以是為不恭，故弗卻也。」

曰：「請無以辭卻之，以心卻之，曰『其取諸民之不義也』，而以他辭無受，不可乎？」

曰：「其交也以道，其接也以禮，斯孔子受之矣。」

萬章曰：「今有禦人於國門之外者，其交也以道，其饋也以禮，斯可受禦與？」

曰：「不可。《康誥》曰：『殺越人於貨，閔不畏死，凡民罔不譈。』是不待教而誅者也。殷受夏，周受殷，所不辭也；於今為烈，如之何其受之？」

曰：「今之諸侯取之於民也，猶禦也。苟善其禮際矣，斯君子受之，敢問何說也？」

曰：「子以為有王者作，將比今之諸侯而誅之乎？其教之不改而後誅之乎？夫謂非其有而取之者盜也，充類至義之盡也。孔子之仕於魯也，魯人獵較，孔子亦獵較。獵較猶可，而況受其賜乎？」

曰：「然則孔子之仕也，非事道與？」

曰：「事道也。」

「事道奚獵較也？」

曰：「孔子先簿正祭器，不以四方之食供簿正。」

曰：「奚不去也？」

曰：「為之兆也。兆足以行矣，而不行，而後去，是以未嘗有所終三年淹也。孔子有見行可之仕，有際可之仕，有公養之仕。於季桓子，見行可之仕也；於衞靈公，際可之仕也；於衞孝公，公養之仕也。」

＊ 譯文：

萬章問孟子：「請問跟人打交道的時候，應該抱有什麼樣的心態？」

孟子答道：「應該恭敬。」

萬章說：「有句話說：『一再拒絕人家的禮物，這是不恭敬。』為什麼呢？」

孟子說：「尊貴的人有所賜與，受賜的人先想：『他當初取得這種禮物是合於義的呢？還是不合於義的呢？』考慮以後才接受，這是不恭敬的。因此便不拒絕。」

萬章說：「不直說出來拒絕，而是心裏拒絕，心裏說『這是他取自百姓的不義之財呀』，因而用別的藉口來拒絕，難道不可以嗎？」

孟子說：「他按規矩同我交往，依禮節同我接觸，這樣的話，即便是孔子都會接受禮物的。」

萬章說：「如今有一個在國都郊野攔路搶劫的人，他也按規

矩同我交往，也依禮節向我饋贈，我難道可以接受他搶來的東西嗎？」

孟子説：「不可以。《康誥》説：『殺死別人，搶奪財物，橫強不怕死，這種人是沒有人不痛恨的。』這是不必先去教育他就可以誅殺的。殷商接受了夏朝的這種法律，周朝繼承了殷商的這種法律，沒有更改。現在搶殺行為所受處罰更重，怎麼能接受呢？」

萬章説：「今天這些諸侯，他們的財物取自民間，也和攔路搶劫差不多。假若把交際的禮節搞好，君子也就接受了他們的禮物。請問這有什麼説頭？」

孟子説：「你以為若有聖王興起，對於今天的諸侯會一例看待全部誅殺呢，還是先行教育，如不改悔再誅殺呢？而且，不是自己所有，而去取得它，把這種行為説成搶劫，這只是類推到義理的極端。孔子在魯國做官的時候，大夫們在打獵時以爭奪獵物為尚，孔子在打獵時也爭奪獵物。打獵時爭奪獵物都可以，何況接受賜與呢？」

萬章説：「那麼，孔子做官，不是為了發揚道嗎？」

孟子説：「是為了發揚道。」

「他既是為了發揚道，為什麼打獵時又爭奪獵物呢？」

孟子説：「孔子先用文書規定祭祀所用祭器，又規定不得用別處打來的獵物來供祭祀，是有規矩的。」

萬章説：「孔子為什麼不辭官而走呢？」

孟子説：「孔子做官，會先試行一下。試行的結果，他的主張可以行得通，君主卻不肯行下去，這才離開，所以孔子沒有在一個朝廷待滿過三年。孔子有時是因可行其道而做官，也有時是因為君主對他的禮遇而做官，也有時是因國君養賢而做官。對於魯國的季桓子，是因為可以行其道而做官；對於

衛靈公，是因為禮遇而做官；對於衛孝公，是因為國君養賢而做官。」

朋友圈縱橫談

※ 張　岱

那個時候，弘揚道的機會，只剩下交際這一個途徑。所以孔子跟大夫們一起打獵，爭奪獵物，孟子接受諸侯們的饋贈，這都是他們委屈自己以求行其道的苦心啊。不過，他們不做奔赴吏役的普通人，就不能夠做晉見君主的士人，這有其進退原則。這就是搞交際禮儀和行道義之路的區分了。

原文：

當日行道之機可通一線者，止有交際一款。故孔子之獵較，孟子之受饋，總一委曲行道之苦心也，然無以為往役之庶人，只不可以為見君之士，即此便是禮門義路所界限處。

貧仕章

孟子曰：「仕非為貧也，而有時乎為貧；娶妻非為養也，而有時乎為養。為貧者，辭尊居卑，辭富居貧。辭尊居卑，辭富居貧，惡乎宜乎？抱關擊柝，孔子嘗為委吏矣，曰：『會計當而已矣。』嘗為乘田矣，曰：『牛羊茁壯長而已矣。』位卑而言高，罪也；立乎人之本朝，而道不行，恥也。」

　　孟子說：「做官不是由於貧窮，但有時候也由於貧窮。娶妻不是為了奉養父母，但有時候也是為了奉養父母。出於貧窮而做官的，便該拒絕高官，居於卑位；拒絕厚祿，只受薄俸。拒絕高官，居於卑位；拒絕厚祿，只受薄俸，那居於什麼位置才合宜呢？像是守門打更的小吏就不錯。孔子也曾經做過管倉庫的小吏，他說：『出入的財物沒差錯就行了。』也曾經做過管牲畜的小吏，他說：『牛羊都長得壯實就行了。』地位低下而議論朝廷大事，這是過失；在朝廷上做官，而不能使道得到弘揚，這是恥辱。」

朋友圈縱橫談

※ 王陽明

　　君子去做官是為了弘揚道，如果不是為了行道而做官的，就是偷竊。即使古代有「俸仕」（為了俸祿而做官）的說法，但那些人並不因此而瀆職。就像孔子做管牲畜的小吏會「讓牛羊茁壯成長」，做管倉庫的小吏會「使財務出入對得上數」，這也是恪盡職守。

原文：

　　王陽明曰：君子之仕也以行道，不以道而仕者，竊也。雖古之有祿仕也，未嘗妷其職也。曰：「牛羊茁壯」，「會計當」也。

※ 袁石浦

　　「地位低下的人議論朝政大事，有罪。」可見，地位低的人

不必去議論重要的事。為了解決貧窮問題而做官的人，放棄高位，就於卑職，正是出於這個道理。假使在朝廷上做官而不能使道得到弘揚，這就是有些人不肯處於低下的地位而謀得高位，但又不能在朝廷上有所建樹，這是把朝廷當做齷齪小人養家餬口的地方呀。所以說「做官不應該是為了擺脫貧窮」。

原文：

　　袁石浦曰：「位卑言高者，罪。」可見位卑不必言高也。為貧之夫，辭尊居卑，正以此耳。若立朝而道不行，則位不卑而高，又不能言廟堂之上，豈齷齪之士所餬口之地。故曰「仕非為貧」。

養賢章

　　萬章曰：「士之不託諸侯，何也？」

　　孟子曰：「不敢也。諸侯失國，而後託於諸侯，禮也；士之託於諸侯，非禮也。」

　　萬章曰：「君饋之粟，則受之乎？」

　　曰：「受之。」

　　「受之何義也？」

　　曰：「君之於氓也，固周之。」

　　曰：「周之則受，賜之則不受，何也？」

　　曰：「不敢也。」

　　曰：「敢問其不敢何也？」

曰：「抱關擊柝者皆有常職以食於上。無常職而賜於上者，以為不恭也。」

曰：「君饋之，則受之，不識可常繼乎？」

曰：「繆公之於子思也，亟問，亟饋鼎肉。子思不悅。於卒也，摽使者出諸大門之外，北面稽首再拜而不受，曰：『今而後知君之犬馬畜伋。』蓋自是台無饋也。悅賢不能舉，又不能養也，可謂悅賢乎？」

曰：「敢問國君欲養君子，如何斯可謂養矣？」

曰：「以君命將之，再拜稽首而受。其後廩人繼粟，庖人繼肉，不以君命將之。子思以為鼎肉使己僕僕爾亟拜也，非養君子之道也。堯之於舜也，使其子九男事之，二女女焉，百官牛羊倉廩備，以養舜於畎畝之中，後舉而加諸上位，故曰王公之尊賢者也。」

＊ 譯文：

萬章說：「士不依靠諸侯生活，是為什麼？」

孟子說：「因為他不敢如此。諸侯喪失了自己的國家，然後在別國寄居，依靠別的諸侯生活，這是合於禮的；士依靠諸侯生活，是不合於禮的。」

萬章道：「君主如果給與他穀米，接不接受呢？」

孟子說：「接受。」

「接受又是什麼道理呢？」

答道：「君主對於外來的士人，本來可以周濟他。」

問道：「周濟，就接受；賜與，就不接受，又是什麼道

理呢？」

答道：「因為他不敢接受。」

問道：「什麼叫不敢接受？」

答道：「守門打更的人都有一定的職務，因而接受上面的給養。沒有一定的職務，卻接受上面的賜與，這被認為是不恭敬的。」

問道：「君主給他饋贈，他也就接受，不知道可以經常如此嗎？」

答道：「魯繆公對於子思，就是屢次問候，屢次送給他肉食，子思很不高興。最後一次，子思便把來人逐出門外，自己朝北面磕頭作揖拒絕饋贈，他說：『今天才知道君主是把我當做犬馬一樣地畜養。』大概從此便不給子思送禮了。喜愛賢人，卻不能任用，又不能奉養，能說是喜愛賢人嗎？」

問道：「國君要奉養君子的話，怎麼樣才算是養呢？」

答道：「先稱述君主的旨意送給他，他便先作揖、磕頭，接受了。然後管理倉廩的人經常送來穀米，掌供膳食的人經常送來肉食，這些都不用稱述君主的旨意了。子思認為給一點肉便讓他屢次作揖行禮，這不是奉養君子的方式。堯對於舜，讓自己的九個兒子向他學習，把自己的兩個女兒嫁給他，而且派去各種官吏，饋贈牛羊、倉庫無不具備，來把舜養在民間，後來提拔他到很高的職位上，所以說，這是王公尊敬賢者的典範。」

朋友圈縱橫談

※ 張　岱

有人問，為什麼子思不一開始就逐出使者，拒絕饋贈，而非

要等到最後一次才這樣幹呢？焦漪園解釋說：子思前面還指望繆公自己能夠醒悟，改過，「卒」（終）這個字，顯示出子思的發作不是突然的。「作揖，磕兩次頭，之後拒絕」，聖賢是何等有氣度呀！

原文：

問子思摽使不受，何以必於卒也？焦漪園曰：前此還望繆公之悔悟，「卒」之一字，可見聖賢發之不暴處。「稽首再拜」，聖賢終是何等氣象！

不見章

萬章曰：「敢問不見諸侯，何義也？」

孟子曰：「在國曰市井之臣，在野曰草莽之臣，皆謂庶人。庶人不傳質為臣，不敢見於諸侯，禮也。」

萬章曰：「庶人，召之役，則往役；君欲見之，召之，則不往見之，何也？」

曰：「往役，義也；往見，不義也。且君之欲見之也，何為也哉？」

曰：「為其多聞也，為其賢也。」

曰：「為其多聞也，則天子不召師，而況諸侯乎？為其賢也，則吾未聞欲見賢而召之也。繆公亟見於子思，曰：『古千乘之國以友士，何如？』子思不悅，曰：『古之人有言曰，

事之云乎，豈曰友之云乎？』子思之不悅也，豈不曰：『以位，則子，君也；我，臣也；何敢與君友也？以德，則子事我者也，奚可以與我友？』千乘之君求與之友而不可得也，而況可召與？齊景公田，招虞人以旌，不至，將殺之。志士不忘在溝壑，勇士不忘喪其元。孔子奚取焉？取非其招，不往也。」

曰：「敢問招虞人何以？」

曰：「以皮冠，庶人以旃，士以旂，大夫以旌。以大夫之招招虞人，虞人死不敢往；以士之招招庶人，庶人豈敢往哉？況乎以不賢人之招招賢人乎？欲見賢人而不以其道，猶欲其入而閉之門也。夫義，路也；禮，門也。惟君子能由是路，出入是門也。《詩》云：『周道如砥，其直如矢；君子所履，小人所視。』」

萬章曰：「孔子，君命召，不俟駕而行，然則孔子非與？」

曰：「孔子當仕有官職，而以其官召之也。」

＊ 譯文：

萬章問孟子：「請問士人不去謁見諸侯，這是什麼道理呢？」

孟子答道：「沒有官職的人，如果住於城市，叫做市井之臣；如果居於郊野，叫做草莽之臣，這都是老百姓。老百姓如果沒有致送見面禮物而為臣屬，不敢去謁見諸侯，這是禮制。」

萬章說：「老白姓，召喚他去服役，便去服役；君土若要同他會晤，召喚他，卻不去謁見，這又為什麼呢？」

孟子說：「去服役，是應該的；去謁見，是不應該的。而且

君主為什麼會想去同他會晤呢？」

萬章說：「因為他見聞廣博、品德高潔。」

孟子說：「如果為的是他見聞廣博，那便應當以他為師。天子還不能召喚老師，何況諸侯呢？如果因為他品德高潔，那我也不曾聽說過想要同賢人相見卻隨便召喚的。魯繆公屢次地去訪晤子思，他問：『古代擁有千輛兵車的國君若同士人交友，是怎樣的呢？』子思不高興地說：『古代人的話，說的是國君以士人為師，哪裏是說是同士人交友？』子思不高興，意思難道不是說：『論地位，你是君主，我是臣下，哪敢同你交朋友呢？論道德，那你是向我學習的人，怎麼可以同我交朋友呢？』擁有一千輛兵車的國君想要跟他交朋友都做不到，何況召喚呢？齊景公田獵，用有羽毛為裝飾的旌旗召喚獵場管理員，對方不來，景公準備殺他。有志之士不怕棄屍山溝，勇敢的人不怕喪失腦袋。孔子對這個管理員贊同他哪一點呢？就是贊同他不回應違背禮儀的召喚。」

萬章問：「該用什麼召喚獵場管理員呢？」

孟子答道：「用皮帽子。召喚老百姓用全幅紅綢做的曲柄旗，召喚士用有鈴鐺的旗，召喚大夫才用有羽毛的旗。用召喚大夫的旗幟去召喚獵場管理員，獵場管理員死也不敢去；用召喚士人的旗幟去召喚老百姓，老百姓難道敢去嗎？何況用召喚不賢之人的禮節去召喚賢人呢？想同賢人會晤，卻不照規矩和禮節，這就好像要請人家進來卻關着大門。義好比是大路，禮好比是大門。只有君子能從這一條大路行走，由這處大門出進。《詩經》說：『大路像磨刀石一樣平，像箭一樣直。這是君子所行走的，也是小人所效法的。』」

萬章問：「孔子聽說國君有召喚，不等車馬駕好自己便先行走去，這樣說來，孔子錯了嗎？」

答道：「那是因為孔子正在做官，有職務在身，國君根據他擔任的官職去召喚他。」

朋友圈縱橫談

※ 薛方山

士人，可以是草莽之臣，可以是市井之臣，這話值得質疑。韓非子有性分三品的說法，他是參考孟子性善論、荀子性惡論、告子性無善無惡論，斟酌其中的對錯以及依據自己的體驗而總結的。「為」字是告子的病根，「戕賊」是從他的「為」推斷出來的。

原文：

薛方山曰：士可以為草莽之臣，可以為市井之臣，可發其疑，韓子之三品，復因三子之論而酌其似非體驗得者也。「為」字，是告子病根；「戕賊」字，就他「為」字翻出。

※ 袁了凡

「不忘」這詞自有所指（仁），就好像說「匆促間也不可離開仁，困頓中也不可拋棄仁」。宋人張思敬因為讀孟子這兩句，才自覺有所收穫，後來更窮盡義理，精研深微，很少有比這兩句更高明的。馬時中曾經借用這兩句的意思，寫道：「今日是什麼日子呀，那山野溝壑是我埋骨的地方。」他將之作為座右銘，遇到事情常奮不顧身，每次都能成功。這兩個人都是程門的高足。

原文：

袁了凡曰：「不忘」自有所指，如云「造次必於是，顛沛必

於是」也。宋張思敬因讀孟子此二句，始有自得處，後更窮理造微，鮮有及此者矣。馬時中嘗述此二句曰：「今日何時？溝壑乃吾死所也。」臨事奮不顧身，每能自遂。二子皆程門高弟。

※ 徐子卿

君子就是見聞廣博、具有賢德的人，平生用禮義來約束自己，從不因希求君主的寵愛而犯過失。「門」和「路」兩個字，也可以借用來形容君子規規矩矩、揣度好步伐才行動的情景。

原文：

徐子卿曰：君子就是多聞與賢之人，平生以禮義自守，決不失足於君希寵。「門」「路」二字，亦借來形他擬足而動的光景。

友善章

孟子謂萬章曰：「一鄉之善士斯友一鄉之善士，一國之善士斯友一國之善士，天下之善士斯友天下之善士。以友天下之善士為未足，又尚論古之人。頌其詩，讀其書，不知其人，可乎？是以論其世也。是尚友也。」

※ 譯文：

孟子對萬章說：「一個鄉村裏的優秀人物便和那一鄉村的優秀人物交朋友，一個國家的優秀人物便和這個國家的優秀人物交朋友，天下的優秀人物便和天下的優秀人物交朋友。認為和

天下的優秀人物交朋友還不夠，便又追論古人。如果吟詠他們的詩歌，研究他們的著作，不了解他的為人可以嗎？所以要研究他們所處的時代。這就是與古人交朋友。」

朋友圈縱橫談

※ 成玉弦

　　這章只是泛泛地說交友之道宜廣泛，並不是固執於從一鄉一國而至於天下，由今人擴展到古人。要知道小小心胸，包羅世間萬象；不出門戶，可以跟歷代先賢暢談。

原文：

　　成玉弦曰：只泛論交道宜廣，不泥定由鄉國而及天下，由今人而及古人。須知方寸之中，森羅萬象；一室之內，晤言千古。

※ 張　岱

　　有人說，孟子教導人，看見優秀的人就跟他做朋友，就像貪財的商人進入市場，看見好貨就收購。這裏的「斯」字用得極妙。「一鄉的優秀人物」等句，是泛指優秀的人，優秀都是一樣的，哪裏需要用鄉、國、天下來區分？

原文：

　　或曰：孟子教人，見善便取友，如貪賈入市，見物便收：看「斯」字最妙。「一鄉之善士」等句，泛就人之有善者說，善一而已，豈有鄉、國、天下之分？

「斯」字用得最妙。自家人是看不到自家人的好的，即便跟聖賢面對面，也會當面錯過。但是，終歸自己是怎麼樣的人，才能夠跟怎麼樣的人做朋友，否則初級的學堂裏，毛髮發黃的小孩子和牙齒都快掉光的老學究，天天在那裏咿咿呀呀地唸「曰若稽古，帝堯」，以及那些「關關雎鳩」之類，難道這就是算是與古人交友嗎？能夠討論古代事物，才能與古人做朋友。所謂討論，是要品評高下，一定要我的水平、見地都跟對方差不多，才能討論得起來。

原文：

楊復所曰：「斯」字最妙。自家人品不到此，即與聖賢覿面，亦自當面蹉過了也。畢竟自家為何等人品，方才能友何等人品，不然材學堂中，黃髮孺子，腐齒老翁，日日在彼伊吾「曰若稽古，帝堯」，並「關關雎鳩」，便為尚友古人乎？論古方與古人為友，論者品第高下，必我造詣意見與他差不多方可論。

問卿章

齊宣王問卿。孟子曰：「王何卿之問也？」

王曰：「卿不同乎？」

曰：「不同。有貴戚之卿，有異姓之卿。」

王曰：「請問貴戚之卿。」

曰：「君有大過則諫；反覆之而不聽，則易位。」

王勃然變乎色。

曰：「王勿異也。王問臣，臣不敢不以正對。」

王色定，然後請問異姓之卿。

曰：「君有過則諫，反覆之而不聽，則去。」

＊ 譯文：

齊宣王問關於公卿的事情。孟子說：「大王問的是哪一類的公卿？」

王說：「公卿難道還有所不同嗎？」

孟子說：「不一樣。有王族的公卿，有非王族的公卿。」

王說：「我請問王族的公卿。」

孟子說：「君主若有重大錯誤，他便加勸阻；如果反覆勸阻了還不聽，就把他廢棄，改立別人。」

宣王突然變了臉色。

孟子說：「大王不要奇怪。大王問我，我不敢不老實回答。」

宣王臉色正常了，又問非王族的公卿。

孟子說：「君主若有錯誤，便加勸阻；如果反覆勸阻了還不聽從，自己就離職。」

朋友圈縱橫談

※ 張　岱

　　孟子談到公卿的情況，只是大概而言，微子離開無道的商紂王，伊尹把太甲流放到桐宮，從沒人在意他們是貴戚，還是異

姓。不必真有其事，齊王聽了孟子的話已經跟冷水淋在背上一樣，猛然一驚。這大概是父母用黃色樹葉假作黃金哄騙小孩說可以買糖，讓小孩不再哭的辦法吧。

原文：

孟子言其概，微子去之，伊尹放太甲於桐，皆不論貴戚、異姓也。不必實有事，齊王聞之如冷水澆背，陡然一驚，蓋黃葉止啼法也。

告子上

杞柳章

告子曰：「性猶杞柳也，義猶桮棬也；以人性為仁義，猶以杞柳為桮棬。」

孟子曰：「子能順杞柳之性而以為桮棬乎？將戕賊杞柳而後以為桮棬也？如將戕賊杞柳而以為桮棬，則亦將戕賊人以為仁義與？率天下之人而禍仁義者，必子之言夫！」

＊ 譯文：

告子説：「人的本性就像杞柳樹，義理就像杯盤；把人的本性納於仁義，正好比用杞柳樹來製成杯盤。」

孟子説：「您是順着杞柳樹的本性來製成杯盤呢？還是毀傷杞柳樹的本性來製成杯盤呢？如果要毀傷杞柳樹的本性然後製成杯盤，那也要毀傷人的本性然後納之於仁義嗎？引領天下的人來損害仁義的，一定是您的這種學説吧！」

朋友圈縱橫談

※ 王弇州

荀子的性惡論太荒謬了，但他也是從自身的體驗裏總結的。就像告子的性無善無惡的觀點，也是從自身的體驗獲得的。楊子善惡混同的觀點，是從荀子性惡、孟子性善的論點推演，他隱居不仕就辭謝百鎰黃金，準備離去就拒絕萬鍾俸祿，他的耿介沒有

一點削弱，奉行大道的意圖就更顯明了。

原文：

　　弇州曰：荀子之言性惡蓋矣，然亦自體驗得之。如告子亦體
驗而得者也。楊子之善惡混從荀孟之論，而處而辭百鎰，將行而
辭萬鍾，其介未嘗少貶，則事道之意愈明矣。

湍水章

　　告子曰：「性猶湍水也，決諸東方則東流，決諸西方則
西流。人性之無分於善不善也，猶水之無分於東西也。」

　　孟子曰：「水信無分於東西，無分於上下乎？人性之善
也，猶水之就下也。人無有不善，水無有不下。今夫水，搏
而躍之，可使過顙；激而行之，可使在山。是豈水之性哉？
其勢則然也。人之可使為不善，其性亦猶是也。」

＊ 譯文：

　　告子說：「人性好比湍急的水流，從東方打開缺口便向東
流，從西方打開缺口便向西流。人性不分善、不善，正同水沒
有固定東流、西流的分別。」

　　孟子說：「水誠然沒有固定東流、西流的分別，難道也沒有
向上或者向下的定向嗎？人性的善良，正好像水性的向下流。
人沒有不善良的，水沒有不向下流的。當然，拍擊水使它跳起
來，可以高過額角；戽水使它倒流，可以引上高山。這難道是

水的本性嗎？形勢使它如此而已。人會做壞事，是他的本性也像這樣受到了形勢的改變。」

朋友圈縱橫談

※ 張 岱

「決」這個字，透露告子是在自己設定案例（假想不同情形）。孟子以厓水「在山」，激水「過顙」來回答，正對應了「決」的意思。孟子是藉着告子的案例來闡述自己的觀點。

原文：

「決」之一字，是告子自陳公案。「在山」「過顙」，正了「決」字義。是就彼說法。

※ 顧九疇

告子用先天的自然稟賦，質疑後天的人為培養。孟子從後天的情況，判定它同先天的自然稟賦相應。如果強調先天稟賦，容易使世人迷惑；如果注重後天培養，則有利於維繫世風。

原文：

顧九疇云：告子借先天疑後天，孟子從後天信合先天。先天者，惑世；後天者，持世。

生性章

告子曰：「生之謂性。」

孟子曰：「生之謂性也，猶白之謂白與？」

曰：「然。」

「白羽之白也，猶白雪之白；白雪之白猶白玉之白與？」

曰：「然。」

「然則犬之性猶牛之性，牛之性猶人之性與？」

＊ 譯文：

告子說：「天生的資質叫做性。」

孟子說：「天生的資質叫做性，好比一切東西的白色叫做白嗎？」

答道：「正是如此。」

「白羽毛的白就是白雪的白，白雪的白就是白玉的白嗎？」

答道：「正是如此。」

「那麼，狗的天性就是牛的天性，牛的天性就是人的天性嗎？」

朋友圈縱橫談

※ 張　岱

讀《告子篇》，應當注意「生之謂性」這句話，這是告子有

關人性學說的宗旨。性如杞柳的比喻依據於此，性如同湍急水流的比喻也依據於此，食色本性、仁內義外的觀點也依據於此，告子沒有在這方面改變他的說法，正表現出他「假若不能在禮的成說中找到行為的指導，便不要向內心中尋求」的虛幻不實。

原文：

讀《告子篇》當知「生之謂性」一句，此告子論性之宗旨也。杞柳之喻本此，湍水之喻本於此，食色仁內義外之論亦本於此，未嘗少變其說。於爾，然後寫出告子不得於言，勿求於心光景。

食色章

告子曰：「食色，性也。仁，內也，非外也；義，外也，非內也。」

孟子曰：「何以謂仁內義外也？」

曰：「彼長而我長之，非有長於我也；猶彼白而我白之，從其白於外也，故謂之外也。」

曰：「異於白馬之白也，無以異於白人之白也；不識長馬之長也，無以異於長人之長與？且謂長者義乎？長之者義乎？」

曰：「吾弟則愛之，秦人之弟則不愛也，是以我為悅者也，故謂之內。長楚人之長，亦長吾之長，是以長為悅者也，故謂之外也。」

曰：「耆秦人之炙，無以異於耆吾炙，夫物則亦有然者也，然則耆炙亦有外歟？」

　　告子說：「飲食男女，這是本性。仁是內在的東西，不是外在的東西；義是外在的東西，不是內在的東西。」

　　孟子說：「怎樣叫做仁是內在的東西、義是外在的東西呢？」

　　答道：「他年紀大，於是我恭敬他，並不是我內心就恭敬他；正好比外物是白的，我便認它為白色之物，這是由於外物的白而我加以認識的緣故，所以說是外在的東西。」

　　孟子說：「白馬的白和白人的白或許沒什麼不同，但是不知道對老馬的憐憫心和對老者的恭敬心，是不是也沒有什麼不同呢？而且，您說，所謂義在於老者呢，還是在於恭敬老者的人呢？」

　　答道：「對方若是我的弟弟便愛他，若是秦國人的弟弟便不愛他，這是因我自己的關係而高興這樣的，所以說仁是內在的東西。恭敬楚國的老者，也恭敬我自己的老者，這是因為老者的外在關係而這樣的，所以說義是外在的東西。」

　　孟子說：「喜歡吃秦國人做的烤肉，和喜歡吃自己做的烤肉沒什麼不同，各種事物也有如此的情形。那麼，難道喜歡吃烤肉的心也是外在的東西嗎？」

朋友圈縱橫談

＊ 顧涇陽

　　仁義若可分內外，就不是天性的德。孟子說告子不懂得義，

正因為他把仁義當作外在的東西。

原文：

> 顧涇陽曰：仁義可分內外，便非性之德。孟子謂告子未嘗知義，以其外之也。

※ 張　岱

　　我認為告子不懂仁，正因為他把仁當作是內在的東西。

　　告子對於飲食、顏色的事情很清楚，孟子就用飲食、顏色來做說明。所以一個例子說「白馬的白」，一個例子說「喜歡吃秦國人的烤肉」。他是通過告子了解的一點，幫助他徹底了解。

原文：

> 吾謂告子未嘗知仁，以其內之也。
>
> 告子明於食色者，孟子即以食色立論。故一則曰「白馬之白」；一則曰「嗜秦人之炙」。就其一隙之明，使其了曉。

※ 徐子卿

　　仁義禮智都是從內心生出來的，所以它們是「內在」。告子的意思就像《禮記》所說的：「禮啊，是天地的區別。」又說「禮接近義」，這是針對萬物各自不同的跡象來說的，所以叫做「外在」。如果真是這樣，那麼遇到好吃的東西自然愛吃，遇到漂亮的美女自然喜歡，仁也將成為外在的東西，那它同普通的嗜欲之好有什麼不一樣呢？

原文：

> 徐子卿曰：仁義禮智都從心生，所以為「內」。告子之意即

如《禮記》所云「禮者，天地之別也」。又云「義近於禮」，指卻萬物散殊之跡言之，故謂之「外」。若如此，則食之甘者自可嗜，色之美者自可悅，仁亦將在外，顧與嗜之悅之者何與哉？

※ 陸子靜

　　抱有既定觀點和意見的人，最難跟他說明白道理。如果只就觀點進行剖析，一定沒有結果，而必須用遊戲筆墨、比喻故事來觸動和啟發他。

原文：

　　陸子靜有云：意見人最難與言；若用意見相剖，斷無了決，直須以遊戲觸之耳。

行敬章

　　孟季子問公都子曰：「何以謂義內也？」

　　曰：「行吾敬，故謂之內也。」

　　「鄉人長於伯兄一歲，則誰敬？」

　　曰：「敬兄。」

　　「酌則誰先？」

　　曰：「先酌鄉人。」

　　「所敬在此，所長在彼，果在外，非由內也。」

　　公都子不能答，以告孟子。

孟子曰：「敬叔父乎？敬弟乎？彼將曰：『敬叔父。』曰：『弟為尸，則誰敬？』彼將曰：『敬弟。』子曰：『惡在其敬叔父也？』彼將曰：『在位故也。』子亦曰：『在位故也。庸敬在兄，斯須之敬在鄉人。』」

季子聞之，曰：「敬叔父則敬，敬弟則敬，果在外，非由內也。」

公都子曰：「冬日則飲湯，夏日則飲水，然則飲食亦在外也？」

＊ 譯文：

孟季子問公都子：「怎麼說義是內在的東西呢？」

答道：「恭敬從我的內心發出，所以說是內在的東西。」

「本鄉人比大哥大一歲，那你恭敬誰？」

答道：「恭敬哥哥。」

「如果在一塊兒飲酒，先給誰斟酒？」

答道：「先給本鄉長者斟酒。」

「你心裏恭敬的是大哥，卻向本鄉長者敬禮，可見義畢竟是外在的東西，不是由內心發出的。」

公都子不能對答，便來告訴孟子。

孟子說：「你可以問：『恭敬叔父呢？還是恭敬弟弟呢？』他會答：『恭敬叔父。』你又問：『弟弟若做了受祭的代理人，那又恭敬誰呢？』他會答：『恭敬弟弟。』你再問：『那為什麼又說恭敬叔父呢？』他會答：『這是由於弟弟處在當受恭敬之位的緣故。』那你也就說：『那也是由於本鄉長者處於當給先斟酒之位的緣故。平常恭敬的對象是哥哥，暫時恭敬的對象是本地

長者。』」

季子聽了這話，又說：「對叔父也是恭敬，對弟弟也是恭敬，可見義是外在的，不是由內心出發的。」

公都子說：「冬天喝熱水，夏天喝涼水，難道飲食就不是由於本性，也是外在的了嗎？」

朋友圈縱橫談

※ 張　岱

義，是心的規則，事情的權宜，不可以說它是偏於外的，也不可以說它是偏於內的，告子勉勵辯護他偏於一端的論點，孟子也不敢斷然混合成圓融的學說。如果孟子這個時候確切地告知告子：「義是內在的，也是外在的。」那麼，告子不用勸說就自己信服了。

原文：

義者，心之制，事之宜，說不得偏於外，亦說不得偏於內，告子力護其偏至之詞，孟子亦不敢雜以圓融之說，倘於此正告之曰：「義內也，亦外也。」則告子不辯而自服矣。

性善章

公都子曰：「告子曰：『性無善無不善也。』或曰：『性可以為善，可以為不善。是故文武興，則民好善；幽厲興，

則民好暴。』或曰：『有性善，有性不善。是故以堯為君而有象，以瞽瞍為父而有舜，以紂為兄之子，且以為君，而有微子啟、王子比干。』今曰『性善』，然則彼皆非與？」

孟子曰：「乃若其情，則可以為善矣，乃所謂善也。若夫為不善，非才之罪也。惻隱之心，人皆有之；羞惡之心，人皆有之；恭敬之心，人皆有之；是非之心，人皆有之。惻隱之心，仁也；羞惡之心，義也；恭敬之心，禮也；是非之心，智也。仁義禮智，非由外鑠我也，我固有之也，弗思耳矣。故曰：『求則得之，捨則失之。』或相倍蓰而無算者，不能盡其才者也。《詩》曰：『天生烝民，有物有則。民之秉彝，好是懿德。』孔子曰：『為此詩者，其知道乎！故有物必有則，民之秉彝也，故好是懿德。』」

* 譯文：

公都子說：「告子說：『本性沒有什麼善良，也沒有什麼不善良。』也有人說：『本性可以使它善良，也可以使它不善良；所以周文王、武王當政，百姓便趨向善良；周幽王、厲王在位，百姓便趨向橫暴。』也有人說：『有些人本性善良，有些人本性不善良；所以有堯這樣的聖人做君主，卻有象這樣不好的百姓；有瞽瞍這樣壞的父親，卻有舜這樣好的兒子；有紂這樣惡的侄兒，而且做君主，卻有微子啟、王子比干這樣的仁人。』現在老師說本性善良，那麼，他們都錯了嗎？」

孟子說：「從天生的資質看，可以使它善良，這便是我所說的人性善良。至於有些人不善良，不能歸罪於他的資質。同情心，每個人都有；羞恥心，每個人都有；恭敬心，每個人都有；

是非心，每個人都有。同情心屬於仁，羞恥心屬於義，恭敬心屬於禮，是非心屬於智。這仁義禮智，不是由外人給與我的，是我本來就具有的，只是沒深入思考過罷了。所以說：『一經探求，便會得到；一旦放棄，便會失掉。』人與人之間有相差一倍、五倍甚至無數倍的，就是不能充分發揮他們的稟賦的緣故。《詩經》說：『天生育眾民，事物都有它的規律。百姓把握規律，喜愛優良的品德。』孔子說：『寫這篇詩的人，一定是個懂得道的人呀！有事物，便有它的規律；百姓把握了這些規律，所以喜愛優良的品德。』」

朋友圈縱橫談

※ 張　岱

　　孟子說性本善，也只說了情的一面，人性又哪裏可以用善來命名的？比如，將惻隱之心作為仁的發端，而舉出突然見到小孩子掉入井中，見到的人都會憐憫來驗證它，可是，現在的人猛然見到漂亮女人而心神搖蕩，猛然見到金銀財寶而起貪念，這也都不是出於認識扭曲，但可以都說是真心嗎？

　　現在有三種說法紛紜：一種依據「本性相近」立論，一種依據「熏習相遠」立論，一種則依據「只有最有智慧的人和最愚蠢的人無法改變」立論。所以，只要引用孔子的話作為判斷標準，這三種觀點就不攻自破了。

　　有三個瞎子摸象，摸到象耳朵的，就說象長得像是簸箕；摸到象鼻子的，就說象長得像是舂杵。雖然他們都說出了象的某一個特徵，但終究沒有搞明白象完整的情況。三種有關人性的說法，就跟盲人摸象沒區別。

> 孟子說性善，亦只說得情一邊，性安得有善之可名？且如以惻隱為仁之端，而舉乍見孺子入井以驗之，然今人乍見美色而心蕩，乍見金銀而心動，此亦非出於矯強，可俱謂之真心耶？
>
> 三說紛紛。一傍着「性相近也」立說，一傍着「習相遠也」立說，一傍着「惟上智與下愚不移」立說。故引孔子作斷案，三說不攻自破。
>
> 有三盲摸象，得象耳者，云象如簸箕，得象鼻者，云象如春杵，雖獲一方，終不得全象之實。三者言性，正與盲者無異。

※ 徐子卿

「仁義禮智，不是由外人給與我的」，由於告子一班人把仁義禮智都弄成了傷害人性的工具，以為另外有四種東西來損耗人性，這是這些人的病根子。所以孟子特意有針對性地提出這一點，不是空泛地說什麼由外至內。

原文：

徐子卿曰：「仁義禮智，非繇外鑠我也」，乃因告子一班把仁義禮智都做了賊性之具，見得另外有個四端將性來消耗，乃是此徒病根，故此針出，不是空空說個繇外至內。

※ 張　岱

「從人的天之稟賦（情）來看，可以使它善良。」孟子是用情來討論性。賀瑒說：性和情，就像水和波瀾，靜止的時候是水，動蕩的時候就是波瀾；靜止的時候是性，動蕩的時候是情，

就是這個意思。李習之竟然想要消滅情來恢復性，也跟孟子的理論大為不同呀。

原文：

「乃若其情，則可以為善。」孟子蓋即情以論性也。賀瑒云：性之與情，猶水之與波，靜時是水，動則是波；靜時是性，動則是情，蓋即此意。李習之乃欲滅情以復性，亦異乎孟氏之旨矣。

※ 蘇東坡

孔子和孟子的道是一樣的，他們的表述風格則不一定一樣。怎麼知道是這樣呢？看他們談論性就知道了。孔子的語言如同珠子灑在圓盤上，孟軻的語言如同珠子落入了布氈。

原文：

東坡云：孔子、孟軻道同，而其書未必同。何以知之？以其言性知之。孔子之言如珠走盤，孟軻之言如珠着氈。

降才章

孟子曰：「富歲，子弟多賴；凶歲，子弟多暴，非天之降才爾殊也，其所以陷溺其心者然也。今夫麰麥，播種而耰之，其地同，樹之時又同，浡然而生，至於日至之時，皆熟矣。雖有不同，則地有肥磽、雨露之養、人事之不齊也。故凡同類者，舉相似也，何獨至於人而疑之？聖人，與我同類

者。故龍子曰:『不知足而為屨,我知其不為蕢也。』屨之相似,天下之足同也。口之於味,有同耆也,易牙先得我口之所耆者也。如使口之於味也,其性與人殊,若犬馬之與我不同類也,則天下何耆皆從易牙之於味也?至於味,天下期於易牙,是天下之口相似也。惟耳亦然。至於聲,天下期於師曠,是天下之耳相似也。惟目亦然。至於子都,天下莫不知其姣也。不知子都之姣者,無目者也。故曰,口之於味也,有同耆焉;耳之於聲也,有同聽焉;目之於色也,有同美焉。至於心,獨無所同然乎?心之所同然者何也?謂理也,義也。聖人先得我心之所同然耳。故理義之悅我心,猶芻豢之悅我口。」

＊ 譯文:

　　孟子說:「豐收年成,年輕人多半懶惰;災荒年成,年輕人多半強暴,不是天生的資質這樣不同,是所處的環境使他們心行受影響而發生變化。就拿大麥來說,播了種,耙了地,如果土地一樣,種植的時候一樣,便會蓬勃地生長,到了夏至都會成熟了。縱使有所不同,那也是由於土地肥瘠、雨露多少、勞作程度不同的緣故。所以一切同類之物,無不大體相同,為什麼一講到人類便懷疑了呢?聖人也是我們的同類。龍子曾經說過:『沒有看到腳就去編草鞋,我也知道不會編成筐子。』草鞋相近,是因為所有人的腳形狀大體相同。口對於味道,有相同的嗜好;易牙早就摸準了這一嗜好。假使口對於味道,人人不同,而且像狗馬和我們人類本質上的不相同一樣,那麼,憑什麼天下的人都喜歡易牙的口味呢?一講到口味,天下都期望

做到易牙那樣，這就說明了天下人的味覺大體相同。耳朵也如是。一講到聲音，天下人都期望成為師曠，這就說明了天下人的聽覺大體相同。眼睛也如此。一講到子都，天下沒有人不認為他英俊。不認為子都英俊的，那是沒長眼睛的人。所以說，口對於味道，有相同的嗜好；耳對於聲音，有相同的聽覺；眼睛對於容色，有相同的美感。談到心，就獨獨沒有相同之處嗎？心的相同之處是什麼呢？是理，是義。聖人先於普通人懂得了我們內心相同的理義。所以理義使我心愉悅，正和豬狗牛羊肉合乎我的口味一般。」

朋友圈縱橫談

※ 管登之

孟子形容心受到的危害最獨到、貼切。前面他說「外鑠」，「鑠」是指用火熔化金屬，是外逼迫內，「道心惟微」就是這樣的情狀。現在他又說「陷溺」，「陷溺」是水浸沒人的意思，這是內汨外，「人心惟危」就是這樣的狀況。

原文：

管登之曰：孟子形容心害最警切。前曰「外鑠」，「鑠」者，以火銷金之名。外逼內也，「道心惟微」之狀如此。今曰「陷溺」，「陷溺」者以水沒人之名，內汨外也，「人心惟危」之狀如此。

※ 張　岱

前面說到犬、牛和人不同，是闡明人、物差別很小的問題。

這一章説到聖人和普通人一樣，以使人確信堯、舜跟普通人同類的觀點。

　　孟子要説心，卻先講了一通眼、耳、口、鼻，之後才説清楚心的情況。要知道嘴巴、耳朵、眼睛、鼻子之外，心還能依附在哪裏呢？這是孟子將大道理用滑稽、趣味的方式解説，大家要知道這一點。

原文：

　　前説犬、牛與人異，以明人、物幾希之辨。此章説聖人與人同，以信堯、舜與同之説。

　　孟子説心卻先在眼、耳、口、鼻上指點，才指破心事。要知口、耳、眼、鼻之外，心又在何處？此是孟氏以名理為滑稽，須人理會。

夜氣章

　　孟子曰：「牛山之木嘗美矣，以其郊於大國也，斧斤伐之，可以為美乎？是其日夜之所息，雨露之所潤，非無萌蘖之生焉，牛羊又從而牧之，是以若彼濯濯也。人見其濯濯也，以為未嘗有材焉，此豈山之性也哉？雖存乎人者，豈無仁義之心哉？其所以放其良心者，亦猶斧斤之於木也，旦旦而伐之，可以為美乎？其日夜之所息，平旦之氣，其好惡與人相近也者幾希，則其旦晝之所為，有梏亡之矣。梏之反覆，則其夜氣不足以存；夜氣不足以存，則其違禽獸不遠

矣。人見其禽獸也，而以為未嘗有才焉者，是豈人之情也哉？故苟得其養，無物不長；苟失其養，無物不消。孔子曰：『操則存，捨則亡；出入無時，莫知其鄉。』惟心之謂與？」

✳ **譯文：**

　　孟子說：「牛山的樹木曾經是很茂盛的，可是因為它長在大都市的郊外，老用斧子去砍伐，還能夠茂盛嗎？當然，它日日夜夜在生長着，雨水露珠在潤澤着，不是沒有新條嫩芽生長出來，但緊跟着就放羊牧牛，所以變成那樣光禿禿了。大家看見那光禿禿的樣子，便以為這山不曾有過大樹木，這難道是山的本性嗎？在人身上，難道沒有仁義之心嗎？他之所以喪失他的善良之心，也像斧子對待樹木一般，每天每天地去砍伐它，能夠茂盛嗎？他在日裏夜裏萌發的善心，他在天剛亮時所接觸到的清明之氣，這些在他心裏所激發出來的好惡跟一般人相近的也有一點點。可是一到白晝，所行所為又把它消滅了。反覆地消滅，那麼，他夜來心裏所萌發的善念自然不能存在；夜來心裏萌發的善念不能存在，便和禽獸相距不遠了。別人看到他如同禽獸，就以為他不曾有過善良的資質，這難道也是這些人的本性嗎？所以假若得到滋養，沒有東西不生長；失掉滋養，沒有東西不消亡。孔子說過：『抓住它，就存在；放棄它，就亡失；出出進進沒有一定時候，也不知道它何去何從。』說的就是人心吧。」

✳ 張　岱 _____

　　《晏子春秋》裏面描寫：「齊景公在牛山遊玩，他往北看着

齊國的大地，感慨：『真美呀，我們的國家！蒼鬱的泰山！假如自古就沒有死亡這回事，那麼我還會離開這裏去哪裏呢？』他低下頭，眼淚打濕衣襟。大臣國子、高子回應他説：『是呀。我仰賴大王您的恩賜，也有菜有肉，能供飲食；有劣馬和柴車，可以乘坐。我尚且還不願意死，何況君主您呢。』他們也低頭哭泣。晏子在一旁聽了，説：『哎呀，可笑呀。今天出來玩，見到了一個怯懦的君主和兩個阿諛的臣子。假使自古沒有死人這回事，那麼齊國的開國君主太公望今天就還活着，我們的君主您大概正披着蓑衣、斗笠，在田野裏勞作，只關心幹活，哪還有空閒想到死亡呢！』景公感到慚愧，舉起酒杯自罰，又罰國子、高子二人飲酒。」

原文：

《晏子春秋》曰：「景公遊於牛山之上，而北望齊曰：『美哉國乎！鬱鬱泰山，使古而無死，則寡人將去此而何之？』俯而泣沾襟。國子、高子曰：『然。臣賴君之賜，蔬食惡肉，可得而食也，駑馬柴車，可得而乘也，且猶不欲死，況君乎！』俯泣。晏子曰：『樂哉！今日之遊也，見怯君一而諛臣二。使古而無死者，則太公至今猶存，吾君方被蓑笠而立乎畎畝之中，惟事之恤，何暇念死乎！』景公慚，舉觴自罰，因罰二臣。」

※ 張　岱

有人問，什麼是「夜氣」。回答説：項萬純初次訪問我的禪室，大家閒談着不知不覺到了夜裏，留戀着捨不得走。當時正是春雪消融，寒意陣陣，家僮僕婦都默無聲息，於是朗誦王維的文章：「長巷裏受凍的狗，叫聲跟豹子一樣，村落傳來人們夜間春杵的聲音，跟那不時響起的鐘聲錯落。」這真跟當時的情景一模

一樣呀。良久，兩種聲音漸漸停息，客人和主人都恍然若失，一室茶冷燈殘，兩人如同忘記了軀殼。由此可知，擅長描述心（氣）萌發時刻狀態的，沒有能超過孟子的。

原文：

> 問「夜氣」。曰：項萬純初訪余僧寮，聞說向夜，留不能去。時春雪生寒，僮僕靜默，因誦王摩詰語：「深巷寒犬，吠聲若豹，村墟夜舂，復與疏鐘相間。」真當日事也。久之，兩聲暫歇，賓主嗒然，茗冷燈殘，形骸忽廢，故知善言未發者無過孟子。

※ 張元岵

「平旦」，指的是晝夜平分、交替的時候，也就是清早。

原文：

> 張元岵云：平旦，謂晝夜平分之時，即初旦也。

※ 張　岱

駕馭心和駕船一樣，鍛煉心和操練兵馬一樣。駕船，訣竅是讓它在水上隨波自行，不對抗風波；操練兵馬則有出奇法，有守正法，有五行陣，種種策略和陣法，鐘和鼓也自有用處。操練不是固守僵化的套路，也有靈活應變。范淳夫的女兒評論孟子不懂心——心哪裏有出出入入！伊川先生程頤說：「這個女子雖然並不真懂得孟子，但她對心有點認識呀。」

原文：

> 操心如操舟，操心如操兵。操舟則中流自在，不礙風波；

操兵則奇正五花，鐘鼓寂若。操非死法，存亦活機。范淳夫女謂孟子不識心，心豈有出入。伊川曰：「此女雖不識孟氏，卻能識心。」

※ 張侗初

人們用鼻子呼氣，一出一入叫做「息」；世間萬物得到滋潤而繁茂生長，稱為滋息。生息是知道「息」的，生氣卻不是斷氣。就像燃燒了一夜的火和灰燼，如果灰燼是暖的，那麼火就還保存，用柴火去點就還能燃燒起來，那整個爐子裏都是燃燒物啊。

原文：

張侗初曰：人以鼻氣入出為息，凡物以發榮滋潤為滋息。生息則知息者，生氣而非止氣也。如宿火於灰，灰暖而火活，傳薪則燃矣，是滿爐都是燃體也。

※ 張　岱

「息」這個字，儒、釋、道三教都有使用。佛家稱之為「反息」，道家稱之為「踵息」（息指呼吸），莊子稱為「六月息」（息指風）。

原文：

「息」之一字，範圍三教之宗。釋氏謂之「反息」，老氏謂之「踵息」，蒙莊氏謂之「六月息」。

※ 徐子卿

「出出入入沒有確定的時間，也不知道它的去向。」這兩句可以說是講駕馭心的辦法、保持氣的妙用，它是這樣神奇的東西，是萬物變化的根本。如果解釋得太誇張，證明心難以捕捉、駕馭，跟「惟」的口氣不合。這兩句是讚美的話，而不是懊惱的話。

原文：

徐子卿曰：「出入無時，莫知其鄉。」這兩句乃是說操之法，存之妙，是這般神物，乃為萬化根本。若講得浪蕩，以見心之難存，於「惟」字口氣不像。兩句是讚喜之辭，而非懊惱之辭也。

※ 張　岱

羅近溪聽學生誦讀《牛山章》，感慨說：聖賢警醒人很急切，人們沒有好好留意、思索。比方說「梏亡」兩個字，現在的人都當做平常字眼看待。我曾經做過管刑事的官員，親見犯人戴着枷鎖的苦楚，從頭到腳沒有半寸可以活動一下，不由為之落淚。學生說：現在的人從身體而起欲念，都是「梏亡」的做法呀。先生說：心寄託在身軀裏面，身軀既然被桎梏了，心又怎麼能發動、活躍。等到了半夜，不僅手呀、腳呀、耳朵和眼睛呀，擱在那裏，沒有感受了，即便是思慮也停下來，之後身體裏面的氣息可以稍微平靜地出入。等到清晨到來，萬物生機發動，而善心才恢復它的原狀。回想白日裏為了維持身體而勞苦的情狀，這和把善心當做罪犯戴上枷鎖有什麼不同，且還沒有地方可以去申冤訴苦。

早晨的氣和夜裏的氣需要分辨。早晨是人已醒、有覺知的時

候，心對人有一半的主宰能力了；到了夜裏，是人深深熟睡的時候，心沒有主宰人的能力，都是靠天性稟賦。所以，具備早晨的氣，還算是比較清楚明白的一個人，如果喪失了早晨的氣，才說這是「夜氣」。由此可見，人縱使自己放棄，但上天還沒有完全放棄他呢。如果夜裏的氣可以保存，還算得一個可以行善的人，可見資質裏的善是善心生起的基礎。

原文：

　　羅近溪因學者誦《牛山章》歎曰：聖賢儆人甚切，人特未之思耳。即「梏亡」二字，今人只作尋常看。某舊為刑曹，親見桎梏之苦，自頂至踵，更無寸膚可以動活，輒為涕下。學者曰：今人從軀殼起念者，皆「梏亡」之類也。先生曰：良心寓形體，形體既牽，良心安得動活？直至中夜，非惟手、足、耳、目廢置不用，雖心思亦皆休歇，然後身中神氣，稍稍得以出寧。及平旦端倪，自然萌動，而良心乃復矣。回思日間形役之苦，何異以良心為罪人而桎梏之，無所從告也哉！

　　平旦之氣與夜氣有辨。平旦是人已覺之時，做得一半主了，至夜氣乃沉沉熟睡之時，做不得主，全是靠天的。故有平旦之氣，尚是清明一邊人，至無平旦之氣，方才說夜氣。可見人縱自絕，而天尚未深絕之也。若夜氣足以存，猶不失為可與為善的，可見才善是氣善處。

弈秋章

孟子曰：「無或乎王之不智也。雖有天下易生之物也，

一日暴之，十日寒之，未有能生者也。吾見亦罕矣，吾退而寒之者至矣，吾如有萌焉何哉？今夫弈之為數，小數也；不專心致志，則不得也。弈秋，通國之善弈者也。使弈秋誨二人弈，其一人專心致志，惟弈秋之為聽。一人雖聽之，一心以為有鴻鵠將至，思援弓繳而射之，雖與之俱學，弗若之矣。為是其智弗若與？曰：非然也。」

＊ 譯文：

　　孟子説：「不要懷疑大王不聰明。縱使有一種最容易生長的植物，曬它一天，凍它十天，沒有能長得成的。我和大王相見的次數也太少了，我退下後，凍它的人就來了，他雖有善心的萌芽，我又能有什麼幫助呢？譬如下棋，這只是小技術，如果不一心一意，那也學不好。弈秋是全國的下棋高手。假使讓他教授兩個人，一個人一心一意，只聽弈秋的話。另一個呢，一邊聽着，心裏卻想着有隻天鵝快要飛來，想拿起弓箭去射牠。這樣，即使和那人一道學習，他的成績一定不如人家。是因為他不如人家聰明嗎？當然不是。」

朋 友 圈 縱 橫 談

※ 張　岱

　　這章可以和《求其放心章》參讀。弈秋教人下棋，學生沒有不學不問的。但是學生的心跑到天鵝身上去了，也就跟瞎子、聾子一樣，學了等於沒學，問了等於沒問了。要知道，讀書做學問沒有別的 —— 只要一心一意就可以了。

告子上

三八七

原文：

　此章與《求其放心章》參看。弈秋誨人，未嘗不學不問；心馳鴻鵠，若瞽若聾矣。故知專心致志，學問之事無他。

本心章

　孟子曰：「魚，我所欲也，熊掌亦我所欲也；二者不可得兼，捨魚而取熊掌者也。生亦我所欲也，義亦我所欲也；二者不可得兼，捨生而取義者也。生亦我所欲，所欲有甚於生者，故不為苟得也；死亦我所惡，所惡有甚於死者，故患有所不辟也。如使人之所欲莫甚於生，則凡可以得生者，何不用也？使人之所惡莫甚於死者，則凡可以辟患者，何不為也？由是則生而有不用也，由是則可以辟患而有不為也，是故所欲有甚於生者，所惡有甚於死者。非獨賢者有是心也，人皆有之，賢者能勿喪耳。一簞食，一豆羹，得之則生，弗得則死，呼爾而與之，行道之人弗受；蹴爾而與之，乞人不屑也。萬鍾則不辨禮義而受之。萬鍾於我何加焉？為宮室之美、妻妾之奉、所識窮乏者得我與？鄉為身死而不受，今為宮室之美為之；鄉為身死而不受，今為妻妾之奉為之；鄉為身死而不受，今為所識窮乏者得我而為之，是亦不可以已乎？此之謂失其本心。」

　　孟子説：「魚是我喜歡的，熊掌也是我喜歡的；如果兩者不能一齊得到，就捨棄魚而要熊掌。生命是我喜愛的，義也是我喜愛的；如果兩者不能同時擁有，就捨棄生命而保全義。生命本是我所熱愛的，但是還有比生命更為我所熱愛的，因此我不苟且偷生；死亡本是我所厭惡的，但是還有比死亡更為我所厭惡的，因此我不躲避禍害。如果人們所喜歡的沒有超過生命的，那麼，一切可以求生的方法，哪有不使用的呢？如果人們所厭惡的沒有超過死亡的，那麼，一切可以避免禍害的事情，哪有不幹的呢？由此而行，便可以得到生存，有人卻不做；由此而行，便可以避免禍害，有人卻不幹，由此可知有比生命更值得喜愛的東西，也有比死亡更令人厭惡的東西。這種心不僅僅賢人有，人人都有，不過賢人能夠保持它罷了。一筐飯，一碗湯，得到了便活下去，得不到便會餓死，但是如果呼喝着扔給別人，就是過路的餓漢都不會接受；腳踏過再給與他，就是乞丐也不屑於要。然而，有人面對萬鍾的俸祿卻不問合不合於禮義，欣然接受了。萬鍾的俸祿對我有什麼好處呢？為着住宅的華麗、妻妾的侍奉和我所認識的貧苦人感激我嗎？過去寧肯死亡而不接受的，今天卻為着住宅的華麗而接受了；過去寧肯死亡而不接受的，今天卻為了享受妻妾的侍奉而接受了；過去寧肯死亡而不接受的，今天卻為了得到所認識的貧苦人的感激而接受了，這些不是可以不做麼？這就叫做喪失了他的本性。」

朋 友 圈 縱 橫 談

※ 張　岱 _____

> 欲望之海沒有盡頭，俗心雜念難以去除；偶爾一刻羞愧汗

顏，其頑其鈍終生難改。用淫污填滿七尺身軀，為經營算計耗盡丈夫氣度。宅院邊上建宅院，田地之外購田地。好利益，逐名聲，己身榮華還盼子孫繼承。試回頭看看，發覺身外都是無用之物；那些短暫時光、深長情誼，埋沒了多少好男兒。孟子「失其本心」的感歎，實在能讓奔逐名利、搖尾乞憐的人一齊痛哭流涕！

原文：

　　欲海無邊，塵心難掃；汗顏頃刻，頑鈍終身。填七尺於膻淫，耗鬚眉於營算。宅畔有宅，田外有田。好利亦復競名，身榮又祈子富。嘗試回頭一看，覺得身外俱閒；世短意長，不知埋沒了多少血肉男子。孟子「失其本心」一歎，真能使行路、乞人一齊痛哭！

※ 沈無回

　　不接受嗟來之食、蹴來之物的心，它的存在極稀罕，如同電光瞬息消失，光影根本來不及抓取；稍微掉落到第二個念頭，則紛紛擾擾、萬般考慮，就不一定不接受了。那不忍受被呼、被蹴的人，跟後面接受不合乎禮儀的萬鍾粟的人，當視作同一個人。其心其性處在不同的境界，念頭轉換，同一個人做法也就不一樣。

原文：

　　沈無回曰：不受呼蹴之心，如電光忽過，景不及搏，稍落第二念，則擾擾萬慮，而未必不受矣。此不受呼蹴的人，與下受無禮義之萬鍾的人作一人看。

※ 張　岱

> 　　面臨餓死的境地，一般人可能會拒絕一筐子飯、一碟子肉羹，卻不會拒絕萬鍾的俸祿，更不考慮它合不合禮義；喜好虛名的人，能夠推讓一個大國，卻因貪圖一筐子飯、一碟子肉羹而喜形於色。在這些地方考察，可以認識到「本心」。

> 原文：

> 　　常人臨死，不受簞食豆羹，而不辨於萬鍾；好名之人，能讓千乘之國，而見色於簞食豆羹。於此察之，可見「本心」。

放心章

　　孟子曰：「仁，人心也；義，人路也。捨其路而弗由，放其心而不知求，哀哉！人有雞犬放，則知求之；有放心而不知求。學問之道無他，求其放心而已矣。」

＊ 譯文：

　　孟子說：「仁是人的心，義是人的路。放棄了那條正路不走，喪失了那善心而不曉得去尋找，可悲呀！一個人，有雞和狗走失了，還知道去尋找，他的善心喪失了，卻不曉得去尋求。學問之道沒有別的，就是把那喪失的善心找回來罷了。」

朋友圈縱橫談

※ 張　岱

乾涸的車轍溝裏的鯽魚知道吐泡泡互相潤澤，籠子裏的鳥兒不忘記梳理牠的羽毛。失去了一定想要找回，是萬物的常理，尋找消失的善心，省察心就是了，跟轍溝裏的魚、籠中的鳥怎麼會一樣呢？文中說「不知求」，那不知道真是值得哀歎。

學者們都說，讀書做學問沒有其他門道，只要去找回失去的善心就可以了。仔細研究孟子、朱子的意思，其實是說學習大量的道理都是為了尋找失去的善心。他們的話聽起來差不多，意思其實很不一樣。

《譚子化書》寫道：牛與馬雖是家畜，把牠們放出去，在野外就會變得兇悍；鷹與鸇雖然是野鳥，一旦把牠們關起來養就會變得馴服。這同「收其放心」的道理是一樣的。

原文：

涸魚不忘濡沫，籠鳥不忘理翰。失必思返，物性之常，求放心即心矣，豈若涸魚籠鳥哉！曰「不知求」，其不知處，真是可哀。

學者皆說學問之道無他，只求放心便了，詳孟子、朱子之意，乃是學問許多道理，都是為求放心。語意毫釐千里。

《譚子化書》曰：「牛馬，家畜也，縱之坰牧則悍。鷹鸇，野鳥也，一為羈絆則馴。」此「收放心」之說也。

※ 張元岵

這不是教導人怎樣尋找喪失的善心，而是教導人如何做學問；只管趕路，卻不注意走錯了路，世上讀書做學問卻丟失了方

向的人，不少見呀。

原文：

　　張元岵曰：此非教人求放心，教人學問也；只管貪程，不覺錯路，世間學問而放心者，正自不少。

※ 張　岱

　　《鶴林玉露》裏説：孟子説要「求放心」──找回喪失掉的善心；而大儒邵康節卻説「能放心」──可以把心放開、打開。這兩個説法有天淵之別。因為「放心」，是人們自己丟失了心，「心放」，是人們能打開心。普通人的心容易放逸，聖賢能夠打開心。放逸的心流蕩不穩定，打開的心寬廣而開闊。流蕩不安就是失去了本心，開闊就是保全了本心。

原文：

　　《鶴林玉露》曰：孟子言求放心，而康節邵子曰心要能放，二者天淵懸絕。蓋「放心」者，自放也，「心放」者，吾能放也。眾人之心易放，聖賢之心能放。易放者流蕩，能放者開闊。流蕩者失其本心，開闊者全其本心。

信指章

　　孟子曰：「今有無名之指屈而不信，非疾痛害事也，如有能信之者，則不遠秦楚之路，為指之不若人也。指不若人，則知惡之；心不若人，則不知惡，此之謂不知類也。」

　　孟子說：「現在有一人，他的無名指彎曲而不能伸直，雖然不痛苦，也不妨礙做事，如果有人能夠使它伸直，就是要去到秦國、楚國，他都不以為遠，因為無名指不及別人。無名指不及別人，就知道厭惡；心性不及別人，卻不知道厭惡，這就叫做不知輕重。」

朋友圈縱橫談

※ 管登之

　　這一章近乎遊戲筆墨，但孟子這麼寫自有深意，為的是激發人們那一點好勝的心，變作以惡為羞的真心。

原文：

　　管登之曰：此章近戲言，而孟子發之有深意，蓋發人一點好勝之我心，易而為羞惡之真心也。

※ 姚承庵

　　人的心性本來凌駕在萬物之上，現在卻屈從物欲而導致本性不能伸張，孟子因此拿無名指的伸屈做比喻。

原文：

　　姚承庵曰：人心本伸於萬物之上，今卻屈於物欲而不能伸，故借指之屈伸為喻。

使心性比得上別人，只需要注意那一寸見方的小小地方就是，所以孟子用不認為秦、楚路途遠來比喻。

原文：

心之若人，只提醒方寸之間便是，故以不遠秦楚之路影說。

※ 徐子卿

有人問「心性比不上人」怎麼理解，我說：還得注意這個「人」字。只是人，本來就難以一概而論。如果說，指的是不如「別人」，那就給很多愚蠢的人留下了餘地。有人問「指頭比不上人」怎麼樣，我說：正應該由此多想想，難道人生就該像是那伸不直的指頭一樣嗎？

原文：

徐子卿曰：或問「心不若人」。余云：且要看「人」字。只是這個，原難應付者。若說不如別人，便與許多癡漢子開擴餘地。問「指不若人」如何。余云：正該就此想看，難道人生是怎般指頭？

桐梓章

孟子曰：「拱把之桐梓，人苟欲生之，皆知所以養之者。至於身，而不知所以養之者，豈愛身不若桐梓哉？弗思

甚也。」

　　孟子說：「一兩把粗的桐樹、梓樹，人們假若要使它生長起來，都曉得如何去培養。至於本人，卻不曉得如何去保養，難道愛自己還比不上愛桐樹、梓樹嗎？真是太欠考慮了。」

朋友圈縱橫談

※ 張　岱

　　牛山上的樹木發出枝條了，不去砍伐它，就是栽培仁義。對善良的心性，不要去桎梏、消滅它，就像是澆灌桐樹、梓樹一樣。我們自身也再沒有別的培養方法。

原文：

　　牛山萌蘗不斬伐，便是栽培仁義。良心不桎亡，便是灌溉桐梓。吾身更無二養。

狼疾章

　　孟子曰：「人之於身也，兼所愛。兼所愛，則兼所養也。無尺寸之膚不愛焉，則無尺寸之膚不養也。所以考其善不善者，豈有他哉？於己取之而已矣。體有貴賤，有小大。無以

小害大，無以賤害貴。養其小者為小人，養其大者為大人。今有場師，捨其梧檟，養其樲棘，則為賤場師焉。養其一指而失其肩背，而不知也，則為狼疾人也。飲食之人，則人賤之矣，為其養小以失大也。飲食之人無有失也，則口腹豈適為尺寸之膚哉？」

* 譯文：

　　孟子說：「人們對於自己的身體，哪一部分都愛護。都愛護便都保養。沒有一尺一寸的皮膚肌肉不愛護，便沒有一尺一寸的皮膚肌肉不保養。考察他保養得好或者不好，難道有別的方法嗎？只是看他所注重的是身體的哪一部分罷了。身體有重要部分，也有次要部分；有小的部分，也有大的部分。不要因為小的部分損害大的部分，不要因為次要部分損害重要部分。能保養好小的部分的就是小人，能保養好大的部分的便是君子。假若有一位園藝家，放棄梧桐、梓樹，卻去培養酸棗、荊棘，那就是個糟糕的園藝家。如果有人只保養他的一個手指，卻喪失了肩膀背脊，自己還不明白，那便是糊塗透頂的人了。一個人如果只顧得講究吃喝，大家都輕視他，因為他保養了小的部分，喪失了大的部分。如果說講究吃喝的人沒有失去什麼，那麼吃喝的目的難道僅僅是為了滋養自己的身體肌膚嗎？」

朋友圈縱橫談

※ 張　岱

> 「仁，指的是人心」這下面的四個章節，都側重「知」字。

「不知求（尋求）」，「不知類（模擬，衡量輕重）」，「不知所以養（如何去養）」，「失肩背而不知」，這些都是最令人警醒的話呀。

原文：

「仁，人心也」以下四章，皆重「知」字。「不知求」，「不知類」，「不知所以養」，「失肩背而不知」，此最提醒人處。

大體章

公都子問曰：「鈞是人也，或為大人，或為小人，何也？」

孟子曰：「從其大體為大人，從其小體為小人。」

曰：「鈞是人也，或從其大體，或從其小體，何也？」

曰：「耳目之官不思，而蔽於物。物交物，則引之而已矣。心之官則思，思則得之，不思則不得也。此天之所與我者。先立乎其大者，則其小者不能奪也。此為大人而已矣。」

＊ 譯文：

公都子問孟子：「同樣是人，可是有些是君子，有些是小人，這是什麼緣故？」

孟子答道：「順應生命大的需要的是君子，順應生命小的欲望的是小人。」

公都子問道：「同樣是人，可是有人去滿足大的需要，有人只是滿足小的欲望，又是什麼緣故？」

孟子答道：「耳朵、眼睛這些感官不會思考，所以會被外物蒙蔽。耳目也不過是物，一與外物相接觸，便被引向迷途了。心的功能在於思考，思考就有所得，不思考就沒有收穫。心是上天特意給我們人類的。要先把心這個大的方面樹立起來，那麼，小的欲望便不能把人心中的善奪去了。這樣便成了君子了。」

朋友圈縱橫談

※ 張　岱

陸九淵一生都在先樹立大的方面 —— 心。心立，那麼我們自己就能主宰自己，這點先做好了，就可以等待外物呈現，而不會被擾亂。人本來就是以心為大的，君子只是沒有失掉它罷了。所以說「順應大的需要的是君子」。

原文：

象山一生只是個先立乎其大者。立則我能為主，先則待物之來。人本自大，大人特不失之耳。故曰「從其大體為大人」。

※ 徐子卿

有人問我什麼叫做「物交物」？我就反問：蠟燭沒有點燃照亮別的東西的時候，它跟別的東西有什麼區別？

原文：

　　徐子卿曰：或問「物交物」？余云：燭不點亮，與別樣東西有甚差別？

天爵章

　　孟子曰：「有天爵者，有人爵者。仁義忠信，樂善不倦，此天爵也；公卿大夫，此人爵也。古之人修其天爵，而人爵從之。今之人修其天爵，以要人爵，既得人爵，而棄其天爵，則惑之甚者也，終亦必亡而已矣。」

＊ **譯文：**

　　孟子說：「有天然的爵位，有人授的爵位。奉行仁義忠信，毫不厭倦地樂於行善，這是天然的爵位；公卿大夫，這是人授的爵位。古人修養天然的爵位，水到渠成地獲得人授的爵位。現在的人修養天然的爵位，其目的是為了得到人授的爵位；一旦得到人授的爵位，便丟棄了天然的爵位。這可真是糊塗得很啊！最終也一定會喪失人授的爵位。」

朋友圈縱橫談

＊ **張　岱**

　　天然的爵位也不是不依賴人授的爵位就能靈驗，這裏頭的境

界不一樣，也全都是憑藉天然的爵位來運轉。如果一味地鄙薄為官作宰，不是通曉世事的淵博大儒的見地。

原文：

天爵未嘗不倩人爵而靈，個中境界不同，亦全藉天爵為運，若徒鄙簪笏，非通儒之見也。

良貴章

孟子曰：「欲貴者，人之同心也。人人有貴於己者，弗思耳。人之所貴者，非良貴也。趙孟之所貴，趙孟能賤之。《詩》云：『既醉以酒，既飽以德。』言飽乎仁義也，所以不願人之膏粱之味也；令聞廣譽施於身，所以不願人之文繡也。」

＊ 譯文：

孟子說：「希求尊貴，這是人們的共同心理。但每人自己都有可尊貴的東西，只是不去思考它罷了。別人所給與的尊貴，不是真正值得尊貴的。趙孟所尊貴的，趙孟同樣可以使他下賤。《詩經》說：『酒已經醉了，德已經享盡。』說的就是，一個人如果已經飽嘗仁義之德，也就不羨慕別人的肥肉細米了；美譽盛名集於一身，也就不羨慕別人的繡花衣裳了。」

※ 張　岱

　　晉國的趙氏，世人稱之為趙孟；就像智氏，世人稱之為智伯。晉國曾經做過諸侯的盟主，趙氏是晉國的世卿，所以當時的人說趙孟能夠讓人貴，讓人賤。

原文：

　　晉趙氏，世呼趙孟；如智氏，世呼智伯。晉為盟主，趙氏世卿，故當時謂趙孟能貴賤人。

※ 張　岱

　　以前有個人，擁有價值千金的玉璧卻忘記了，由於貧窮而跟鄰居借錢。過了三年，他忽然想起了他的玉璧，一下子就得到了千金。這不是外來的東西，而是一時沒有察覺而已。當他失察、忘記的時候，那玉璧也不會喪失。這可以用來比喻人對自身珍寶的失察。

原文：

　　昔人有忘其千金之璧，貧而假乞於鄰。三年忽憶其璧，一朝而獲千金，非自外至也，察與不察也。當其不察，璧亦不亡，此可為喻。

※ 張　岱

　　《譚子化書》說：一個人被冠冕所網絡，被爵祿所吸引，就好比是馬駕着華貴的車乘，但是那份尊貴終歸卻不是牠的；又好比豬吃着牠認為美味的糟糠，但所長的肥膘終歸卻不是歸牠的。

所以，君子的道德並不是憑空就珍貴，堅守它也不是毫無價值；道德讓君子在貧窮的時候仍有所依仗，隱退的時候仍有所寄託。

原文：

《譚子化書》曰：網之以冠冕，釣之以爵祿，若馬駕車軛，貴不我得；豕食糠糟，肥不我有。是以大人道不虛貴，德不虛守，貧有所倚，退有所恃。

仁 勝 章

孟子曰：「仁之勝不仁也，猶水勝火。今之為仁者，猶以一杯水救一車薪之火也；不熄，則謂之水不勝火，此又與於不仁之甚者也，亦終必亡而已矣。」

＊ 譯文：

孟子說：「仁勝過不仁，就像水可以滅火一樣。但如今奉行仁道的國君，施政就像用一杯水去滅一車柴草燃燒起來的大火一樣；火滅不了，就說水不能夠滅火。這又和很不仁的人一樣了，最後連他們自己的國家也會喪失掉。」

朋友圈縱橫談

※ 張　岱

這章把某些施政措施比作一杯水，比如移民、移粟之類，判

斷它們「最終都會導致喪失」，跟《天爵章》同一個主旨。前面講的是失去爵位，這裏講的是喪失國家。

原文：

　　此章以治道論一杯水，如移民、移粟之類，「亦終必亡」，與《天爵章》同旨。上是亡爵，此是亡國。

美種章

　　孟子曰：「五穀者，種之美者也；苟為不熟，不如荑稗。夫仁亦在乎熟之而已矣。」

＊ 譯文：

　　孟子說：「五穀是莊稼中的好品種，假若不成熟，反而比不上稊米和稗子。仁，關鍵也在於使它成熟罷了。」

朋友圈縱橫談

※ 鄒肇敏 _____

　　學習的人要先置辦好種子，之後才能討論是否成熟。

原文：

　　鄒肇敏曰：學者必先辦種，而後可以論熟。

※ 黃厚齋

仁，關鍵在於使它成熟。子路，好比沒有成熟的五穀，品質好卻沒成熟；管仲，雖然成熟了，卻如同稊米和稗子——熟了，品質卻有限。楊朱、墨翟，如同傷害五穀的害蟲。

原文：

黃厚齋曰：仁在乎熟之而已。子路，未熟之五穀。管仲，已熟之莨稗。楊、墨，害五穀之螟螣。

※ 韓求仲

人都具備仁，但未必個個都成熟了。讓它成熟吧，讓它成熟吧！有多少修養、昇華的功夫要做呀！

原文：

韓求仲云：人都做仁，熟不曾做。熟之，熟之，有多少功夫在。

教射章

孟子曰：「羿之教人射，必志於彀；學者亦必志於彀。大匠誨人必以規矩，學者亦必以規矩。」

※ 譯文：

孟子說：「羿教人射箭，一定讓他努力把弓拉滿；學習的人

也一定要努力拉滿弓。技藝高超的木工教導人，一定讓他依循規矩，學習的人也一定要依循規矩。」

朋友圈縱橫談

※ 楊維斗

「一定把弓拉滿」，這是為做事半途而廢的那些人說法；「一定遵循規矩」，這是為那些喜歡製造謬論的人說法。

原文：

楊維斗曰：「必志於彀」，為半途而廢者說法；「必以規矩」，為創述異端者說法。

告
子
下

任人章

任人有問屋盧子曰：「禮與食孰重？」

曰：「禮重。」

「色與禮孰重？」

曰：「禮重。」

曰：「以禮食，則飢而死；不以禮食，則得食，必以禮乎？親迎，則不得妻；不親迎，則得妻，必親迎乎？」

屋盧子不能對，明日之鄒以告孟子。

孟子曰：「於答是也，何有？不揣其本，而齊其末，方寸之木可使高於岑樓。金重於羽者，豈謂一鈎金與一輿羽之謂哉？取食之重者與禮之輕者而比之，奚翅食重？取色之重者與禮之輕者而比之，奚翅色重？往應之曰：『紾兄之臂而奪之食，則得食；不紾，則不得食，則將紾之乎？踰東家牆而摟其處子，則得妻；不摟，則不得妻，則將摟之乎？』」

＊ 譯文：

有一位任國人問屋盧子：「禮和食哪樣重要？」

答道：「禮節重要。」

「娶妻和禮節哪樣重要？」

答道：「禮節重要。」

問道：「如果按着禮節去找吃的，便會餓死；不按着禮節去

找吃的，便會得到吃的，那一定要按着禮節行事嗎？如果按照親迎禮，便得不到妻子；如果不行親迎禮，便會得到妻子，那一定要行親迎禮嗎？」

屋盧子不能對答，第二天便去鄒國把這話説給孟子聽。

孟子説：「回答這個有什麼困難呢？如果不度量根基的高低，而只讓頂端平齊，一寸厚的木塊若放在高處，可以使它比尖角高樓還高。我們説，金子比羽毛重，難道是説三錢多重的金子比一大車的羽毛還重嗎？拿吃的重要方面和禮的細節相比較，何止是吃的重要？拿婚姻的重要方面和禮節的細節相比較，何止是娶妻重要？你這樣去回答他吧：『扭住哥哥的胳膊，搶奪他的食物，便得到吃的；不扭他，便得不到吃的，那麼就該去扭他嗎？爬過東鄰的牆去摟抱女子，便得到妻子；不去摟抱，便得不到妻子，那麼該去摟抱嗎？』」

朋友圈縱橫談

※ 張　岱

屋盧子懂得常規的禮儀，不懂如何變通。任人知道禮儀可以變通，但不明白如何去權衡。孟子則既懂得如何權衡禮儀，又清楚禮儀的根本。有人説：尖角的高樓比一寸厚的木塊高，金子比羽毛重。這是屋盧子的説法。有人説：一寸厚的木塊高於尖角的高樓，羽毛比金子重。這是任人的説法。有人説：一寸厚的木塊看起來高於尖角的高樓，在同樣的根基上衡量，其實沒有尖角的高樓高；羽毛可以比黃金重，但在同樣的大小下比較，其本質不會比金子重。這是孟子的觀點。

原文：

屋廬子知禮之常，不知禮之變。任人知禮之變，不知禮之權。孟子知禮之權，又知禮之意。有人曰：岑樓高於寸木，金重於羽。則屋廬子之說矣。有人曰：寸木高於岑樓，羽重於金。則任人之說矣。有人曰：寸木高於岑樓，而實不高於岑樓；羽可重於金，而實不重於金。則孟子之說矣。

曹交章

曹交問曰：「人皆可以為堯舜，有諸？」

孟子曰：「然。」

「交聞文王十尺，湯九尺，今交九尺四寸以長，食粟而已，如何則可？」

曰：「奚有於是？亦為之而已矣。有人於此，力不能勝一匹雛，則為無力人矣；今曰舉百鈞，則為有力人矣。然則舉烏獲之任，是亦為烏獲而已矣。夫人豈以不勝為患哉？弗為耳。徐行後長者謂之弟，疾行先長者謂之不弟。夫徐行者，豈人所不能哉？所不為也。堯舜之道，孝弟而已矣。子服堯之服，誦堯之言，行堯之行，是堯而已矣。子服桀之服，誦桀之言，行桀之行，是桀而已矣。」

曰：「交得見於鄒君，可以假館，願留而受業於門。」

曰：「夫道若大路然，豈難知哉？人病不求耳。子歸而求之，有餘師。」

曹交問孟子：「人人都可以成為堯舜，有這樣的話嗎？」

孟子答道：「有的。」

曹交問：「我聽說文王身高一丈，湯身高九尺，如今我有九尺四寸多高，只會吃飯罷了，要怎樣才能成為堯、舜那樣的人呢？」

孟子說：「這有什麼關係呢？只要去做就行了。要是有人，自己以為一隻小雞都提不起來，便是毫無力氣的人了；如果說能夠舉重三千斤，便是很有力氣的人了。那麼，舉得起烏獲所能舉的重量的，也就是烏獲了。人哪裏用擔憂不能勝任，只是不去做罷了。慢點兒走，走在長者之後，叫做悌；走得很快，搶在長者之前，叫做不悌。慢點兒走，難道是人們做不到的嗎？只是不那樣做罷了。堯舜之道，就是孝和悌而已。你穿堯穿的衣服，說堯說的話，做堯做的事，便是堯了。你穿桀穿的衣服，說桀說的話，做桀做的事，便是桀了。」

曹交說：「我準備去謁見鄒君，向他借個住的地方，就留在您門下學習。」

孟子說：「道就像大路，難道不好找嗎？大家的毛病是不去找罷了。你回去自己找吧，老師多得很呢。」

朋友圈縱橫談

※ 顧涇陽

這裏用個「為」字，指的是工夫 —— 後天修養，用個「可」字，指的是本體 —— 生而具備。

幼兒愛父母敬長輩，不用學就會，不用思考就知道，那麼，

世上的小孩子哪一個不是堯、舜。這讓人立刻看明白了自己的本來面目，因而興致勃然生起，生起不忍看輕自己的心；也能讓人立刻看清楚堯舜的本質，有欣欣然向往之意，不肯停留在比不上人家的境地。

原文：

> 顧涇陽曰：着個「為」字是表工夫，着個「可」字卻表本體。又說：孩提之愛親敬長，不學而能，不慮而知，是世間孩提哪一個不是堯舜？使人當下識取自家面目，有勃勃興起，不忍薄待其身之心；又能使人當下識取堯舜面目，有欣欣向往，不肯自安於不如之意。

小弁章

公孫丑問曰：「高子曰：《小弁》，小人之詩也。」

孟子曰：「何以言之？」

曰：「怨。」

曰：「固哉，高叟之為詩也！有人於此，越人關弓而射之，則己談笑而道之；無他，疏之也。其兄關弓而射之，則己垂涕泣而道之；無他，戚之也。《小弁》之怨，親親也。親親，仁也。固矣夫，高叟之為詩也！」

曰：「《凱風》何以不怨？」

曰：「《凱風》，親之過小者也；《小弁》，親之過大者也。親之過大而不怨，是愈疏也；親之過小而怨，是不可磯也。

愈疏，不孝也；不可磯，亦不孝也。孔子曰：『舜其至孝矣，五十而慕。』」

公孫丑問孟子：「高子説，《小弁》這篇詩章是小人所作的，是嗎？」

孟子問：「為什麼這麼説呢？」

答道：「因為詩章裏有怨恨之情。」

孟子説：「高老先生講詩真是太僵化了！這裏有個人，若是越國人張開弓去射他，他可以有説有笑地説起這事；沒有別的原因，因為越國人和他關係疏遠。若是他哥哥張開弓去射他，那他會哭哭啼啼地提起這事；沒有別的原因，因為哥哥是親人。《小弁》的怨恨，正是因為熱愛親人的緣故。熱愛親人，是合乎仁的。高老先生解釋詩實在是太僵化了！」

公孫丑問：「《凱風》這篇詩又為什麼沒有怨恨之情呢？」

孟子答道：「《凱風》這篇詩，是由於母親的過錯小；《小弁》這篇詩，卻是由於父親的過錯大。父母的過錯大，卻不抱怨，是愈發疏遠父母的表現；父母的過錯小，卻去抱怨，是反而激怒自己。愈發疏遠父母是不孝，反而使自己激怒也是不孝。孔子説：『舜是最孝順的人吧，五十歲還依戀父母。』」

朋友圈縱橫談

※ 李衷一

這是評論《詩經》，不是評論周平王。評論《詩經》，所以

説《小弁》描述的怨恨的出發點是愛親人，因而是仁、是孝；如果是評論平王，那豈止是一個小人而已呢？

原文：

李衷一曰：是論《詩》，不是論平王，論《詩》，故曰親親，曰仁，曰孝，若論平王，寧直小人而已哉？

※ 張　岱

舜對父母的依戀本來也是從埋怨來的。《小弁》裏只有埋怨，沒有戀慕，舜則既埋怨又仍依戀父母。聖賢不同的地方就在這裏，但他們的本心是一樣的。陶石簣説：這章是辯白小人問題，不是辯白不怨問題。埋怨也可以是好的。

原文：

舜之慕原從怨來，《小弁》祇怨而不能慕，舜能怨而復能慕。聖賢相別在此，初心實一也。陶石簣曰：是辯小人，不是辯不怨。怨也是好的。

※ 高文端

孟子沒有寬容《小弁》的作者，從他舉出舜做例子就可以明白。

原文：

高文端云：孟子不曾寬《小弁》，援舜可見。

宋　章

宋牼將之楚，孟子遇於石丘，曰：「先生將何之？」

曰：「吾聞秦楚構兵，我將見楚王說而罷之。楚王不悅，我將見秦王說而罷之。二王我將有所遇焉。」

曰：「軻也請無問其詳，願聞其指。說之將何如？」

曰：「我將言其不利也。」

曰：「先生之志則大矣，先生之號則不可。先生以利說秦楚之王，秦楚之王悅於利，以罷三軍之師，是三軍之士樂罷而悅於利也。為人臣者懷利以事其君，為人子者懷利以事其父，為人弟者懷利以事其兄，是君臣、父子、兄弟終去仁義，懷利以相接，然而不亡者，未之有也。先生以仁義說秦楚之王，秦楚之王悅於仁義，而罷三軍之師，是三軍之士樂罷而悅於仁義也。為人臣者懷仁義以事其君，為人子者懷仁義以事其父，為人弟者懷仁義以事其兄，是君臣、父子、兄弟去利，懷仁義以相接也，然而不王者，未之有也。何必曰利？」

＊　譯文：

　　宋牼到楚國去，孟子在石丘地方碰到了他，孟子問道：「先生準備往哪裏去？」

　　宋牼答道：「我聽說秦楚兩國交兵，我打算去謁見楚王，向

他進言，勸他罷兵。如果楚王不聽，我又打算去謁見秦王，向他進言，勸他罷兵。這兩個國君，總會有一個聽我的勸。」

孟子說：「我不想問得太詳細，只想知道你的大意，你將怎樣去進言呢？」

宋牼答道：「我打算說，交兵是不利的。」

孟子說：「先生的目標是很好的，可是提法卻不行。先生用利來向秦王、楚王進言，秦王、楚王因為有利而高興，於是停止軍事行動，這就將使軍隊的官兵樂於罷兵而喜歡利益。做臣屬的懷着利益之心來服侍君主，做兒子的懷着利益之心來服侍父親，做弟弟的懷着利益之心來服侍哥哥，這就會使君臣之間、父子之間、兄弟之間都完全拋棄仁義，懷着利益之心來互相對待，如此而國家不滅亡的，是沒有的事。若是先生用仁義來向秦王、楚王進言，秦王、楚王因仁義而高興，於是停止軍事行動，這就會使軍隊的官兵樂於罷兵，因之喜歡仁義。做臣屬的懷着仁義之心來服侍君主，做兒子的懷着仁義之心來服侍父親，做弟弟的懷着仁義之心來服侍哥哥，就會使君臣之間、父子之間、兄弟之間都去掉利的觀念，懷着仁義之心來互相對待，如此而國家不能統一天下的，也是沒有過的事。為什麼一定要談到利益呢？」

朋友圈縱橫談

※ 張　岱

宋牼遊說秦楚罷兵，本來不是策士一類的人，所以孟子也讚美他「大」，每一句都可以跟縱橫家來做對比。

居鄒章

　　孟子居鄒，季任為任處守，以幣交，受之而不報。處於平陸，儲子為相，以幣交，受之而不報。他日，由鄒之任，見季子；由平陸之齊，不見儲子。屋盧子喜曰：「連得間矣。」問曰：「夫子之任，見季子；之齊，不見儲子，為其為相與？」

　　曰：「非也。《書》曰：『享多儀，儀不及物曰不享，惟不役志於享。』為其不成享也。」

　　屋盧子悅。或問之。屋盧子曰：「季子不得之鄒，儲子得之平陸。」

＊　譯文：

　　孟子住在鄒國的時候，季任留守任國，代理政事，送禮物來和孟子交友，孟子接受了禮物，卻並不回報。當孟子住在平陸的時候，儲子做齊國的卿相，也送禮物來和孟子交友，孟子接受了，同樣並不回報。過了一段時間，孟子從鄒國到任國，拜訪了季子；從平陸到齊都，卻不去拜訪儲子。屋盧子高興地說：「我找到了老師的岔子了。」他便問孟子：「老師到任國，拜訪季子；到齊都，不拜訪儲子，是因為儲子只是卿相嗎？」

孟子答道：「不是這樣的。《尚書》說過：『享獻之禮可貴的是儀節，如果儀節不夠，禮物雖多，只能叫做沒有享獻，因為享獻人的心意並沒有用在這上面。』這是因為他沒有完成那享獻的緣故。」

屋盧子高興得很。有人問他，他說：「季子不能夠親身去鄒國，儲子卻能夠親身去平陸。」

朋友圈縱橫談

※ 張　岱

「為相」「處守」這四個字是伏案，「不成享」三個字是斷案，「不得之鄒」「得之平陸」是結案。

原文：

「為相」「處守」四字是伏案，「不成享」三字是斷案，「不得之鄒」「得之平陸」是結案。

名實章

淳于髡曰：「先名實者，為人也；後名實者，自為也。夫子在三卿之中，名實未加於上下而去之，仁者固如此乎？」

孟子曰：「居下位，不以賢事不肖者，伯夷也；五就湯，

五就桀者，伊尹也；不惡污君，不辭小官者，柳下惠也。三
子者不同道，其趨一也。一者何也？曰，仁也。君子亦仁而
已矣，何必同？」

曰：「魯繆公之時，公儀子為政，子柳、子思為臣，魯
之削也滋甚。若是乎，賢者之無益於國也！」

曰：「虞不用百里奚而亡，秦穆公用之而霸。不用賢則
亡，削何可得與？」

曰：「昔者王豹處於淇，而河西善謳；綿駒處於高唐，
而齊右善歌；華周杞梁之妻善哭其夫而變國俗。有諸內，必
形諸外。為其事而無其功者，髡未嘗睹之也。是故無賢者
也，有則髡必識之。」

曰：「孔子為魯司寇，不用，從而祭，燔肉不至，不稅
冕而行。不知者以為為肉也，其知者以為為無禮也。乃孔子
則欲以微罪行，不欲為苟去。君子之所為，眾人固不識也。」

＊ 譯文：

淳于髡說：「重視名譽功業的人，是為了濟世救民，輕視名
譽功業的人，是為了獨善其身。您作為齊國三卿之一，上輔君
主下濟臣民的名譽和功業都沒有建立，您就離開，仁人應該是
這樣的嗎？」

孟子說：「處在卑賤的職位，不以自己賢人的身份去服侍不
肖的人的，這是伯夷；五次往湯那裏去，又五次往桀那裏去的，
這是伊尹；不討厭惡濁的君主，不拒絕微賤的職位的，這是柳
下惠。三個人的行為不相同，但大方向是一樣的。這一樣的是

什麼呢？應該說，就是仁。君子只要做到仁就行了，做法為什麼一定要相同呢？」

淳于髡說：「魯繆公的時候，公儀子主持國政，泄柳和子思也都立於朝廷，魯國國勢卻削弱得更厲害，賢人對國家是這樣子的毫無好處呀！」

孟子說：「虞國不任用百里奚，因而滅亡；秦穆公任用了百里奚，因而稱霸。不任用賢人就會遭致滅亡，即使企圖勉強存在，都是辦不到的。」

淳于髡說：「從前王豹住在淇水旁邊，河西的人都會唱歌；綿駒住在高唐，齊國西部地方的人都會唱歌；華周、杞梁的妻子痛哭她們的丈夫，因而改變了國家風尚。裏面有什麼，一定會表現在外面。做某件事，卻見不到功績的，我沒有看到過這樣的事。所以今天是沒有賢人，如果有賢人，我一定會知道他。」

孟子說：「孔子做魯國司寇，不被信任，跟隨着去祭祀，也不見送來祭肉，於是匆忙地離職。不明白孔子的人以為他是為爭祭肉而離職，明白孔子的人知道他是為魯君失禮而離職。至於孔子，他就是想要擔一點小罪名而走，不想隨便離職。君子的作為，一般人本來是理解不了的。」

朋友圈縱橫談

※ 張　岱

孟子的想法全都體現在談論孔子一節。他舉出孔子來，分明是說那居三卿高位而離開齊國的例子，仿照的是孔子做司寇而掛冠去魯的故事，本來就把伯夷、伊尹、柳下惠等都全部包括在

內，公儀諸位則不用說了。

孟子盤桓着慢慢地離開齊國的時候，說過一句話：「齊王也許會改好的吧，我天天盼望着。」他也是因一件不好明說的事情而離開齊國，跟孔子藉着沒分到祭祀之肉離開魯國是一樣的情形。

原文：

孟子主意全在孔子一節。拈出孔子，分明謂居三卿而去齊者，實本司寇去魯的衣缽，來將夷、尹、惠且盡行包括，公儀諸子又不必論。

孟子去齊有云：「王庶幾改之，予日望之。」畢竟有一件說不出的事，與孔子膰肉去魯總是一法。

※ **張　岱** _____

孟子認為齊王用羊替換牛的善心善行足以統一天下，這可以說是端正了君主的心；孟子提出討伐燕國的戰略，可以說是很有先見之明；而他發放棠城積穀賑濟貧民的行為，可以說是恩惠了無數將要餓死溝渠的人。孟子也不是對齊國沒有功勞呀！只是難以跟俗人說明白罷了。

原文：

易牛足王，可謂格及君心；伐燕一策，可謂徙薪曲突；發棠一舉，可謂澤及溝渠。孟子未嘗無功於齊，第難為俗人道耳。

※ **張　岱** _____

文中把「名實」兩個字連起來講，後代的人百思不得其解。

其實只要说：「把名聲放在功業前面的，是為了別人；把名聲置後，功業放在前面的，是為了自己。」意思自然就清晰了。

原文：

　　「名實」二字連說，後人百解不明。但曰：「先名於其實者，為人也；後名於其實者，自為也。」則眉目自分。

五伯章

　　孟子曰：「五霸者，三王之罪人也；今之諸侯，五霸之罪人也；今之大夫，今之諸侯之罪人也。天子適諸侯曰巡狩，諸侯朝於天子曰述職。春省耕而補不足，秋省斂而助不給。入其疆，土地闢，田野治，養老尊賢，俊傑在位，則有慶，慶以地。入其疆，土地荒蕪，遺老失賢，掊克在位，則有讓。一不朝，則貶其爵；再不朝，則削其地；三不朝，則六師移之。是故天子討而不伐，諸侯伐而不討。五霸者，摟諸侯以伐諸侯者也，故曰，五霸者，三王之罪人也。五霸，桓公為盛。葵丘之會，諸侯束牲載書而不歃血。初命曰，誅不孝，無易樹子，無以妾為妻。再命曰，尊賢育才，以彰有德。三命曰，敬老慈幼，無忘賓旅。四命曰，士無世官，官事無攝，取士必得，無專殺大夫。五命曰，無曲防，無遏糴，無有封而不告。曰，凡我同盟之人，既盟之後，言歸於好。今之諸侯皆犯此五禁，故曰，今之諸侯，五霸之罪人

也。長君之惡其罪小，逢君之惡其罪大。今之大夫皆逢君之惡，故曰，今之大夫，今之諸侯之罪人也。」

✳ 譯文：

　　孟子說：「五霸，對三王說來，是有罪之人；現在的諸侯，對五霸說來，又是有罪的人；現在的大夫，對現在的諸侯說來，又是有罪之人。天子巡行諸侯的國家叫做巡狩，諸侯朝見天子叫做述職。天子巡狩，春天考察耕種情況，幫補不足的人；秋天考察收穫情況，賙濟不夠的人。一進到某國的疆界，如果土地已經開闢，田裏工作也搞得很好，老人得到贍養，賢者得到尊貴，出色的人才立於朝廷，那麼對諸侯就有賞賜，賞賜土地。如果一進到某國的疆界，土地荒廢，老人被遺棄，賢者不被任用，搜括錢財的人立於朝廷，那麼對諸侯就有責罰。諸侯的述職，一次不朝就降低爵位，兩次不朝就削減土地，三次不朝就把軍隊開去討罪。所以天子用武力是『討』，不是『伐』；諸侯則是『伐』，不是『討』。五霸呢，是挾持一部分諸侯來攻伐另一部分諸侯的人，所以我說，五霸對三王說來是有罪的人。五霸中齊桓公最了不得，在葵丘的一次盟會，捆綁好牲畜，把盟約放在牠身上，因為相信諸侯不敢負約，便沒有歃血。第一條盟約說，誅責不孝之人，不要廢立太子，不要立妾為妻。第二條盟約說，尊貴賢人，養育人才，來表彰有德者。第三條盟約說，恭敬老人，慈愛幼小，不要怠慢貴賓和旅客。第四條盟約說，士人的官職不要世代相傳，公家職務不要兼攝，錄用士子一定要得當，不要獨斷獨行地殺戮大夫。第五條盟約說，不要到處築堤，不要禁止鄰國來採購糧食，不要有所封賞而不報告盟主。最後說，所有我們參與盟會的人從訂立盟約以後，完全恢復舊日的友好。今日的諸侯都違犯了這五條禁

令，所以說他們對五霸說來是有罪之人。君主有惡行，臣下加以助長，這罪行還小；君主有惡行，臣下加以逢迎，這罪行可大了。而今天的大夫都逢迎君主的惡行，所以說，他們對諸侯說來是有罪之人。」

朋友圈縱橫談

※ 鍾伯敬

這章的主旨是專門談大夫的罪過。孟子批評諸侯的罪過，希望諸侯知道他們的過失而懲罰大夫。諸侯有三次不去朝拜天子，因為他們實力強大，不是某個方伯、連帥能夠制服的，也沒辦法下個書簡就把他召來，所以必須派遣天子的六師去討罪。「移」這個字用得太好了，從中可以看出過去的聖王軍隊之準備有素，紀律之好。士兵從國都出發，但此地卻沒有徵發兵役之苦；威名凌駕在諸侯之上，但諸侯們也不會恐懼不安。就像對待物品將之移走，那被移動的對象驚慌。

原文：

鍾伯敬曰：章意專罪大夫，其罪諸侯者，欲諸侯知罪而罪大夫也。不朝者三，則非方伯連帥能制其命，亦非摺簡可致，故須以天子六師移之。「移」字最妙，見先王武備之豫，紀律之臧。兵出於國都，而此無徵發之勞；威行於侯服，而彼無震驚之患。如以物加移之，而已作移易者恐。

※ 張　岱

五霸，一般說是齊桓公、宋襄公、晉文公、秦穆公、楚莊

王。也有一種說法是沒有楚莊王而有吳王夫差。

原文：

> 五伯謂齊桓、宋襄、晉文、秦穆、楚莊。一云吳夫差。

慎子章

魯欲使慎子為將軍。孟子曰：「不教民而用之，謂之殃民。殃民者，不容於堯舜之世。一戰勝齊，遂有南陽，然且不可——」

慎子勃然不悅曰：「此則滑釐所不識也。」

曰：「吾明告子。天子之地方千里，不千里，不足以待諸侯。諸侯之地方百里，不百里，不足以守宗廟之典籍。周公之封於魯，為方百里也；地非不足，而儉於百里。太公之封於齊也，亦為方百里也；地非不足也，而儉於百里。今魯方百里者五，子以為有王者作，則魯在所損乎，在所益乎？徒取諸彼以與此，然且仁者不為，況於殺人以求之乎？君子之事君也，務引其君以當道，志於仁而已。」

＊ 譯文：

魯國打算任命慎子做將軍。孟子說：「不先教導百姓就利用他們打仗，這叫做加害於百姓。加害於百姓的人，如果在堯舜的時代，是不被容納的。即使只作戰一次便打敗了齊國，因而

得到了南陽，這樣尚且不可以 ——」

慎子突然不高興地說：「這是我所不了解的了。」

孟子說：「我明白地告訴你吧，天子的土地縱橫一千里，如果不到一千里，便不夠接待諸侯。諸侯的土地縱橫一百里，如果不到一百里，便不夠來奉守歷代相傳的禮法制度。周公被封於魯，是應該縱橫一百里的；土地並不是不夠，但實際上少於一百里。太公被封於齊，也應該是縱橫一百里的；土地並不是不夠，但實際上少於一百里。如今魯國有五個一百里的長度和寬度，你以為假如有聖主明王興起，魯國的土地是在減少之列呢，還是在被增加之列呢？不用兵力，白白地取自那國來給與這國，仁人尚且不幹，何況通過殺人來求得土地呢？君子服侍君主，只是專心一意地引導他趨向正路，追求仁道罷了。」

朋友圈縱橫談

※ 張　岱

戰國時候，齊國國土縱橫千里，已經不合周初分封的制度。如果單單用不符合原制度來指責魯國，孟子也太嚴厲了。他只是描述齊、魯兩國世代情形，以打動慎子，讓他不要有開疆拓土的企圖。

魯國不是一個適合動武的國家，城牆薄而低矮，土地狹小貧瘠，君主愚魯不行仁政，大臣們虛偽而不切實務，人民又憎惡武事，一接戰就會失敗，這是很迫切的禍患。過去田常叛亂，我儒家孔子、子貢為求讓弱小的魯國生存下去，只有擾亂齊國的一個辦法。難道魯國真敢於挑起同齊國的戰爭嗎？孟子老謀深算，他的話隱隱有言外之意。

原文：

　　當時齊地方千里，已非舊制，若單以分封責魯，子輿亦大不恕矣。只將兩公世澤醒動慎子，使無啟強云爾。

　　夫魯非用武之國，其城薄以卑，其地狹以淺，其君愚而不仁，其大臣偽而無用，其士民又惡甲兵之事，一戰必亡，此切近之災也。昔田常作亂，吾孔子、子貢欲存弱魯，止有亂齊一法，矧可開釁於齊乎？老謀深慮，孟子隱隱言外。

貉道章

　　白圭曰：「吾欲二十而取一，何如？」

　　孟子曰：「子之道，貉道也。萬室之國，一人陶，則可乎？」

　　曰：「不可，器不足用也。」

　　曰：「夫貉，五穀不生，惟黍生之。無城郭、宮室、宗廟、祭祀之禮，無諸侯幣帛饔飧，無百官有司，故二十取一而足也。今居中國，去人倫，無君子，如之何其可也？陶以寡，且不可以為國，況無君子乎？欲輕之於堯舜之道者，大貉小貉也；欲重之於堯舜之道者，大桀小桀也。」

＊ 譯文：

　　白圭說：「我想把稅率定為二十抽一，怎麼樣？」

　　孟子說：「你的方針是蠻夷貉國的方針。假若有一萬戶的國

家，只有一個人製作瓦器，那行得通嗎？」

白圭答道：「不可以，瓦器會不夠用。」

孟子説：「在貉國，各種穀類都不生長，只生長糜子；又沒有城牆、房屋、祖廟和祭祀的禮節，也沒有各國間的互相往來致送禮物和饗宴，也沒有各種衙署和官吏，所以二十抽一便夠了。如今在中國，取消社會間的一切倫常，取消各種官吏，怎麼能行呢？做瓦器的太少，尚且不能夠使一個國家搞好，何況沒有官吏呢？想要比堯舜的十分抽一的税率還輕的，是大大小小的貉國；想要比堯舜的十分抽一的税率還重的，是大大小小的夏桀。」

朋友圈縱橫談

※ 張　岱

白圭的論調，跟許行是同一個學術脈絡 —— 取消社會分工，所以孟子用「只有貉那樣的蠻夷小國可以施行」來駁斥他，這也跟「唯見用夏變夷、不聞以夷變夏」是同樣的觀點。

白圭是個商賈一樣的人物，他所説的二十取一的税率，不過是效法別人「人棄我取，人取我與」舊論，用來侵奪人民罷了。大貉小貉，其實就是大桀小桀，這是孟子揭穿其用心的手段。

漢文帝曾經施行二十取一的税率，君子並不認為他是退回到貉國的做法。現今的賦税額度，像是較重的東南地方，不止十分取二的税率，君子也並不認為這是夏桀的暴政。為什麼？因為施政者有不忍多取的仁心和動機。宋代王安石行青苗法，名義上是要利益人民，實際卻是剝奪人民。他企圖讓國家富裕起來，而使得人民越來越窮苦，他是學的白圭。不要被他騙了呀。

原文：

　　白圭之論，與許行同一學術，故孟子以貉辟之，亦與用夏變夷同一見識。

　　白圭，貨殖之流也，其所謂二十取一者，亦祖其人棄我取，人取我與之故智，以漁奪其民者也。大貉小貉，即是大桀小桀，是孟子誅心之法。

　　漢文帝二十取一，君子未嘗以為貉也。今之賦額，重於東南，不止十分取二矣，君子亦未嘗以為桀也。何者？為其有不忍取之心也。安石之青苗，名為與之，實為奪之。欲富國而民貧滋甚，其術蓋本之白圭也。莫被此老瞞過。

民賊章

　　孟子曰：「今之事君者皆曰：『我能為君闢土地，充府庫。』今之所謂良臣，古之所謂民賊也。君不鄉道，不志於仁，而求富之，是富桀也。『我能為君約與國，戰必克。』今之所謂良臣，古之所謂民賊也。君不鄉道，不志於仁，而求為之強戰，是輔桀也。由今之道，無變今之俗，雖與之天下，不能一朝居也。」

＊ 譯文：

　　孟子說：「今天服侍君主的人都說：『我能夠替君主開拓土地，充實府庫。』今天被看作好臣子的人正是古代被看作賊害

百姓的人。君主不向往道德，無意於仁，卻想使他錢財富足，這等於使夏桀錢財富足。又說：『我能夠替君主邀結盟國，每戰一定勝利。』今天那些好臣子正是古代賊害百姓的人呀！君主不向往道德，無意於仁，卻想替他勉強作戰，這等於幫助夏桀。從目前這樣的道路走去，也不改變今天這樣的風俗習氣，縱使把整個天下給他，他是一天也坐不穩的。」

朋友圈縱橫談

※ 陳新安

從當時來說，孟子這個觀點似乎迂遠而偏激。但推後幾百年，看看六國被併吞，暴虐的秦朝又迅速敗亡的歷史，孟子的觀點難道不是深刻地說中，得到驗證麼？

原文：

陳新安曰：自當時觀之，孟子此論若迂且激。而六國吞，暴秦亡，此論豈不深中大驗？

治水章

白圭曰：「丹之治水也，愈於禹。」孟子曰：「子過矣。禹之治水，水之道也，是故禹以四海為壑。今吾子以鄰國為壑。水逆行，謂之洚水。洚水者，洪水也。仁人之所惡也。吾子過矣。」

白圭説：「我治理洪水，比禹還要高明。」孟子批評説：「你錯了呀。大禹治理洪水，是順應水的天性加以引導，因此他把四海當作排洪水的溝坑。你現在卻把鄰國當作排洪水的溝坑。水流逆行泛濫，稱為洚水。洚水就是洪水。你這種做法是仁人所厭惡的。你錯了呀。」

朋友圈縱橫談

※ 張　岱

孟子辯説輕賦問題，提出堯舜都行十抽其一之道；辯説治水問題，提出大禹的治水方法是順應水性，行無事之道。這兩個「道」（方法）都依據帝王治世大策，以此壓倒世俗的淺薄之見。

原文：

辯輕賦，提出堯舜什一之道；辯治水，提出大禹行所無事之道。兩「道」字俱根帝王經世大猷，以壓倒世俗之小見。

不亮章

孟子曰：「君子不亮，惡乎執？」

＊ 譯文：

孟子説：「君子不講誠信，如何能有操守？」

※張　岱

王安石推行新法，滿朝的人都無法說服他，他難道不是自稱「有執」（有操守）？但君子不認為他是有操守，因為他不講誠信。所以說，堅持對的，這是有操守；堅持錯的，那就是固執、執拗。大家不能不搞清楚這點。

原文：

王荊公行新法，滿朝爭之不得，豈不自謂有執？然而君子不謂執者，「不亮」故也。故執而是，則為執持；執而非是，則為執著，為執拗，不可不辨。

好善章

魯欲使樂正子為政。孟子曰：「吾聞之，喜而不寐。」

公孫丑曰：「樂正子強乎？」

曰：「否。」

「有知慮乎？」

曰：「否。」

「多聞識乎？」

曰：「否。」

「然則奚為喜而不寐？」

曰：「其為人也好善。」

「好善足乎？」

曰：「好善優於天下，而況魯國乎？夫苟好善，則四海之內皆將輕千里而來告之以善；夫苟不好善，則人將曰：『訑訑，予既已知之矣。』訑訑之聲音顏色距人於千里之外。士止於千里之外，則讒諂面諛之人至矣。與讒諂面諛之人居，國欲治，可得乎？」

＊ 譯文：

　　魯國打算叫樂正子治理國政。孟子說：「我聽到這一消息，高興得睡不着。」

　　公孫丑問：「樂正子很堅強嗎？」

　　答道：「不。」

　　「有智慧有主意嗎？」

　　答道：「不。」

　　「見多識廣嗎？」

　　答道：「不。」

　　「那您為什麼高興得睡不着呢？」

　　答道：「他為人喜歡聽取善言。」

　　「喜歡聽取善言就夠了嗎？」

　　答道：「喜歡聽取善言，用這個來治理天下都是遊刃有餘的，何況僅僅治理魯國呢？假如喜歡聽取善言，那四處的人都會從千里之外趕來把善言告訴他；假如不喜歡聽取善言，那他會說：『呵呵！我早就都曉得了！』呵呵的聲音、面色就會把別人拒絕於千里之外了。士人在千里之外停止不來，那進讒言而當面奉承的人就會來了。同進讒言而當面奉承的人處在一起，

想要把國家搞好，做得到嗎？」

※ 張　岱

> 樂正子若是執政，他能做出什麼大事來？孟子沒有說，只這樣話講一半，就像畫美人的時候只繪出半身，目的是給人留下想象空間。

原文：

> 樂正子即為政，濟得個恁事？只如此似半身美人，要使人意中不盡耳。

三就章

陳子曰：「古之君子何如則仕？」

孟子曰：「所就三，所去三。迎之致敬以有禮；言，將行其言也，則就之。禮貌未衰，言弗行也，則去之。其次，雖未行其言也，迎之致敬以有禮，則就之。禮貌衰，則去之。其下，朝不食，夕不食，飢餓不能出門戶，君聞之，曰：『吾大者不能行其道，又不能從其言也，使飢餓於我土地，吾恥之。』周之，亦可受也，免死而已矣。」

陳子問：「古代的君子要怎樣才出來做官？」

孟子說：「就職的情況有三種，離職的情況也有三種。有禮貌恭敬地來迎接，又打算實行他的言論，便就職。禮貌雖未衰減，但言論已不實行了，便離職。其次，雖然沒有實行他的言論，還是很有禮貌很恭敬地來迎接，也就職。禮貌衰減，便離職。最下的，當君子早晨沒有吃，黃昏也沒有吃，餓得不能夠走出住屋，君主知道了說：『我不能實行他的學說，又不聽從他的言論，使他在我的國土上餓着肚皮，我引為恥辱。』於是周濟他。這也可以接受，目的是免於死亡罷了。」

朋友圈縱橫談

※ 張元岵

本章中，問的人只問怎麼做官，孟子回答了做或不做的選擇及具體原因，以說明有所不同。那些接受職務的，不見得沒有勉強，他們因為某些原因就職，也會因為某些原因去職，一點都不隨便。

原文：

張元岵曰：專問仕而合言「去」「就」，見不一。其「就」者未嘗不委曲，故「就」以此意者，「去」即以此意，卻一毫不苟。

大任章

孟子曰:「舜發於畎畝之中,傅說舉於版築之間,膠鬲舉於魚鹽之中,管夷吾舉於士,孫叔敖舉於海,百里奚舉於市。故天將降大任於是人也,必先苦其心志,勞其筋骨,餓其體膚,空乏其身,行拂亂其所為,所以動心忍性,曾益其所不能。人恒過,然後能改。困於心,衡於慮,而後作。徵於色,發於聲,而後喻。入則無法家拂士,出則無敵國外患者,國恒亡。然後知生於憂患而死於安樂也。」

* 譯文:

　　孟子說:「舜從耕田的農夫中被選拔出來,傅說從築牆的工人中被推舉出來,膠鬲從魚鹽勞役中被推舉出來,管夷吾從獄官的手裏被釋放而推舉出來,孫叔敖從海邊被推舉出來,百里奚從奴隸買賣場所被推舉出來。所以上天將要把重大任務落到某人身上,一定先要苦惱他的心意,勞動他的筋骨,飢餓他的腸胃,窮困他的身子,他的每一行為總是不能如意,這樣,便可以觸動他的心意,堅韌他的性情,增加他的能力。一個人,常常出錯,才能改正;心意困苦,思慮阻塞,才能有所奮發而創造;表現在臉色上,發表在言語中,才能被人了解。一個國家,國內沒有有法度的大臣堪為輔弼的士子,國外沒有相與抗衡的鄰國和外患的憂懼,經常被滅亡。這樣,就可以知道憂愁患害足以使人生存,安逸快樂足以使人滅亡的道理了。」

※ 張　岱

上天用憂患來歷練君相，不是用君相的高位來酬答窮苦的人。這點要看得明白。平庸的人經歷了事而陷入困境，上天的喜愛也就淡薄了。用精美食物豢養，終生陷溺物欲，這是被上天栽培或是傾覆之外的另一種人，可以徑直把他們當做行屍走肉，不能跟天意關聯。

憂患安樂取決於人，從人心上觀察，才能掌握這一章的要旨。

原文：

天以憂患扮演君相，並非以君相酬謝窮人，個中要看得破。庸人事過困衡，天意薄矣。膏粱豢養，淫享終身，此栽培傾覆外另一種人也，直將屍肉視之，弗得與天意參觀。

憂患安樂在人；自心上看，方得此章秘旨。

※ 焦漪園

舜、傅説等六人，之所以能夠成為聖賢，固然是他們的天資常人難以比及，但也未必不是從困苦中得到磨礪，因為困境是使人進取的基石。邵康節説：鍛之煉之，更加勁挺，磨礪之後，發出光輝。我們中的那些成大器的人，大概都是這種情形。

原文：

焦漪園曰：舜、説六人所以為聖為賢者，雖是天資不可及，然亦未必不是困中來，蓋困是進人之基。康節子云：當鍛煉時分勁挺，到磨礱處發光輝。吾人所以成器者，大率如此。

※ 張　岱

華芳候説過「一天都不敢忘記田間勞動、築牆」等話。這是從已經發達、得到任用後的情境來設想而説，都是生於憂患的真種子。張公亮説：春草在和氣裏生發，因此容易枯死；松柏經受過風霜，所以能夠長久生存。這也可以悟出生於憂患的道理。

徐幹《中論》寫道：捶擊鐘鼓，才能發出聲音；熬煮香草，燃燒熏料，以便播揚其芳香。賢者遭遇窮苦、困厄、殺戮、侮辱，這就如同受到捶擊、燒煮啊。

原文：

華芳候作「有一日不敢忘畎畝、版築」等語，是又從既發既舉後言也，總是生於憂患真種子。張公亮曰：春草生於和氣，故易靡；松柏生於烈霜，故長存。此亦可悟生於憂患之理。

徐幹《中論》曰：「捶鐘擊鼓所以發其聲也，煮芑燒熏所以揚其芬也，賢者之窮厄戮辱，此捶、擊、煮、燒之意也。」

※ 徐儆弦

沒有志向的人遭受上天的磨礪就倒下了，有志向的人遭受上天的磨礪更加奮發。上天根據資質來強化他，自身能挺立的人才能夠承受天命。

原文：

徐儆弦曰：無志人受天磨折便倒；有志人受天磨折益奮。天因材而篤，自樹者方能承天。

那些有依仗的一定會被損壞：依仗勇力的會動亂，亂了就會亡；依仗才華變得傲慢，傲慢就會受傷；依仗強壯的會放縱，放縱就會早夭；依仗勢力的驕橫，驕橫會遭殺傷。這就是孟子所說的「生於憂患而死於安樂」。

原文：

李崆峒曰：有恃必壞：恃勇者亂，亂必亡；恃才者凌，凌必傷；恃壯者縱，縱必夭；恃勢者驕，驕必戕。孟子所謂「生於憂患而死於安樂也」。

多 術 章

孟子曰：「教亦多術矣，予不屑之教誨也者，是亦教誨之而已矣。」

✳ 譯文：

孟子說：「教育也有很多方式，我不屑於去教誨他，這也是一種教誨呢。」

朋友圈縱橫談

※ 張　岱

聖賢跟天地一樣有成長萬物的職責，天地降下雨露，是為了

滋長萬物,即便降下霜雪,也是為了成就萬物。所以說聖賢「不論哪種人都教育」。

原文:

聖賢如天地雨露,固以生物,即霜雪,亦以成物也。故曰「有教無類」。

盡心上

盡心章

孟子曰:「盡其心者,知其性也。知其性,則知天矣。存其心,養其性,所以事天也。夭壽不貳,修身以俟之,所以立命也。」

＊ 譯文:

孟子說:「充分擴張善良的本心,這就是懂得了人的本性。懂得了人的本性,就懂得天命了。保持人的本心,培養人的本性,這就是對待天命的方法。短命也好,長壽也好,我都不三心二意,只是培養身心等待天命,這就是安身立命的方法。」

朋友圈縱橫談

＊ 張元岵

世上的人把天命之性,看得不知有多麼玄妙、精深,他們都不從自己的心上下功夫。孟子直接針對心指出這一點,才見得人們衣服上本來內嵌寶珠,不需要向外去到處乞求。(即是說我們的心中自然蘊含珍寶,不需要向外求索。)

原文:

張元岵曰:世人看得天命之性,正不知何等玄微,全不從自心料理,孟子直就心中指出,總見衣裏有珠,不消向外求乞。

※ 張　岱

　　孟子要人回歸本心，他的重心在「盡心」—— 擴充心之善端上，擴充善端則滿足，不擴充則沒有辦法滿足。曾子平生保持反省的態度，使他的心沒有不被擴充的地方；顏回每一瞬間都合乎禮儀，就是絕對不讓心有沒被擴充的地方。

原文：

　　孟子要人還本心，其實落卻在「盡心」一字，即集義之慊。非盡則無由慊。曾子三省終身，只心之無不盡；顏子一日克復，只決不令心之有不盡。

※ 戴忠甫

　　儒釋道三教養心的做法各有不同。在求仙者那裏，首先是服食丹藥，其次是修煉的工夫，第三是淨化身心防備危害。在佛家，有觀法，有止法，有保持寂定的法門。

原文：

　　戴忠甫曰：在仙家，首段是丹頭，二段是工夫，三段是沐浴防危。於佛，則為觀，為止，為常寂定。

※ 張汝霖

　　命長、命短都一樣，不是我看不到命長、命短的區別，而是命長、命短本質上對於我而言都是一樣的。人們的耳所聞，目所見，口所嚐，鼻所嗅，都是幻境而非真相；心性，才是真身。我們如果能獲知真身，憑藉它在幻境中往來，那麼自有本性能經歷萬劫而不滅。獨立往來，一點都不被沾染，不是精神有所寄託，

是什麼呢？

原文：

家大父曰：「夭壽不貳」，非我不貳於夭壽，乃夭壽不貳於我也。夫人之耳、目、口、鼻，幻身也；心性，真身也。吾得其真以遊於幻，則自有萬劫不壞者在。獨往獨來，一絲不掛，非立命而何？

※ 王陽明

有人曾問什麼叫「短命、長壽都一樣」，回答是：做學問提高修養，一切的物欲追求都會慢慢泯滅。如果還保留着生死的念頭，這一點點掛礙，就會導致整體的覺悟有所阻滯。如果對生死問題也看破了，整個心才是周流順暢的，才是把善心擴充到極致，才叫立命。

原文：

問夭壽不貳，陽明曰：學問工夫，於一切聲利嗜好，俱能脫落殆盡，尚有一種死生念頭，毫髮掛滯，便於全體有未融釋處。若於此處見得破，透得過，此心全體，方是流行無礙，方是盡性至命。

順受章

孟子曰：「莫非命也，順受其正，是故知命者不立乎岩

牆之下。盡其道而死者，正命也；桎梏死者，非正命也。」

✳ 譯文：

　　孟子說：「無一不是命運，但順理而行，所接受的便是正命；所以懂得命運的人不站在有傾倒危險的牆壁之下。盡力行道而死的人所受的是正命，因犯罪而處死的人所受的不是正命。」

朋友圈縱橫談

※ 張汝霖

　　現在的人動不動就說「這是命運呀」，把一切都推諉給天命而不致力於人事。他們不懂，只有自己盡力做了卻無法達成，才能夠歸為命運安排。所以，能夠盡力行道的人，即便不幸橫死，他也被稱為正命。不能努力行道，即便僥幸逃脫，也不能說他是正命。這兩段話，不是解釋什麼是正、什麼是不正，而是說明一定要盡力行道才是順理而行，其意思仍歸結到盡道上來。盡道也就是上一章說的修身。

原文：

　　家大父曰：今人開口便說有命，諉天數而不修人事，不知人事盡而不得，方可言命。故能盡道，即不幸而死，亦謂之正。不能盡道，即幸而免，亦不謂之正。此二段非為正不正分疏，見得必盡道乃為順受，語意仍歸盡道上。盡道即上章所謂「修身」。

求我章

孟子曰：「求則得之，捨則失之，是求有益於得也，求在我者也。求之有道，得之有命，是求無益於得也，求在外者也。」

✳ 譯文：

孟子說：「有些東西，尋求便會得到，放棄便會失掉，這是有利於收穫的尋求，因為所尋求的在我本身之內。尋求有一定的方法，得到與否卻聽從命運，這是不利於收穫的尋求。因為後者所尋求的在自身之外。」

朋友圈縱橫談

※ 黃貞父

世上有些人，拋棄自身本有的而去外求，他們到墓地乞食，到集市上搞壟斷，沒什麼不敢幹的。尋求，就有收穫，不尋求就得不到。然而，那存在於我們自身的，對收穫有用；那存在於我們自身之外的，即便得到也沒好處。若是能把向外尋求轉為向我們自身（內在）尋求，就是把有用替換無用，調轉了內和外的關鍵。

原文：

黃貞父曰：世之捨內以務外者，乞墦登壟，無所不至。求其

得，非求其不得。然在我者，有益於得；在外者，無益於得。若反其外求，而求之我也，蓋以有益無益，撥轉內外之關。

皆備章

孟子曰：「萬物皆備於我矣。反身而誠，樂莫大焉。強恕而行，求仁莫近焉。」

✳ 譯文：

　　孟子說：「一切在我自己身上都具備了。反躬自問，自己是忠誠踏實的，便是最大的快樂。不懈地按照推己及人的恕道去做，達到仁德的道路沒有比這更直接的了。」

朋友圈縱橫談

※ 張　岱 _____

　　這章的脈絡是延續上一章而來。「一切我都具備了」這個主題，重仁愛，重誠心，重我。自古以來多少的撰述、解讀者，都搞錯了。上一章既然說「求在我」，而對於如何求，卻表達得含糊不清，所以這一章直接指出一個「我」來，讓人從「勉力推己及人」入手，這正是「尋求我們自身之內的」的落腳點。

原文：

　　題之血脈有從上章來者。「萬物皆備於我」題，重仁，重

誠，重我。紛紛作者，皆非也。上章既說「求在我」，而「求」之一字，卻說得渾淪未破，故此章直指個「我」體出來，令人從「強恕」下手，正「求我」着落處也。

行習章

孟子曰：「行之而不著焉，習矣而不察焉，終身由之而不知其道者，眾也。」

＊ 譯文：

孟子說：「只知去做，卻不明白為什麼要做；習慣了卻不知其所以然；一生都從這條大路走去，卻不了解這是什麼道路，這種人是一般的人。」

朋友圈縱橫談

※ 張　岱

先說「做了，卻不明白」，之後講「習慣了，而不知其所以然」，第二句末尾只是增加了一個語氣詞「矣」，就多了多少感慨和詫異在裏頭。

原文：

「行之而不著」，即至「習矣而猶不察」，第二句換一「矣」

字，便增多少怪歎。

無恥章

孟子曰：「人不可以無恥，無恥之恥，無恥矣。」

＊ 譯文：

　　孟子説：「人不可以沒有羞恥，不知羞恥的那種羞恥，是真正的羞恥呀！」

朋友圈縱橫談

※ 張　岱

　　我偶然讀到楊守陳侍郎在《孟子私抄》中注解本章説：「人類社會有仁、義、禮、智、信五常，國家有禮、義、廉、恥四維，這些沒有不憑藉廉恥作為根基，是否存在廉恥，國家的盛衰命運都繫於此呀。」這樣看來，人怎麼能夠沒有廉恥呢？

原文：

　　偶讀楊柱史疏云：「人有五常，國有四維，莫不藉廉恥以為之基，廉恥之存亡，國運之盛衰繫焉。」由是觀之，人孰可以無恥。

恥大章

孟子曰：「恥之於人大矣，為機變之巧者，無所用恥焉。不恥不若人，何若人有？」

＊ 譯文：

孟子說：「羞恥對於人關係重大，幹機謀巧詐事情的人是毫無羞恥的。一個人不把趕不上別人當作羞恥，怎樣能趕上別人呢？」

朋友圈縱橫談

※ 張　岱

這裏再次復述了上一章的主旨，把「大」的意思講得極為分明，然後進一步說，伊尹以他的君主不能成為堯舜為恥辱。感通上天的偉大功業，從這個「恥」奠基和成就，「恥」對人不是關係重大是什麼？

原文：

又申言上章之意，注中「大」字極明，然再推而言之，伊尹恥其君不為堯舜。格天事業，緣此一恥成之，非大而何？

忘勢章

孟子曰：「古之賢王好善而忘勢，古之賢士何獨不然？樂其道而忘人之勢，故王公不致敬盡禮，則不得亟見之。見且由不得亟，而況得而臣之乎？」

✱ 譯文：

孟子說：「古代的賢君喜歡善言善行，因而忘記自己的富貴權勢；古代的賢士何嘗不是這樣？樂於走他自己的道路，因而忽視了別人的富貴權勢，所以王公不對他恭敬盡禮，就不能夠多次和他相見。想要多見幾次都不行，何況要他去做臣下呢？」

朋友圈縱橫談

※ 張　岱

到了戰國的時候，尊重賢德有能之士的禮儀，已經沒有人在意了。能把孟子當作客卿對待，在齊國來說已經算是稀罕事了。魯繆公、費惠公對待子思那樣的做法，已經是絕響，不可企求了。所以孟子常把這個道理拎出來，加以闡明發揮。

原文：

時至戰國，尊賢重士之禮，無人講究。只一客卿，便是齊之異數；求如魯繆公、費惠公之待子思，已絕響矣。故孟子以此一種道理常常發明。

好遊章

孟子謂宋勾踐曰：「子好遊乎？吾語子游。人知之，亦囂囂；人不知，亦囂囂。」

曰：「何如斯可以囂囂矣？」

曰：「尊德樂義，則可以囂囂矣。故士窮不失義，達不離道。窮不失義，故士得己焉；達不離道，故民不失望焉。古之人，得志，澤加於民；不得志，修身見於世。窮則獨善其身，達則兼善天下。」

＊ 譯文：

孟子對宋勾踐說：「你喜歡遊說各國的君主嗎？我和你說說遊說的事。別人理解我，我自得其樂；別人不理解，我也自得其樂。」

宋勾踐問：「要怎樣才能夠自得其樂呢？」

答道：「崇尚德，喜愛義，就可以自得其樂了。所以，士人窮困時，不失掉義；得志時，不離開道。窮困時不失掉義，所以自得其樂；得志時不離開道，所以百姓不致失望。古代的人，得志時惠澤普施於百姓；不得志時修養個人品德，以此表現於世人。窮困便獨善其身，得志便兼善天下。」

※ 張　岱 _____

> 士人因為不會違背義，所以他們不會失去人們的期待。泰山這樣的高山，大家仰視它，一旦泰山傾頹，人們便會失望。士人如果窮居陋巷碌碌無為，跟普通人沒什麼兩樣，那他早就不被人們期待，何談什麼失望呢。所以人的名望起於困境而不是得志發達之後。謝安在東山隱居的時候，就已經有三公元輔的聲望，後來出山有一分一毫配不上這種聲望嗎？
>
> 原文：
>
> 士惟不失義，故不失望。泰山喬嶽，眾望而仰之，一旦頹了，便失望。若士窮居碌碌，與眾人一般，是早已無望，又何云失望？故望在窮不在達。謝安石在東山，便有公輔之望，後曾有一毫缺望否？

豪傑章

孟子曰：「待文王而後興者，凡民也。若夫豪傑之士，雖無文王猶興。」

※ **譯文：**

> 孟子說：「一定要等待文王這樣賢能的君主出現而後奮發的，是一般百姓。至於出色的人才，縱使沒有文王出現，也能奮發起來。」

※ 聞子將 _____

　　這章的主旨不是講人們完全不需受聖人的熏陶,而是說明善於學習聖人的人,並不需要親身接觸聖人接受耳提面命,這明明白白是孟子所謂「私下向人學習」的寫照。

原文:

　　聞子將曰:不是全不受聖人陶鑄,見善學聖人者,正不必親炙聖人,分明自為「私淑諸人」句寫照。

韓魏章

　　孟子曰:「附之以韓魏之家,如其自視欿然,則過人遠矣。」

＊ 譯文:

　　孟子說:「用春秋時晉國六卿中最富有的韓、魏兩家的財富來給他,他並不自滿,這樣的人就遠遠超出一般人。」

※ 張賓王 _____

　　因為世上的人多看重富貴,孟子才說了這番話。況且,不提

那些不符合道義即便給他天下也不接受、即便是給他千乘駟車也不在意的人，即使僅就韓魏兩家大臣的富貴來說，只要一般人獲得，就很少有不傲慢自得的。如果他不因此而自滿，就像沒有得到這些富貴一樣，這境界就已經遠遠超過一般人了。

原文：

張賓王曰：此為世人多重視富貴，故為此設言。且無論天下不與、千駟弗視者，何若就韓魏之家而言，自人得之，鮮有不意滿者。如其「自視欿然」，猶夫不附一般，即此已過人遠矣。

※ 黃貞父

欿，是坎，不滿。此人不因此而自滿，是因為他心中沒有韓魏之家的念頭，不是傲視；傲視反而是把韓魏之家的富貴放在心上。

原文：

黃貞父曰：「自視欿然」，只是胸中不着一韓魏也，不是傲睨；傲睨反着韓魏於胸中矣。

佚道章

孟子曰：「以佚道使民，雖勞不怨。以生道殺民，雖死不怨殺者。」

孟子說：「本着讓老百姓安逸的原則來役使百姓，百姓雖然
勞苦，也不怨恨。本着讓老百姓生存的原則去殺人，百姓雖被
殺，也不會怨恨殺他的人。」

朋友圈縱橫談

※ 張　岱

治理政務，只要順應自然、不刻意造作就行了。遭遇寒冰和
冷風，挨凍的人不怨恨；被無人駕駛的船推撞，心胸再狹窄的人
也不會惱怒。人們把網和罟設置起來，無知無識的魚和鳥也會驚
慌。這是刻意造作和順應自然的區別。

原文：

夫治，無意而已矣。玄寒屬風，寒者不怨；虛舟之觸，褊心
弗怒也。網罟設則魚鳥驚矣。是有意無意之別也。

王霸章

孟子曰：「霸者之民歡虞如也，王者之民皞皞如也。殺
之而不怨，利之而不庸，民日遷善而不知為之者。夫君子所
過者化，所存者神，上下與天地同流，豈曰小補之哉？」

　　孟子說：「霸主治下的百姓歡喜快樂，聖王治下的百姓心情舒暢。百姓被殺了，也不怨恨；得到好處，也不酬謝，每日裏向好的方面發展，也不知道誰使他如此。聖人經過之處，人們受到感化，停留之處，所起的作用更神秘莫測；上與天、下與地同時運轉，難道只是小小的補益嗎？」

朋友圈縱橫談

※ 張　岱

　　以仁道稱王於天下的君主，治理民眾猶如雨水潤澤草木一樣遊刃有餘；憑藉武力統一天下的霸主，治理人民就像用桔槔汲水澆灌夏天的菜地一樣力不從心。

　　有人問，什麼叫做「所存者神」？回答說：情緒和分別不生起，如空氣、淨水一般空明。有人問，什麼叫做「所過者化」？回答說：像是大雁飛過天空，影子沉於寒潭，等大雁飛過後，空中不留痕跡，水中也不留影子。

　　原文：

　　王者之民，如雨露之於草木；霸者之民，如桔槔之於夏畦。

　　或問「所存者神」。曰：情識不生，如空如水。問「所過者化」。曰：雁度長空，影落寒水，雁無留跡，水無留影。

※ 徐子卿

　　有人問「所過者化」這兩句話是否可以串聯起來講。我說：不需要。「過化」是小德，如水一般川流不息；「存神」是至德，

普遍化育萬物。它們既不可截然分開，但也不是同一回事，不能串換。

原文：

　　徐子卿曰：或問「所過者化」二句須串否？余曰：不必。「過化」即小德川流，「存神」即大德敦化，分不開也串不得。

仁言章

　　孟子曰：「仁言不如仁聲之入人深也，善政不如善教之得民也。善政，民畏之；善教，民愛之。善政得民財，善教得民心。」

* 譯文：

　　孟子說：「仁德的言語比不上仁德的音樂更能深入人心，良好的政治比不上良好的教育更能獲得民心。良好的政治，百姓畏懼它；良好的教育，百姓喜歡它。良好的政治得到百姓的財富，良好的教育得到百姓的心。」

朋友圈縱橫談

※ 張　岱

　　「仁聲」，像「君主的權力對我有什麼意義」這樣的歌曲就

是，不單單指那些歌頌君主的音樂。

原文：

「仁聲」，如「帝力何有」之歌是也，不只是稱頌之聲。

良知章

孟子曰：「人之所不學而能者，其良能也；所不慮而知者，其良知也。孩提之童無不知愛其親者，及其長也，無不知敬其兄也。親親，仁也；敬長，義也；無他，達之天下也。」

❋ 譯文：

孟子說：「使人不待學習便能做到的是良能，使人不待思考便會知道的是良知。兩三歲的小孩兒沒有不愛他父母的，等到他長大，沒有不知道尊敬兄長的。親愛父母是仁，尊敬兄長是義，沒有其他原因，只因為這兩種品德可以天下通行。」

朋友圈縱橫談

※ 王龍溪

那「識」和「良知」，名字不同，實質一樣，其區別只在毫厘之間。識有分別，知則渾然一體，識有生起、消亡，知則空寂恒常，所以稱它為「良知」。就像明鏡，黑白一照就自然映出；

能夠分辨黑白的是識；鏡子本身則默然不動，它無所謂黑也無所謂白，把分辨黑白當作鏡的明，可謂謬以千里。知體與識的區別只能在念頭細小、微妙的地方體證。

原文：

　　王龍溪曰：夫「識」與「良知」，同而異名，所爭只毫厘。識有分別，知體渾然，識有去來，知體常寂，故曰「良知」。譬之明鏡，黑白自辨。能辨黑白者，識也。鏡體寂然，原無黑白，以分辨為明，奚啻千里，其機只在一念入微取證。

※ 顧涇陽

　　孟子把「（先天具備的）不學而能」視為「良能」，「不慮而知」視為「良知」。我認為先天不會而去學習，這也是「良能」；先天不會而去思考，這也是「良知」。為什麼呢？沒有良知良能，人安然處於本來不能、本來不知的狀態罷了，誰把他關起來逼他學習？誰啟發他使他思考？我又認為通過學習而獲得也是「良能」，通過思考而獲得也是「良知」。為什麼呢？「知」和「能」的着手處不同，它們的根本一致，不是學而能或不學而能、慮而知或不慮而知的區別。

原文：

　　顧涇陽曰：孟子以「不學而能」為「良能」，「不慮而知」為「良知」。吾以為「不能而學」亦「良能」也，「不知而慮」亦「良知」也，何也？微良知良能，人亦安於不能不知已耳，孰牖之而使學？孰啟之而使慮也？吾又以為學而能亦「良能」也，慮而知亦「良知」也，何也？知能之入處異，而知能之究竟處同，非學不學、慮不慮所得而岐也。

深山章

孟子曰：「舜之居深山之中，與木石居，與鹿豕遊，其所以異於深山之野人者幾希。及其聞一善言，見一善行，若決江河，沛然莫之能禦也。」

✳ 譯文：

孟子說：「舜住在深山的時候，跟樹和石頭共處，同鹿和豬打交道，他跟深山中的一般人不同的地方極少。等到他聽到一句好的言語、看到一樁好的行為，便採用推行，這種力量好像江河決了口，聲勢浩大，沒有人能阻止得了。」

朋友圈縱橫談

※ 張　岱

有人問，舜也是從所見所聞開始學習的嗎？回答說：舜學習，是從精一入手，因其精純，所以他的心中具備了一切的善。一切的善都具備了，一旦有所觸所感，就沛然擴充。如果他的心中本來有蒙蔽、阻滯的地方，只是依賴所聞所見來主導，那就掉進了依賴外來見聞的老路，他怎麼能有所感觸就遍通呢。但他也一定借用見聞來確認他心中的善，就像一個人在夢裏，被人一聲呼叫而喚醒過來，醒來之後就不需要那呼叫聲了。

原文：

　　問舜亦從聞見入乎？曰：舜之學從精一入，惟其精一，是以靈虛之中，萬善悉備，一有感觸，無不沛然。若胸中本有蔽塞，全靠所聞所見為主，便落了依傍的窠臼，安能有感即通？然必借見聞為證合者，如人在夢寐中，得人一聲喚醒，醒即人聲亦無復用矣。

如此章

孟子曰：「無為其所不為，無欲其所不欲，如此而已矣。」

✳ 譯文：

　　孟子說：「不幹那些自己不想幹的事，不希求那些自己所不要的東西，這樣就行了。」

朋友圈縱橫談

※ 張汝霖

　　把心打理得乾乾淨淨，那做聖賢的學問、工夫，自然妥帖、徹底。

原文：

　　家大父曰：心體中打疊得乾淨，聖賢學問工夫，自一了百當。

我們只要看清楚本心，一生也沒有別的事情要做了。

原文：

張侗初曰：認得本心，一生更無餘事。

孤孽章

　　孟子曰：「人之有德慧術知者，恒存乎疢疾。獨孤臣孽子，其操心也危，其慮患也深，故達。」

＊ 譯文：

　　孟子説：「人之所以有道德、智能、本領、知識，經常是由於他有災患。只有那孤立之臣、庶孽之子，他們時常保持警惕，考慮利害很深入，所以通達事理。」

朋友圈縱橫談

※ 張　岱 _____

　　用光明正大的心熟練世故，由此成長起來的人，叫做「德慧術知」；用邪惡扭曲的心窺伺世情，這樣成熟起來的人，叫做機巧詐偽。所以學者不能夠隨便地説要通達事理，一定要先端正自心。

※ 徐子卿

　　「德慧術智」，這本來不是什麼別的聰明機巧，就是心可以感知危機，思慮深遠。所以「憂患」這兩個字，真正是學問、事功的種子。世上的人卻多遭遇憂患就倒下了，怎麼能指望他有出息呢？

原文：

　　徐子卿曰：「德慧術智」，原不是別樣聰明機巧，就是心知危而慮能深耳。所以「憂患」兩字，真學問事功的種子，世人卻多從此處淹爛，如何望有出息？

容悅章

　　孟子曰：「有事君人者，事是君則為容悅者也。有安社稷臣者，以安社稷為悅者也。有天民者，達可行於天下而後行之者也；有大人者，正己而物正者也。」

＊ 譯文：

　　孟子說：「有侍奉君主的人，那是侍奉某一君主就一味討他

喜歡的人；有安定國家之臣，那是以安定國家為快樂的人；有天民，那是他的道能行於天下時去實行的人；有大人，那是端正了自己，外物便隨着端正了的人。」

朋友圈縱橫談

※ 張元岵

　　嘗到蓼草並不是真的痛苦，飲用茶湯也可覺甘甜，周公最為危懼、遭到千古質疑的境地，也是他最為得意的時候。所謂「天民」，不是說他不輕易出現，只為強調他一出現，一定能夠扭轉時運。

原文：

　　張元岵曰：集蓼非苦，飲茶如甘，千古危疑，原是伊周得意之境，「天民」，不是言其不輕出，正見其一出，必能幹旋天運。

※ 張　岱

　　天下將要大亂，邵雍在洛陽本無杜鵑的季節聽到了杜鵑啼鳴。禽鳥能先感受到氣的變化，為什麼那些最聰明的人卻不懂得進退呢？因為他們被利祿迷惑了呀。
　　社稷之臣是以安定社稷為快樂，不是以社稷的安定為快樂，就如同說以此為樂，不覺得疲憊。

原文：

　　天下將亂，杜鵑啼於天津，禽鳥得氣之先，何至靈之人不識進退？只為利祿所迷耳！

社稷臣是以安社稷為悅，不是以社稷安為悅，猶云樂此不為疲也。

三樂章

孟子曰：「君子有三樂，而王天下不與存焉。父母俱存，兄弟無故，一樂也；仰不愧於天，俯不怍於人，二樂也；得天下英才而教育之，三樂也。君子有三樂，而王天下不與存焉。」

✳ 譯文：

孟子說：「君子有三種樂趣，但是稱王於天下並不在其中。父母都健康，兄弟沒災患，是第一種樂趣；仰無愧於天，俯無愧於人，是第二種樂趣；得到天下優秀人才而對他們進行教育，是第三種樂趣。君子有這三種樂趣，但是稱王於天下並不在其中。」

朋友圈縱橫談

※ 張　岱 _____

舜、大禹不能使家庭和睦，商湯、武王未必沒有羞愧之事，契教育人沒聽說出了什麼英才，這些都是稱王於天下的人，能跟

君子三樂相提並論嗎？可見「稱王於天下不在三種樂趣之列」是
實話。

原文：

　　舜、禹不能完天倫，湯、武未始無慚德，玄王教育未聞得
英才，此皆王天下之人也，可與君子三樂同年而語否？可見「王
天下不與存焉」是實話。

分定章

　　孟子曰：「廣土眾民，君子欲之，所樂不存焉。中天下
而立，定四海之民，君子樂之，所性不存焉。君子所性，雖
大行不加焉，雖窮居不損焉，分定故也。君子所性，仁義禮
智根於心，其生色也睟然，見於面，盎於背，施於四體，四
體不言而喻。」

＊ 譯文：

　　孟子說：「擁有廣大的土地、眾多的人民，是君子所希望
的，但是樂趣不在這兒；居於天下的中央，安定天下的百姓，
君子以此為樂，但是本性不在這兒。君子的本性，縱使他的理
想通行於天下並不因此而增，縱使窮困隱居並不因此而減，因
為本分已經固定了的緣故。君子的本性，仁義禮智之根植在他
心中，而發出來的神色是純和溫潤，它表現於顏面，反映於肩
背，以至於手足四肢，在手足四肢的動作上，不必言語，別人
一目了然。」

※ 張侗初

　　我的外祖父陸又懷先生是一個隱士。我甲午年間科舉落第，他寫信給我說：「唐人孟郊科舉老是考不中，作詩說：『出門如有礙，誰覺天地寬。』後來他終於考取了，就寫下『一日看遍長安花』這樣的句子。我自己很鄙薄他。一個人，如果遇到這樣的快樂時可以按捺，來日就一定能夠恬然處世。」我終生佩服他的話。

原文：

　　張侗初曰：余外父又懷陸先生，隱士也。余甲午下第，貽書曰：「每見孟郊試不得志，作詩曰：『出門如有礙，誰覺天地寬。』後登第，遂有『一日看遍長安花』之句，私心薄之。若今日快然忍得，他日便恬然做得。」余終身佩其言也。

※ 鄒肇敏

　　本性是種子，仁義禮智是它所開出的花和結出的果，而栽種它的田地就是心。

原文：

　　鄒肇敏曰：性是種子，仁義禮智是華果，心是栽種的田地。

養老章

孟子曰：「伯夷辟紂，居北海之濱，聞文王作，興曰：『盍

歸乎來，吾聞西伯善養老者。』太公辟紂，居東海之濱，聞文王作，興曰：『盍歸乎來，吾聞西伯善養老者。』天下有善養老，則仁人以為己歸矣。五畝之宅，樹牆下以桑，匹婦蠶之，則老者足以衣帛矣。五母雞，二母彘，無失其時，老者足以無失肉矣。百畝之田，匹夫耕之，八口之家足以無飢矣。所謂西伯善養老者，制其田里，教之樹畜，導其妻子使養其老。五十非帛不暖，七十非肉不飽。不暖不飽，謂之凍餒。文王之民無凍餒之老者，此之謂也。」

＊ 譯文：

　　孟子說：「伯夷避開紂王，住在北海海邊，聽說文王興起來了，便說：『何不到西伯那裏去呢！我聽說他是善於養老的人。』姜太公避開紂王，住在東海海邊，聽說文王興起來了，便說：『何不到西伯那裏去呢！我聽說他是善於養老的人。』天下有善於養老的人，那仁人便把他當作自己的依靠了。五畝地的房屋，在牆下栽培桑樹，婦女養蠶繅絲，老年人足以有絲綿穿了。五隻母雞，二隻母豬，加以飼養，使牠們繁殖，老年人足以有肉吃了。百畝土地，男子去耕種，八口人的家庭足以吃飽了。所謂西伯善於養老，就在於他制定土地制度，教育人民栽種畜牧，引導百姓奉養他們的老人。五十歲，沒有絲綿就穿不暖；七十歲，沒有肉就吃不飽。穿不暖、吃不飽，叫做捱凍受餓。文王的百姓中沒有捱凍受餓的老人，就是這個意思。」

※ 張 岱

　　五畝這節，是教天下人好好養老，不是真描述文王的政治。承接上文所說「西伯是善於養老的人」，也只是這樣罷了，這就叫做善於養老。末尾的「所謂」所指的就是太公、伯夷的稱讚。

原文：

　　五畝節，是教天下以善養老，非實敘文王之政也。下承上言「所謂西伯善養老者」，亦只如此而已，此所以謂之善養老也。「所謂」即指大公、伯夷所稱來。

※ 徐子卿

　　治理天下，本來就是從處理家庭的瑣屑小事中學到的，這才是高明手段。

原文：

　　徐子卿曰：治天下，原是要從做人家極瑣屑處理會得來，才是好手。

足民章

　　孟子曰：「易其田疇，薄其稅斂，民可使富也。食之以時，用之以禮，財不可勝用也。民非水火不生活，昏暮叩人

之門戶求水火，無弗與者，至足矣。聖人治天下，使有菽粟
如水火。菽粟如水火，而民焉有不仁者乎？」

＊ 譯文：

　　孟子說：「搞好耕種，減輕稅收，可以使百姓富足。按時
食用，依禮消費，財物是用不盡的。百姓沒有水和火便不能生
存，黃昏時去敲別人的門戶求借飲水和火種，沒有不給與的，
為什麼呢？因為水火極多。聖人治理天下，要使糧食如同飲水
和火種那樣多。糧食同水火那樣多了，百姓哪有不仁愛的呢？」

朋友圈縱橫談

※ 張　岱

　　聖人治理天下，把糧食看得同水火一般，這句話裏加了一
個「有」字，這分明是針對「黃昏時有人敲門求水火而無人不給」
來說的。在天下推廣仁政，就蘊含在這句話裏，不隔一點。後面
的兩句只是讚歎聖人治理天下的妙道，教和養一致。

　　昆山腳下，人們用玉器換鳥兒；彭蠡湖濱，人們用魚來養
狗，大家都不吝惜，這是因為當地玉器和魚有很多。拿着瓶子去
討水，舉着草把去求火，而人家不拒絕，不是人們本性好施，
是水和火有餘的緣故。所以，饑荒年月，連親朋都不會賑濟；
豐年的時候，連鄰居都會招待。擁有很多的時候，就會生起恩慈
之心；極為匱乏的時候，就會把仁慈、愛惠都拋棄了。這樣可以
了解，不愛財的人世上並不少，但大家卻很少見到，是被貧乏掩
蓋了。

原文：

聖人治天下，菽粟如水火，加一「有」字，分明照「昏暮之叩無弗與者」言矣。仁天下只在此句中，不落一層。下二句只詠歎聖人使天下之妙，教養無二耳。

昆山之下，以玉抵鳥，彭蠡之濱，以魚蓁犬，而人不愛者，所豐故也。挈瓶丐水，執熁求火，而人不吝，非性好施，有餘故也。故饑饉之春，不賑朋戚；多稔之歲，饗及四鄰。大豐則恩情生，窶乏則仁惠廢也。此以知輕財之士，世非少也；然而不見者，貧掩之也。

東山章

孟子曰：「孔子登東山而小魯，登泰山而小天下，故觀於海者難為水，遊於聖人之門者難為言。觀水有術，必觀其瀾。日月有明，容光必照焉。流水之為物也，不盈科不行；君子之志於道也，不成章不達。」

＊ 譯文：

孟子說：「孔子上了東山，便覺得魯國小了；上了泰山，便覺得天下也不大了；所以欣賞過大海的人，別的水便難於吸引他；曾在聖人之門學習過的人，別的議論也難於吸引他。欣賞水有方法，一定要看它的壯闊的波瀾。太陽月亮都有光輝，一點兒縫隙都一定照到。流水這個東西不把窪地填滿，不再向前流；君子有志於道，沒有一定的積累和成就，也就不能通達。」

※ 顧涇陽

這一章的主要意思，是説做人眼界要開闊，立腳則需要扎實。

原文：

顧涇陽曰：此章大旨，只是眼界欲空，腳根欲實。

※ 周海門

整章都是比喻，最後兩句則是實指。「成章」不是在文章外特別呈現，而是在文章中像狂草那樣揮灑絢爛，一氣呵成，所有的筆畫連成一體，沒有間斷。

原文：

周海門曰：通章俱是喻言，末二句乃實説。成章不是文章外見，如狂簡之斐然成章，打成一片工夫，無有間斷而已。

※ 張　岱

易牙跟着成連子學琴，帶着琴來到海邊，四處望去空曠無人，只見海水洶湧，山林蒼茫，愴然慨歎道：「先生改變了我的性情呀！」陶潛聽到田間水聲，拄着手杖欣賞，説：「水稻已經長出稻穗，一片青翠喜人，這水似乎能使人剖開胸襟，將裏頭的荊棘統統洗去。這個水比起我的老師更厲害呀。」

原文：

　　易牙學琴於成連子，攜之至海，延望無人，但見海水洶湧，山林蒼冥，愴然歎曰：「先生移我情矣。」陶元亮聞田間水聲，依杖聽之，曰：「禾稻已秀，翠色染人，時剖胸襟，一洗荊棘，此水過吾師丈人遠矣。」

※ 山　子

　　人一旦置身於山海之間，見到那飄渺、微茫的景象，那恍惚能依賴日月的光輝，吞吐萬頃波濤的，究竟是什麼呢？轉移性情這種說法，能夠讓俗人理解嗎？

原文：

　　山子曰：人苟置身山海間，睹其縹緲希夷，恍憑日月之光，同吞吐於汪洋萬頃者，此何物也耶？移情之說，堪與俗人道耶？

※ 張元忭

　　癸酉年秋天，我請求告老回鄉。途中再次登上泰山山頂，徘徊着四處打量，空闊無際，俯瞰世上種種，塵埃一般的事物何足進入到我的心中呢？我因此恍然若有所悟，只恨不能時時保持這樣的境界呀。

原文：

　　先文恭曰：癸酉秋，余請告歸，再登泰山之巔，徘徊四顧，空闊無際，俯視世間，何物塵埃，足以入吾胸次邪？蓋於是恍然大有所悟，恨未能時時如此境界耳。

雞鳴章

孟子曰：「雞鳴而起，孳孳為善者，舜之徒也；雞鳴而起，孳孳為利者，跖之徒也。欲知舜與跖之分，無他，利與善之間也。」

＊ 譯文：

孟子說：「雞叫便起來努力行善的人，是舜一類的人物；雞叫便起來努力求利的人，是盜跖一類的人物。要曉得舜和盜跖的分別，沒有別的，只是利和善不同罷了。」

朋友圈縱橫談

※ 張　岱

這個「間」字不可以當作分開的意思，它正是指相連接的地方，一腳踢着這邊，就不是那邊。所以，不但是盜跖一心求利，即使是努力作為、行善的人，那善舉是為求利，那他依然是盜跖同類的人。《尚書》上說：「聖人泯滅了善念就是狂悖之人，狂人克制妄念就能變成聖人。」雞鳴時候，身心充盈着清新之氣，為什麼又會摻雜進去「求利」的念頭呢？這要問問孟夫子。

原文：

按「間」字不可作分開說，正是相接去處，一腳揣着這邊，便不是那邊。故不但利乃為跖，即有為而為善，善亦利也，亦跖

也。《書》曰：「惟聖罔念作狂，惟狂克念作聖。」雞鳴時正平旦之氣，何以又雜入「為利」一念，此語當質諸孟子。

※ 張元岵

舜和盜跖有分別，盜跖又哪裏跟舜不同了？利益和善行相間，善行跟利益又何曾分開？聖賢寫文章，是這般地縝密。

原文：

張元岵曰：舜與跖分，跖何嘗分於舜？利與善間，善何嘗間於利。聖賢文章，細密如此。

執一章

孟子曰：「楊子取為我，拔一毛而利天下，不為也。墨子兼愛，摩頂放踵利天下，為之。子莫執中。執中為近之。執中無權，猶執一也。所惡執一者，為其賊道也，舉一而廢百也。」

✱ 譯文：

孟子說：「楊子主張為自己，拔一根汗毛而有利於天下人都不肯幹。墨子主張兼愛，摩禿頭頂，走破腳跟，只要對天下人有利，一切事都幹。子莫就主張中道。主張中道便差不多了。但是主張中道如果沒有靈活性，不懂得變通，就還是執着於一端。為什麼厭惡執着於一端呢？因為它有損於仁義之道，只是

重視一端而廢棄了其餘的緣故。」

朋友圈縱橫談

※ 方文伯

我們儒家有三種變通辦法，從哪裏看出來呢？回答：有時如顏回，居住在陋巷中，簞食瓢飲；有時跟大禹治水一般，過家門而不入。都是選擇合適的做法而已。

原文：

方文伯曰：吾儒三權，從何處見得？曰：時乎簞瓢陋巷，時乎過門不入，適當其可而已。

※ 鄒南皋

堯舜禪讓帝位，孔子認為是「適時」之作為，孟子則闡發出「權變」的觀點。

原文：

鄒南皋曰：唐虞授受之中，孔子得之為時，孟子發之為權。

※ 楊復所

三家之中，只有子莫的學說比較混沌，不像楊朱、墨子兩家的學說至今仍精神流溢、光彩昭然，所以兩家的學說得以流傳下來，而子莫的學說沒有流傳下來。有人問兩家學說傳下來的是什麼？現今的佛家、道家就是。

原文：

楊復所曰：三家獨子莫最鶻突，不若楊、墨二家還精光透露，所以二家傳，而子莫不傳。或問二家傳？曰今之釋道是。

飢渴章

孟子曰：「飢者甘食，渴者甘飲，是未得飲食之正也，飢渴害之也。豈惟口腹有飢渴之害？人心亦皆有害。人能無以飢渴之害為心害，則不及人不為憂矣。」

* 譯文：

孟子說：「飢餓的人覺得任何食物都是美味的，乾渴的人覺得任何飲料都是甜的。他不能辨別飲料食品的正常滋味，是由於受了飢餓乾渴損害的緣故。難道僅僅口舌肚皮會因飢餓乾渴損害嗎？人心也有這種損害。如果人們不使心遭受口舌肚皮那樣的飢餓乾渴，那就不會把比不上別人當作憂慮了。」

朋友圈縱橫談

※ 張　岱

楊時提出「飢者甘食」一章讓羅仲素思考，說：「在心的害處這一點上猛然省察，就可以悟道了。」羅仲素佩服這句話，把所有的嗜好之事都摒棄了，因此他的學問就一天天增進了。

原文：

　　龜山以「飢者甘食」一章令羅仲素思索，曰：「於心害上一着猛省，則可以入道矣。」仲素服膺此語，凡嗜好一切禁止，故學問日新。

易介章

孟子曰：「柳下惠不以三公易其介。」

* 譯文：

　　孟子說：「柳下惠不因為有大官做便改變其清介。」

朋友圈縱橫談

※ 張　岱

　　「介（清高）」是聖人的寶典，僅僅就此提出柳下惠這一個以和知名的，概括其他的人，以表明萬法歸一只有這條路，大家不必緊揪住柳下惠的具體事跡去思索。

原文：

　　「介」是聖人參同契，只就中提出一個極和者，以概其餘，見得萬法歸一惟有此路，不宜粘柳下實事。

掘井章

孟子曰：「有為者辟若掘井，掘井九仞而不及泉，猶為棄井也。」

＊ 譯文：

孟子說：「做一件事情就像是挖井，挖到六七丈深還不見泉水，就還是一個廢井。」

朋友圈縱橫談

※ 張　岱

這章的主旨都在比喻中蘊藏，但「有為者」三個字最需要注意，不要一句話匆匆讀過去。凡是學習都重視本源，要知道本源就如同泉水湧流的地方，能夠源源不斷地流淌出來。如果只是吭哧吭哧努力，那麼牽強的機巧功夫越多，學問的活潑契機就越是隱微難見。

原文：

正意俱從譬若中見，然「有為者」三字，最要凝神，不得一語叫過。凡學重本原，知本原，即淵泉之出，其出不窮。若徒矻矻工力，即穿鑿之智日深，而活潑之機愈隱。

性之章

孟子曰：「堯舜，性之也；湯武，身之也；五霸，假之也。
久假而不歸，惡知其非有也？」

※ 譯文：

　　孟子説：「堯舜實行仁義，是習於本性，順其自然；商湯和
周武王就是親身體驗，努力推行；五霸則是借來運用，以此謀
利。但是，借得長久了，總不歸還，誰又知道不是他自己所有
的呢？」

朋友圈縱橫談

※ 張　岱

　　這一章談「身」，下一章説「反」。通過身體力行來回歸本
性，所以叫做「反」。《論語》「非禮勿視」等四句話，正是在自
己身上做功夫。自己就是「身」，復就是「反」。「惡知其非有」，
是説並非自己所有。

原文：

　　此章言「身」，下章言「反」。以身復性，故曰「反」。《論
語》「非禮勿視」四句，正在身上做工夫。己即「身」，復即「反」
也。「惡知其非有」，非身有也。

放桐章

公孫丑曰：「伊尹曰：『予不狎於不順，放太甲於桐，民大悅。太甲賢，又反之，民大悅。』賢者之為人臣也，其君不賢，則固可放與？」

孟子曰：「有伊尹之志，則可；無伊尹之志，則簒也。」

＊ 譯文：

公孫丑說：「伊尹說過：『我不願親近違背義禮的人，因此把太甲放逐到桐邑，百姓大為高興；太甲改好了，又恢復他的王位，百姓大為高興。』賢人作為臣屬，如果君主不賢明，難道可以放逐他嗎？」

孟子說：「有伊尹那樣的心志，未嘗不可以放逐其君主；如果沒有伊尹那樣的心志，便是簒權了。」

朋友圈縱橫談

※ 張　岱 _____

太甲在桐宮守喪，伊尹代為主持政務，這本來不是放逐君主。古來文獻中的「放」字出現很多，比如堯「放」子朱於丹水，成湯「放」桀於南巢就是。伊尹將太甲遷居桐宮，慎選其左右侍臣，讓他恭敬地學習先王的教導，從而崇尚志節，培養聰慧明智，如此則天下太平，百官各司其職，所以說伊尹是聖賢中能

擔當大任者。凡是擔當天下大事，不能沒有方法。

原文：

　　桐宮居憂，伊尹攝政，原非放君。古來「放」字頗多，如堯放子朱於丹水，成湯放桀於南巢是也。居之桐宮而慎左右，謹習政，尚志氣，養聰明而天下晏然，而百官不驚，故曰伊尹為聖之任。凡任天下大事，不可無術也。

※ 徐儆弦

　　伊尹的心如同青天白日一般明朗，那些行篡權、竊位之事的人自然不敢把伊尹拿來做藉口。而且，伊尹趁着守喪的機會把太甲遷居桐宮，沒有明白地說是放逐他。漢朝霍光廢除昌邑王劉賀的帝位，正是所謂「不學無術」。

原文：

　　徐儆弦曰：伊尹心事如青天白日，篡竊之徒自不敢以尹藉口，且伊尹借亮陰之義而放之桐，亦非明言其放也。霍光之舉，所以謂不學無術。

素餐章

　　公孫丑曰：「《詩》曰：『不素餐兮。』君子之不耕而食，何也？」

　　孟子曰：「君子居是國也，其君用之，則安富尊榮；其

子弟從之，則孝悌忠信。『不素餐兮』，孰大於是？」

＊ 譯文：

　　公孫丑說：「《詩經》說：『不吃白飯呀。』可是君子不種莊稼，也同樣吃飯，為什麼呢？」

　　孟子說：「君子居住在一個國家，君主任用他，就會平安、富足、尊貴而有榮譽；少年子弟信從他，就會孝順父母、敬愛兄長、忠心而守信實。說到『不吃白飯』，還有比這更大的貢獻嗎？」

朋友圈縱橫談

※ 張　岱

　　「用」就是用，怎麼可以改為「用其言」呢？如果不好用，那就不該說「吃白飯」了，大家要領會這問答的要點在「居是國」三個字。國君使用他就能安富尊榮，子弟信從他就可以孝悌忠信，有了他就有了改造時代的工具，怎麼能說他是「吃白飯」呢？

原文：

　　用便是用，安得改為用其言耶？只礙用，則不當云「素餐」耳，不知此答要在「居是國」三字。用之則可安富尊榮，從之則可孝弟忠信，坐鎮而挾陶鑄一世之具，何謂「素餐」？

尚志章

王子墊問曰：「士何事？」

孟子曰：「尚志。」

曰：「何謂尚志？」

曰：「仁義而已矣。殺一無罪，非仁也；非其有而取之，非義也。居惡在？仁是也。路惡在？義是也。居仁由義，大人之事備矣。」

✳ 譯文：

王子墊問道：「士要幹什麼事？」

孟子答道：「士要使自己的志行高尚。」

問道：「怎樣才算使自己的志行高尚？」

答道：「實踐仁和義罷了。殺一個無罪的人，是不仁；不是自己所有卻去取了過來，是不義。所居住之處在哪裏呢？仁便是；所行走之路在哪裏呢？義便是。居住於仁，遵義而行，成為大人的工作便齊全了。」

朋友圈縱橫談

※ 張　岱

不殺一個無辜的人，不取一點非己的物，這是本心浩然，

沒有絲毫慚愧之處，這境界如同已經登上了萬仞山頂，所以叫做「尚志」。「尚」，就是沒有比它更高的意思。

原文：

> 不殺不取是本心浩然，無愧怍處，已佔萬仞山頭，故曰「尚志」。尚者無以尚之義也。

仲子章

孟子曰：「仲子，不義與之齊國而弗受，人皆信之，是捨簞食豆羹之義也。人莫大焉亡親戚君臣上下。以其小者信其大者，奚可哉？」

✳ **譯文：**

> 孟子說：「陳仲子，如果不合理地把齊國交給他，他都不會接受，別人都相信他。但是，他那種義也只是拋棄一筐飯、一碗湯的義。人的罪過沒有比不講父兄君臣尊卑關係更大的，而仲子便是這種人。因為他有小節操，便相信他的大節操，怎麼行呢？」

朋友圈縱橫談

※ **張　岱**

> 趙威后跟齊國的使者說：「住在於陵的陳仲子還在嗎？他這

個人呀，上不跟君主結交，下不管理他的家庭。這是帶領人民都去做對國家無益的事的人，為什麼至今還不殺掉？」這可以作為評價陳仲子的定論。

原文：

趙威后語齊使者云：「於陵仲子尚存乎？其為人也，上不交於君，下不治其家。此率民而出於無用者，何以至今不殺也？」可為斷案。

桃應章

桃應問曰：「舜為天子，皋陶為士，瞽瞍殺人，則如之何？」

孟子曰：「執之而已矣。」

「然則舜不禁與？」

曰：「夫舜惡得而禁之？夫有所受之也。」

「然則舜如之何？」

曰：「舜視棄天下猶棄敝屣也。竊負而逃，遵海濱而處，終身欣然，樂而忘天下。」

＊ 譯文：

桃應問孟子：「舜做天子，皋陶做法官，假如瞽瞍殺了人，那怎麼辦？」

孟子答道：「把他逮捕起來罷了。」

「那麼，舜不阻止嗎？」

答道：「舜怎麼能阻止呢？皋陶去逮捕是有根據的。」

「那麼，舜又怎麼辦呢？」

答道：「舜把拋棄天子之位看成如拋棄破鞋一樣的小事。他會偷偷地背着父親逃走，搬到海邊住下來，一輩子快樂得很，把曾經做過天子的事情忘掉。」

朋友圈縱橫談

※ 張　岱

　　天底下不需要所有的事都有恰好的理由能夠解釋，如果只是強行解釋，就會把輕巧、灑脫的活路子用一兩句死話就僵住了。假如桃應問：瞽叟殺人，舜怎麼辦？孟子卻回答：這時瞽叟已經高興了，不想殺人。那也就沒了下文可說，把偉大的舜終身戀慕父母的本色一筆抹殺，後人又怎麼能知道他的苦心呢？所以孟子這一番問答，可以說是絕處逢生。

原文：

　　天下不必所有的事都有個恰好的妙理，若在道理上強解，便把輕脫活法，只一二死句便礙住。假使桃應問瞽叟殺人，孟子曰「此時瞽叟底豫想不殺人」，將大舜終身慕父母本色一筆抹殺，後人那得知？故此問答，謂之絕處逢生也。

王子章

　　孟子自范之齊，望見齊王之子，喟然歎曰：「居移氣，養移體，大哉居乎！夫非盡人之子與？」

　　孟子曰：「王子宮室、車馬、衣服多與人同，而王子若彼者，其居使之然也，況居天下之廣居者乎？魯君之宋，呼於垤澤之門。守者曰：『此非吾君也，何其聲之似我君也？』此無他，居相似也。」

＊ 譯文：

　　孟子從范邑到齊都，遠遠地望見了齊王的兒子，長歎說：「環境改變氣度，奉養改變體質，環境真是重要呀！他難道不也是人的兒子嗎，為什麼顯得那麼特別？」

　　又說：「王子的住所、車馬和衣服多半同別人相同，為什麼王子卻像那樣呢？就因為他所居住的環境使他這樣，何況以『仁』為自己住所的人呢？魯君到宋國去，在宋國的東南城門下呼喊，守門的人說：『這不是我的君主呀，為什麼他的聲音同我們君主這樣相像呢？』沒有別的緣故，只因為環境相像罷了。」

朋友圈縱橫談

※ 陸君啟 ────────────────────

　　前文既然已經用王子的氣度來說明居住環境的影響了，後面

卻加個尾巴，用魯國君主氣度好來比照王子，使得本章的主旨更加顯明，其議論也更加精彩，可說是絕妙文章。

原文：

陸君啟曰：既以王子形廣居矣，後掉一尾，卻以魯君形王子，意思益顯豁，議論益精神，文章絕妙。

恭敬章

孟子曰：「食而弗愛，豕交之也；愛而不敬，獸畜之也。恭敬者，幣之未將者也。恭敬而無實，君子不可虛拘。」

＊ 譯文：

孟子說：「對於人，養活他而不愛他，等於養豬；愛他而不恭敬，等於畜養狗馬。恭敬之心是在致送禮物就具備了的，如果徒有恭敬的形式而並非實心實意，君子不可以被這種虛假的形式束縛住。」

朋友圈縱橫談

※ 周海門

「未將」就像是說還沒顯露，不是說明時間先後。有人在注釋裏加上一個「時」字，不對。末尾的地方又提到「實」，這樣「恭敬」兩個字也被推翻了。

原文：

　　周海門曰：「未將」猶言未發，不以時言。注中加一「時」字，非也。末節又言「實」，則「恭敬」二字亦掃。

踐形章

孟子曰：「形色，天性也。惟聖人然後可以踐形。」

✳ 譯文：

　　孟子說：「人的形體氣色是天生的，只有聖人才能通過修養運用好這一天賦。」

朋友圈縱橫談

※ 張　岱

　　一定要認識到理和氣不是兩個東西，才能對應上「踐形」的話題。人出生時，氣凝聚在一起，才產生了身體。身體的功能，處處可以看見，它被稱作「色」，這裏面都含有自然而然的規則。那從心中不斷生發出來而不會紊亂的，就是天性。天生賦予的東西，是身體運作的原理，形色是身體可以被察覺的部分，一個「形」字就包括了性和色。所以下面只是說聖人「踐形」，而不提「色」和「性」。這裏可以知道聖人看事情是渾然一體的，所以說「盡性」也可以，說「踐形」也可以。

※ 陸君啟

　　形體一定會具備氣色，不是用來裝飾，也不能從別處因襲借用，而是天性外溢的結果。眼睛可以看到氣色，是出自天生的明敏；面色溫潤，背部敦厚，是四肢在氣色方面的展示，它根源自天性裏的四德。氣色不充實就顯得形容枯槁，氣色和形體不匹配就顯得虛弱，只是外表做出莊重的樣子就是欺罔。氣色不僅僅是氣色，而形體也不僅僅是形體，這叫做體現天生的品質。普通人攪亂本性，徒然留存形體，那形體不過是一團死物；聖人依託天性產生形色，他的形體不僅僅是個軀殼。

原文：

　　陸君啟曰：形必有色，非有虛飾，非可襲取，是乃天性洋溢。耳之聽，目之視色也，發於天性之聰明；面之睟，背之盎，四體之喻色也，根於天性之四德。色不充形則槁，色不稱形則虧，色取色莊則罔。色非徒色，然後形非委形，所謂踐也。眾人汩性以存形，則形亦塊然；聖人根性以生色，而形非軀殼。

※ 李宏甫

　　孔子到了六十歲，聽到的沒有不順耳的，這樣的人才稱得上

運用了上天賦予他的耳聰，其他的人都可以說是聾子；顏回那樣卓爾不群的人，才算是運用了上天賦予他的目明，其他的人都可以說是瞎子；孟子的修養清和潤澤地表現在面色和肩背上，這才算得上運用了上天賦予的身體，其他的人都要算是彎腰駝背、肢體麻痺、殘疾不全的人了。

原文：

　　李宏甫曰：孔子之耳順，方是踐耳，他人都是聾。顏子之卓爾，方是踐目，他人都是瞎。孟子之睟面盎背，方是踐身，他人都是疲癃殘疾，痿痺不仁。

※ 陳潛室

　　說形貌體現人的天性，是把形氣跟道理相關聯；說飲食、男女是人的天性，則是把道理驅逐出了形氣之外。

原文：

　　陳潛室曰：形色為性，是引形氣入道理中來；食色為性，是逐道理出形氣外去。

短喪章

　　齊宣王欲短喪。公孫丑曰：「為期之喪，猶愈於已乎？」

　　孟子曰：「是猶或紾其兄之臂，子謂之姑徐徐云爾，亦教之孝悌而已矣。」

王子有其母死者，其傅為之請數月之喪。公孫丑曰：「若此者何如也？」

曰：「是欲終之而不可得也。雖加一日愈於已，謂夫莫之禁而弗為者也。」

＊ 譯文：

齊宣王想要縮短守孝的時間。公孫丑說：「父母死了，守孝一年，不是比完全不守孝強些嗎？」

孟子說：「這好比有一個人在扭他哥哥的胳膊，你卻對他說，暫且扭得輕一些吧。這不是個辦法呀，只要教導他孝順父母、恭敬兄長就行了。」

有一個王子母親去世，王子的師傅替他請求守孝幾個月。公孫丑問孟子：「像這樣的事，怎麼解釋呢？」

孟子答道：「這個是由於王子想要把三年的喪期守完，而辦不到。縱使多守孝一天也比不守孝好，是針對那些沒有人禁止他而自己也不去守孝的人說的。」

朋友圈縱橫談

※ 張　岱 _____

我大明朝，用按天計算取代按月守孝的制度是針對朝廷臣僚。皇宮裏面依然施行三年喪制，跟民間一樣。世宗極其孝順，嚴世蕃守孝期間被奪情起用，世宗偶爾派宦官去探視他，只見他在家飲酒吃肉、與妻妾淫樂，世宗對此深惡痛絕。神宗生母李太

后的喪期結束後，皇帝在慈寧宮召見劉光復時，棺材仍擺在宮殿裏，皇帝戴着白色的孝帽。帝王的孝順自然不是普通人可以了解其萬分之一的。

原文：

　　我朝以日易月之制，特施之臣庶耳，宮中仍行三年之喪，與民間無異。世廟至孝，嚴世蕃奪情起復，嘗使內臣瞷之，見其飲酒食肉，姬妾淫縱，深切惡之。神廟李太后之服除矣，慈寧宮召對劉光復時，梓宮在殿，猶帶白帽。帝王之孝自非下民所能窺見其萬一也。

五教章

　　孟子曰：「君子之所以教者五：有如時雨化之者，有成德者，有達財者，有答問者，有私淑艾者。此五者，君子之所以教也。」

＊ 譯文：

　　孟子説：「君子教育的方式有五種：有像及時的雨水那樣沾溉萬物的，有成全品德的，有培養才能的，有解答疑問的，還有以流風餘韻為後人所私下學習的。這五種便是君子教育的方法。」

※ 張　岱

> 　　君子教導他人不是刻意採取不同的方式，由於被教導的人不同才如此，就像天上降雨，普遍地潤澤草木，但草木因自身不同而所受潤澤也不同。「私淑艾」，艾是指割草。自艾，淑艾，都有斷除不好、改過自新的意思。懲艾、創艾，也是取的這個意思。
>
> 原文：
>
> 　　君子之教非有意為異，而受教者不同，如天雨普滋，而草木自區別也。「私淑艾」，「艾」，苅草也。「自艾」，「淑艾」，皆斬絕自新之意，「懲艾」，「創艾」，亦取諸此。

躍如章

　　公孫丑曰：「道則高矣，美矣，宜若登天然，似不可及也，何不使彼為可幾及而日孳孳也？」

　　孟子曰：「大匠不為拙工改廢繩墨，羿不為拙射變其彀率。君子引而不發，躍如也。中道而立，能者從之。」

＊ 譯文：

　　公孫丑說：「道是很高很好，就像登天一般，似乎不可企及，為什麼不使它變成可以有希望攀求的因而叫別人每天去努力呢？」

孟子說：「高明的工匠不因為手藝拙劣的工人改變或者廢棄規矩，羿也不因為技藝拙劣的射手變更拉開弓的標準。君子教導別人正如射手，張滿了弓卻不發箭，作出躍躍欲試的樣子。他站在正確的大道之上，有能力的人便會跟隨他。」

朋友圈縱橫談

※ 張 岱

邵雍跟隨李之才讀書，請教說：「希望先生您稍微啟發我一下，不用說出完整的觀點。」因為道理是需要自行領會到才能知曉其中的無窮好處，如果自己的見識沒有達到那個境界，教導的人即便跟他把口說乾了，也還是自說自話，對學習的人有什麼影響？

原文：

康節子學於李之才，請曰：「願先生微開其端，毋竟其說。」蓋道理要自己理會出來，方有無窮妙處，若自己未曾見得到那地位，教者就容易與他說盡，則我自說我的，與學者有何干涉？

※ 徐子卿

不管整個世界怎麼顛倒，根據要由自己掌握，而絕不依附他人討生活。

原文：

徐子卿曰：只是隨他世界掀翻，巴鼻要自己拴定，決不向人前生活耳。

殉道章

孟子曰：「天下有道，以道殉身；天下無道，以身殉道。未聞以道殉乎人者也。」

＊ 譯文：

孟子說：「天下清明，君子就終生行道；天下黑暗，君子就不惜為道而死；沒有聽說過犧牲道來遷就王侯的。」

朋友圈縱橫談

※ 焦漪園

殉道和殉情，都是以自己為主，殉人則是以別人為主，依附他人。以自己為主，那麼進退的主導權就在我方；以別人為主，那麼榮辱的權利就掌握在別人手中。

原文：

焦漪園曰：殉道，殉身，是以己為主也，殉人是以人為主而依附之也。以己為主，進退之權在我；以人為主，榮辱之權在人。

滕更章

公都子曰:「滕更之在門也,若在所禮,而不答,何也?」

孟子曰:「挾貴而問,挾賢而問,挾長而問,挾有勳勞而問,挾故而問,皆所不答也。滕更有二焉。」

※ 譯文:

公都子說:「滕更在您門下的時候,似乎該在以禮相待之列,可是他請教時您卻不回答他。這是為什麼呢?」

孟子說:「倚仗着自己的勢位而來發問,倚仗着自己賢能而來發問,倚仗着自己年紀大而來發問,倚仗着自己有功勞而來發問,倚仗着自己是老交情而來發問,我都不回答。滕更佔了兩條。」

朋友圈縱橫談

※ 張　岱 _____

心中有所依仗而來請教,其人必然氣勢驕傲、充盈,孟子故意不回答來打消其氣焰,是不屑於教導他,卻也恰是對他的教誨。

心有所挾，其氣驕而盈，故借不答以折其氣，是不屑之教
誨也。

進銳章

孟子曰：「於不可已而已者，無所不已。於所厚者薄，無所不薄也。其進銳者，其退速。」

✳ **譯文：**

孟子説：「對於不該停止的事卻停止了，那就沒有什麼不可以停止的了；對於該厚待的人卻去薄待他，那沒有誰不可以薄待了。前進得太猛的人，後退也會快。」

朋友圈縱橫談

※ 張　岱

這三點都是針對治國方法來説的。前兩句是説主張清靜無為一類的人，接下來兩句是説殘忍刻薄一類的人，末尾兩句是説想求快進小成的一類人。孟子把他們的不足都揭露出來，正好顯示出中庸之道的正確。

原文：

　　三者俱就治術上說。首二句是清淨無為一流，次二句是殘刻少恩一流，末二句是欲速見小入一流。各揭其短，正見中庸之無弊。

仁愛章

　　孟子曰：「君子之於物也，愛之而弗仁；於民也，仁之而弗親。親親而仁民，仁民而愛物。」

＊ 譯文：

　　孟子說：「君子對於萬物，愛惜它，卻不用仁德對待它；對於百姓，用仁德對待他，卻不親愛他。君子關愛親人，進而仁愛百姓；仁愛百姓，進而愛惜萬物。」

朋友圈縱橫談

※ 張　岱

　　這裏將關愛親人作為綱領，從仁愛人民、愛惜物品中推衍出什麼不該親、什麼不該仁，又從不仁、不愛中看明白帝王的神聖作用。

以親親作領，於仁民愛物輾出勿親勿仁，從不仁不愛中窺破帝王神聖大作用。

當務章

孟子曰：「知者無不知也，當務之為急；仁者無不愛也，急親賢之為務。堯舜之知而不遍物，急先務也；堯舜之仁不遍愛人，急親賢也。不能三年之喪，而緦、小功之察；放飯流歠，而問無齒決，是之謂不知務。」

＊ 譯文：

孟子說：「智者沒有什麼不想了解的，但是急於了解當前的緊要事情；仁者沒有不該愛的，但是務必先愛親人和賢者。堯舜的智慧不能遍知一切事物，因為他急於去做眼前大事；堯舜的仁德不能遍愛一切人，因為他急於愛敬親人和賢者。如果不能夠實行三年的喪禮，卻仔細講求緦麻三月、小功五月的喪禮；在尊長之前用餐，吃飯灑落，喝湯流溢，卻講求不要用牙齒啃斷乾肉，這都叫做不識大體。」

朋友圈縱橫談

※ 張　岱

　　先去解決當前的緊要之事，自然可以應對其餘的事。不是處理緊要事務就放棄其餘的事。急切地去愛敬親人、賢人，當然也會愛一切的人；不是只顧愛敬親人、賢人就疏忽其他的人。這才叫知輕重、明時務。

原文：

　　先務急矣，自然足以及物，非急先務而遂遺物也。急親賢矣，自然人無不愛；非急賢而遂忘人也。如此乃謂之「知務」。

盡
心
下

梁惠章

孟子曰：「不仁哉梁惠王也！仁者以其所愛及其所不愛，不仁者以其所不愛及其所愛。」

公孫丑問曰：「何謂也？」

「梁惠王以土地之故，糜爛其民而戰之，大敗，將復之，恐不能勝，故驅其所愛子弟以殉之，是之謂以其所不愛及其所愛也。」

✽ 譯文：

孟子說：「梁惠王真是不仁呀！仁人把他對待所喜愛者的恩德推而及於所不愛的人，不仁者卻把強加給不愛者的禍害推而及於所愛的人。」

公孫丑問道：「這話是什麼意思呢？」

答道：「梁惠王因為爭奪土地的緣故，驅使百姓去作戰，被打得大敗，使他們暴屍郊野，骨肉糜爛。一旦預備再戰，擔心不能得勝，又驅使他所喜愛的貴族子弟去死戰，這個便叫做把強加給不愛者的禍害推而及於所愛的人。」

朋友圈縱橫談

※ 張　岱

　　君子不會為了養活人的東西去損害人。梁惠王的做法與此相

反，所以他後來的興亡也跟他追求的相反。

原文：

> 君子不以其所養人者害人。與此相反，故後來興亡亦相反。

義戰章

孟子曰：「春秋無義戰。彼善於此，則有之矣。征者，上伐下也，敵國不相征也。」

✳ 譯文：

> 孟子說：「春秋時代沒有正義戰爭。那一方比這一方好點，那是有的。但是征討的意思是上級討伐下級，同等級的國家是不能互相征討的。」

朋友圈縱橫談

※ 張　岱 _____

> 《春秋》大義在於區別名分、尊卑。如果征伐都是由周天子施行，那麼孔子也不會編撰《春秋》了；正因為當時征伐不由周天子主導，而是諸侯們憑藉勢力為之，孔子才會編撰《春秋》，闡述其微言大義，警戒世人。征和伐有什麼區別？答：「有不正義的伐，沒有不正義的征。」

《春秋》以道名分。征伐自天子出，《春秋》不作矣；惟不自天子出，而自諸侯出，《春秋》所以作也。征與伐何別？曰：「有不義之伐，無不義之征。」

武 成 章

孟子曰：「盡信《書》，則不如無《書》。吾於《武成》，取二三策而已矣。仁人無敵於天下，以至仁伐至不仁，而何其血之流杵也？」

✳ 譯文：

孟子說：「完全相信《尚書》，那不如沒有《尚書》。我對於其中的《武成》一篇，所採信的不過兩三頁罷了。仁人在天下沒有敵手，憑周武王這種仁到極點的人來討伐商紂這種極為不仁的人，怎麼會使血流得連搗米用的長木槌都漂起來呢？」

朋友圈縱橫談

✳ 張　岱

孟子對於《武成》這一篇，所採信的只是兩三頁而已。他又說：「完全相信《尚書》，那不如沒有《尚書》。」從這裏可以看到古代的聖賢們閱讀經典，仍有所取捨，因此他們的見識能凌駕

千古。傳記裏說孟子善讀《詩經》《尚書》：他讀《詩經》，「不
會因為詞彙而理解錯話意，也不會因為語句判斷錯主旨」；他讀
書，可以說是實踐了「盡信《書》，則不如無《書》」呀。這就
是為什麼說孟子善讀《詩經》《尚書》的緣故吧。

原文：

　　孟子於《武成》，止取二三策，又曰：「盡信《書》，不如無
《書》。」可見古聖賢讀典謨，猶有去取，所以識見籠罩千古也。
記稱孟子長於《詩》《書》：其讀《詩》也，「不以文害辭，不以
辭害志」；其讀《書》也，「盡信《書》不如無《書》」。此其所
以為長耶！

善陳章

　　孟子曰：「有人曰：『我善為陳，我善為戰。』大罪也。
國君好仁，天下無敵焉。南面而征，北狄怨；東面而征，西
夷怨，曰：『奚為後我？』武王之伐殷也，革車三百兩，虎
賁三千人。王曰：『無畏！寧爾也，非敵百姓也。』若崩厥
角稽首。征之為言正也，各欲正己也，焉用戰？」

＊　譯文：

　　孟子說：「有人說：『我善於擺作戰的陣勢，我善於作戰。』
其實這是大錯特錯了。如果一國的君主如果喜愛仁德，整個天
下都不會有敵手。商湯征討南方，北方的狄人便怨恨；征討東

方,西方的人民便怨恨,説:『為什麼把我放在後面?』周武王討伐殷商,兵車三百輛,勇士三千人。武王對殷商的百姓説:『不要害怕!我是來安定你們的,不是同你們為敵的。』百姓便都叩起頭來,聲響好像山陵倒塌一般。征的意思是正,各人都希望端正自己,哪裏用得着戰爭呢?」

朋友圈縱橫談

※ 張　岱

「寧爾也」,仔細品味這個「爾」字,恍惚有親切地同處一室的感覺。

原文:

「寧爾也」,玩一「爾」字,恍若有藹然同室之意。

梓匠章

孟子曰:「梓匠輪輿能與人規矩,不能使人巧。」

✳ **譯文:**

孟子説:「木工以及專做車輪或者車箱的人能夠把製作的工具給別人,卻不能夠使別人一定掌握高明的技巧。」

※ 劉　晝

　　神射手后羿沒有弓箭的話，不能射中微小的東西，但他賴以射中微小東西的其實並不是弓箭；古代的能工巧匠工倕沒有斧頭的話，就不擅長砍削，但真正擅長砍削的並不是斧頭本身。

原文：

　　劉子曰：羿無弧矢，不能中微，其中微者，非弧矢也。倕無斧斤，不能善斫，其善斫者，非斧斤也。

※ 管　輅

　　物品不精巧就沒有神氣，辦法不巧妙就不能稱之為術。因此精是神氣的聚合，妙是知抵達之處。神氣在微妙之處聚合，可以通過性靈溝通，難以用語言來描述。

原文：

　　管輅曰：物不精不為神，數不妙不為術。故精者神之所合，妙者知之所遇，合之幾微，可以性通，難以言論。

飯糗章

　　孟子曰：「舜之飯糗茹草也，若將終身焉。及其為天子也，被袗衣，鼓琴，二女果，若固有之。」

　　孟子說：「舜吃乾糧啃野菜的時候，似乎準備終身如此；等待他做了天子，穿着華麗的麻葛單衣，彈着琴，由堯的兩個女兒侍候着，又好像這些都是早已擁有了一般。」

朋友圈縱橫談

※ 青岩叟

　　「飯糗茹草」這四個字描繪出舜窮困時候的情況。「被袗衣，鼓琴，二女果」八個字，則描繪出舜榮華富貴時候的景象。「若固有之」「若將終身」，則刻畫了舜無論是吃糠嚥菜還是衣錦彈琴，都淡然處之的境界。

原文：

　　青岩叟曰：「飯糗茹草」四字畫出舜窮困風味。「被袗」八字，畫出舜榮華的景象。「若固有之」「若將終身」畫出舜澹漠之精神。

自殺章

　　孟子曰：「吾今而後知殺人親之重也：殺人之父，人亦殺其父；殺人之兄，人亦殺其兄。然則非自殺之也，一閒耳。」

孟子說：「我今天才知道殺戮別人的親人罪過之重：殺了別人的父親，別人也就會殺他的父親；殺了別人的哥哥，別人也就會殺他的哥哥。那麼，雖然父親和哥哥不是被他親手殺掉的，相差也不遠。」

朋友圈縱橫談

※ 沈無回

做君主的講究修養仁心，自然不必講到報復之事。而戰國時候的君主，無法跟他們討論仁，就只好用禍福的道理嚇唬他。

原文：

沈無回曰：人君養全仁心，自不須論到報復上。戰國之君難以論此，不得已而以禍福之理懼之。

為暴章

孟子曰：「古之為關也，將以禦暴；今之為關也，將以為暴。」

＊ 譯文：

孟子說：「古代設立關塞是為了抵禦殘暴的侵略；今天設立

關塞卻是為了進行殘暴的戰爭。」

朋友圈縱橫談

※ 艾千子 _____

　　這一章是針對那些利用法律滿足自己私心的人說的。暴徒殘害人民，還可以依賴上頭的人對抗；等到上頭的人自己實行殘暴統治，那還能依賴誰來對抗呢？

原文：

　　艾千子曰：為借法行私者發。暴客害民猶仗上之禦之也。至上自為暴，更將誰使以禦之？

行道章

　　孟子曰：「身不行道，不行於妻子；使人不以道，不能行於妻子。」

＊ 譯文：

　　孟子說：「本人不依道而行，道在妻與子身上都行不通，更不要說對別人了；用不合於道的方式使喚別人，要去使喚妻與子都不可能，更不要說使喚別人了。」

※ 陳定宇

　　舜的嚴明，可以通過娥皇、女英二妃來考察；周文王教化婦
女，從吟詠《關雎》開始。由此知道，治家難，治理天下易；能
夠對妻與子施行仁道，就不難在天下推行仁道。

原文：

　　陳定宇曰：為汭之刑，觀於二女；汝濆之化，始自《關雎》。
乃知家難而天下易；能行於妻子，無難於天下矣。

周德章

孟子曰：「周於利者凶年不能殺，周於德者邪世不能亂。」

✳ 譯文：

　　孟子說：物利富足的人遇到荒年都不受窘困，道德高尚的
人遇到亂世都不會迷惑。

朋友圈縱橫談

※ 張　岱

「不能亂」，說明不但不會被邪惡迷惑失去自我，還有挽回

世間邪惡風氣的能力。

原文：

「不能亂」，不但不失自己，實有挽回邪世處。

※ 徐子卿

不要把道德高尚的人僅僅等同於在邪惡世道裏自保的人，其中的高下實在是有霄壤之別的。

原文：

徐子卿曰：若只作邪世自全的人看，何啻霄壤。

好名章

孟子曰：「好名之人能讓千乘之國，苟非其人，簞食豆羹見於色。」

＊ 譯文：

孟子說：「好名的人可以把有千輛兵車國家的君位讓給別人，但是，若不是他認為應該受讓的合適對象，就是要他讓一筐飯、一碗湯，他都會把不高興的神色擺在臉上。」

※ 張　岱

　　張符九說，好名的人未必會貪圖一筐飯、一碗湯，這裏只是把事情描述到極致，以表達其鄙視的態度。我認為不是這樣，這裏其實是寫實。已氏能夠成為陽翟的大商人，卻有祖士少好財的毛病，他家中錢物堆積如垛，但提供的食物僅僅夠自己家人吃。親戚們都是守門小吏的待遇，常常面帶菜色，即便有時給一碗湯，也還是沒加鹽的。我私下將此作為佐證，也是世發世人一笑。

原文：

　　張符九云：好名者未必定貪簞豆，只是窮極情事以醜之耳。余謂不然，此是實語。夫已氏能為陽翟大賈，復有祖士少之癖，堆錢如垛，乃其家食僅僅自奉，外眷屬俱享監門，時不免菜色，即日給一豆羹，猶未下鹽也。竊以此證之，為海內一噱。

※ 蘇東坡

　　人們可以自己摔破價值千金的玉璧，卻會因為打碎了一個破釜而驚慌大叫，也是這個意思。

原文：

　　蘇子云：人能碎千金之璧，而不覺失聲於破釜，亦此意。

仁賢章

孟子曰：「不信仁賢，則國空虛；無禮義，則上下亂；無政事，則財用不足。」

❋ 譯文：

孟子說：「不信任仁德賢能的人，那國家就會空虛；沒有禮義，上下的關係就會混亂；沒有好的政治措施，國家的用度就會不夠。」

朋友圈縱橫談

※ 張　岱

一個普通人，如果沒有親密的朋友，遇到急難的事情就沒有依靠。上天行道，一旦失去規則，即便是草木也會遭殃。擁有千金的大富之家，如果長時間不管理，討債的人也會紛紛上門。從這三句話，可以推想此章的主旨。政治事務覆蓋的範圍廣闊，不僅僅是打理錢財，但生財是應有之義。《周禮》設立九個職位管理萬民，這是養民有道呀；設立九種賦稅來獲取財物，其徵收也有規範；設置九種使用方式來節省開支，這是使用錢財有節制。總之是有開源和節流兩個意思。

原文：

夫一介之士，苟無密友，則緩急無所恃矣。上天之行，一

失其道，則草木猶或干之矣。千金之家，久而不治，則執券誅負者紛然至矣。於此三言，可想此章之義。政事所該者廣，不止理財，而理財亦在其中。《周禮》九職任萬民，生之有道也。九賦取財賄，取之有度也。九式節財，用之有節也。總是開源節流二意。

得國章

孟子曰：「不仁而得國者，有之矣；不仁而得天下者，未之有也。」

※ 譯文：

孟子說：「不行仁道卻能得到一個國家的，有這樣的事；不行仁道卻能得到天下的，這樣的事從來不曾有過。」

朋友圈縱橫談

※ 張　岱 ————————————

秦始皇吞併六國，只維持兩代就亡了國；他統一天下，使用的是朝生暮死的蟪蛄一般的伎倆。孟子的議論大體都被證明了。

原文：

祖龍吞噬，二世而亡；其得天下，蟪蛄之伎倆耳。孟子之言率亦有驗。

丘民章

孟子曰：「民為貴，社稷次之，君為輕。是故得乎丘民而為天子，得乎天子為諸侯，得乎諸侯為大夫。諸侯危社稷，則變置。犧牲既成，粢盛既潔，祭祀以時，然而旱乾水溢，則變置社稷。」

✻ 譯文：

孟子說：「百姓最為重要，土穀之神為次，君主為輕。所以得到百姓的歡心便能做天子，得到天子的歡心便能做諸侯，得到諸侯的歡心便能做大夫。諸侯危害國家，那就改立。獻祭用的牲畜既已肥壯，祭品又已潔淨，也依一定時候致祭，但是還遭受旱災水災，那就改立土穀之神。」

朋友圈縱橫談

※ 張　岱

這種觀點超越千古，只有孟子才能發表。相對於君為輕來說，應該說「民為重」，孟子卻說「貴」，生殺予奪的權力由人民主導，不是「貴」是什麼呢？明白了這點，之後才可以去評斷商湯伐紂、周武滅商的史事。擁有了土地、人民而被尊為天子，自然而然，失去土地、人民那就是一個普通人。所以史書說：「只聽說商湯誅殺了匹夫紂。」

當才子遇上孟子

兒子從父親那裏獲罪，可以通過姑母等人請罪，父親於是原諒他。臣子從君主那裏獲罪，可以通過宰相、君主左右侍從謝罪，君主於是赦免他。當初夏桀、商紂得罪了人民，至今沒有途徑向人民請求原諒。

原文：

此等議論超越千古，非孟子不能發。對君輕而言，宜曰「民為重」，而乃曰「貴」，予奪之權，自民主之，非「貴」而何？知此，然後敢定湯武之案。得乎丘民而為天子，自然失乎丘民而為一夫。故曰：「聞誅一夫紂矣。」

子得罪於父，可因姑姊妹謝也，父乃赦之。臣得罪於君，可因宰執左右謝也，君乃赦之。昔者桀紂得罪於民也，至今未有為謝也。

※ 李崆峒

那些高地一定是從低矮處堆積而成；大物一定是由諸多小東西積累。所以，自己把自己安置到高處，沒有低的東西作為基礎，就會危險；自己把自己看得很了不起，沒有眾人扶持，就會成為孤家寡人。得到土地、人民成為天子，這就是「眾」；不要得罪群臣和百姓，這就是「卑」。孔子説：「君子對人，不論大小，不論多少，都不敢怠慢。」

原文：

李崆峒曰：高必自卑，大必由眾。故自高無卑，無卑則危；自大無眾，無眾則孤。得丘民為天子，眾之謂也，無得罪於群臣、百姓，卑之謂也。孔子曰：「無眾寡，無小大，無敢慢。」

百世章

孟子曰：「聖人，百世之師也，伯夷、柳下惠是也。故聞伯夷之風者，頑夫廉，懦夫有立志；聞柳下惠之風者，薄夫敦，鄙夫寬。奮乎百世之上，百世之下，聞者莫不興起也。非聖人而能若是乎？而況於親炙之者乎？」

＊ 譯文：

　　孟子說：「聖人是百代後人的老師，伯夷和柳下惠便是這樣的人。所以聽到伯夷的風操，貪得無厭的人會清廉起來，懦弱的人也有獨立不屈的意志了；聽到柳下惠的風操，刻薄的人也厚道起來了，胸襟狹小的人也寬大起來了。他們在百代以前發奮而為，在百代之後聽到的人沒有不為之感動奮發的。不是聖人能做到這樣嗎？百代以後還如此，何況親自接受他們熏陶的人呢？」

朋友圈縱橫談

※ 胡雲峰

　　四季的風，沒有比春風更和煦的，沒有比秋風更清冽的，但吹拂時都是運動的。既然運動，就還是有痕跡。孔夫子的風教，就像是元氣，與天地渾然一體，無痕無跡。

胡雲峰曰：四時之風，莫和於春，莫清於秋，無有不動者。
然曰動，猶有跡也。仲尼，元氣也，渾然無跡矣。

合言章

孟子曰：「仁也者，人也。合而言之，道也。」

✳ 譯文：

孟子說：「『仁』的意思就是『人』，『仁』和『人』合併起
來說，便是『道』。」

朋友圈縱橫談

※ 張　岱

怎麼理解「『仁』的意思就是『人』，『仁』和『人』合併起
來便是『道』」？就像蓋子蓋在盂上，它們本來就是一件東西，
仁愛滋養人民，而養育人民就是天道。

原文：

何謂「仁也者，人也。合而言之，道也」？如蓋合盂，本非
二物，仁生人，生人之謂道。

　　人好比是燈，仁則是燈發出的光亮，道就是説的光輝照亮一切，就像説發亮的是燈，燈和發亮合起來就是光。

原文：

　　周海門曰：人如燈，仁則燈之明，道指光輝燭照而言，如言明也者燈也，合而言之光也。

去魯章

　　孟子曰：「孔子之去魯，曰：『遲遲吾行也。』去父母國之道也。去齊，接淅而行，去他國之道也。」

✻ 譯文：

　　孟子説：「孔子離開魯國，説：『我們慢慢走吧。』這是離開祖國的態度。離開齊國時，便不等把米淘完，漉掉水就走──這是離開別國的態度。」

朋友圈縱橫談

※ 張　岱 _____

　　孔子的去國之「道」，由孟子揭示出來。孔子行事並不是刻意的，他只是自然而然、或快或慢地離開齊國和魯國，並不是已

經預備一番道理在那裏，之後去跟着做。孟子談論「道」，是為後來的人做典範。

原文：

　　「道」字，孟子發之。孔子無意，自然止速如此，非謂有「道」在，而率循之也。言「道」，以示後作則。

陳蔡章

孟子曰：「君子之厄於陳蔡之間，無上下之交也。」

＊ 譯文：

　　孟子說：「孔子被困在陳國、蔡國之間，是由於跟兩國的君臣都沒有交往的緣故。」

朋友圈縱橫談

※ 張　岱

　　天和地斷絕了往來，這是糟到極點的時世，氣數到了盡頭，但這跟聖人有什麼關係！

原文：

　　天地不交，否極之世，氣數之窮也，在聖人則何與焉！

貉稽章

貉稽曰:「稽大不理於口。」

孟子曰:「無傷也。士憎茲多口。《詩》云:『憂心悄悄,慍於群小。』孔子也。『肆不殄厥慍,亦不殞厥問。』文王也。」

✳ 譯文:

貉稽説:「我被人家説得很壞。」

孟子説:「沒有關係,士人厭惡這種七嘴八舌。《詩經》説過:『煩惱沉沉壓在心,小人當我眼中釘。』孔子可以説是這樣的人。又説:『不消滅別人的怨恨,也不失去自己的名聲。』這説的是文王。」

朋友圈縱橫談

※ 張 岱

孟子在這裏舉出文王、孔子為例,別有深意,人們一定要到了文王、孔子的境界才能夠不怕非議、誹謗,否則應當自己修養。

原文:

引文、孔煞有意見,必文、孔而後可以勿恤謗議,不然亦當自修。

人如果確實認真下功夫修養，任由他人誹謗、欺騙、怠慢，也能處處有所收穫，一切都能拿來作為提高品德的磨刀石。如果不下功夫，就算是個魔王，也會被累倒。

原文：

王文成曰：人若着實用功，隨人毀謗欺慢，處處得益，處處是進德之資。若不用功，只是魔也終被累倒。

昭 昭 章

孟子曰：「賢者以其昭昭使人昭昭，今以其昏昏使人昭昭。」

＊ 譯文：

孟子說：「賢人教導別人，一定先使自己徹底明白了，然後才去使別人明白；今天的人教導別人，自己還糊糊塗塗，卻企圖用這些糊糊塗塗的東西去使別人明白。」

朋 友 圈 縱 橫 談

※ 謝象三 _____

不是明明白白的，不能叫做賢人，但賢人也不過是讓自己

清楚明白罷了，他能夠使別人明白的地方正在於此，並不是推己及人。

原文：

謝象三曰：非昭昭不成其為賢者，然賢者亦第自使昭昭耳，其所以使人昭昭即在此，非又推己及人也。

山徑章

孟子謂高子曰：「山徑之蹊，間介然用之而成路，為間不用，則茅塞之矣。今茅塞子之心矣。」

＊ 譯文：

孟子對高子說：「山坡的小路只有一點點寬，經常去走它便變成了一條路；只要有一段時間不去走它，又會被茅草堵塞了。現在茅草也把你的心堵塞了。」

朋友圈縱橫談

＊ 張　岱

總之，我們要明白修煉心的功夫不能有一點點放鬆和間斷，孟子拔塞心之「茅」和孟母以斷機喻廢學，是同樣的教導方法。

追蠡章

高子曰：「禹之聲尚文王之聲。」

孟子曰：「何以言之？」

曰：「以追蠡。」

曰：「是奚足哉？城門之軌，兩馬之力與？」

＊ 譯文：

　　高子說：「禹的音樂好過文王的音樂。」

　　孟子說：「這樣說有什麼根據呢？」

　　答道：「因為禹傳下來的鐘使用得多，鈕都快斷了。」

　　孟子說：「這個何足以證明呢？城門下車跡那樣深，難道只是幾匹馬的力量嗎？（是日子長久了的關係。）」

朋友圈縱橫談

※ 趙希鵠

　　追是雕琢的意思，現在畫家常在畫面上滴上顏料使畫面凸出

來，仍然叫做追粉。蠹是剝落、腐蝕的意思。「追蠹」，是說士人見到大禹傳下來的鐘雕琢款文的地方剝落腐爛了。趙岐的注釋不對。

原文：

趙希鵠云：追，琢也，今畫家滴粉令凸起，猶謂之追粉。蠹，剝蝕也。「追蠹」，言禹之鐘款文追起處剝蝕也。趙岐注非。

發棠章

齊饑。陳臻曰：「國人皆以夫子將復為發棠，殆不可復？」

孟子曰：「是為馮婦也。晉人有馮婦者，善搏虎，卒為善，士則之。野有眾逐虎，虎負嵎，莫之敢攖。望見馮婦，趨而迎之。馮婦攘臂下車。眾皆悅之，其為士者笑之。」

＊ 譯文：

齊國遭了饑荒，陳臻對孟子說：「國內的人都以為老師會再度勸請齊王打開棠地的倉廩賑濟人民，大概不可以再這樣做吧？」

孟子說：「再這樣做便成了馮婦了。晉國有個人叫馮婦，善於和老虎搏鬥，後來變成善人不再打虎了。有次他到野外，有許多人正追逐老虎。老虎背靠着山腳，沒有人敢迫近它。人們望見馮婦，便快步向前去迎接。馮婦也就捋起袖子，伸出胳

膊，走下車來。大家都喜歡他，可是作為士的那些人卻譏笑他有失身份。」

朋友圈縱橫談

※ 張 岱

孟子把發倉賑棠比成驅虎，老虎的危害，哪裏是趕走一次就可以避免的呢！齊國的苛政比老虎還可怕，不能讓管理者施行仁政，而僅僅勸他們行些小恩小惠，這就像是老虎害人，卻只是去驅趕一次就當作成功了。孟子因此才歎息、自嘲：賑濟棠地那樣的事情還可以再做嗎？

原文：

孟子以發棠比之逐虎，虎之為害，豈在一逐之而遂可已耶！齊之苛政猛於虎，不能使之行仁政，而徒勸之行小惠，是猶虎之害人徒以一逐為功矣。方竊自歎自笑，其尚可再也乎哉？

※ 張 岱

「則之野」，這句話文理不通順。楊升庵有個讀法，「卒為善」斷句，「士則之」斷句，「野有眾逐虎」斷句，這樣就跟後面的「其為士者笑之」前後呼應。應當按照他的方法斷句。

原文：

「則之野」，文理不通。楊升庵有讀法：「卒為善」句，「士則之」句，「野有眾逐虎」句，與下「其為士者笑之」前後相映，當從此句逗。

性命章

孟子曰：「口之於味也，目之於色也，耳之於聲也，鼻之於臭也，四肢之於安佚也，性也，有命焉，君子不謂性也。仁之於父子也，義之於君臣也，禮之於賓主也，知之於賢者也，聖人之於天道也，命也，有性焉，君子不謂命也。」

✳ 譯文：

孟子說：「口對於美味，眼對於美色，耳對於好聽的聲音，鼻對於芬芳的氣味，手足四肢對於舒服，這些愛好都是天性，但是得到與否卻要由命運決定，所以君子不把它們認為是天性的必然。父子之間講仁愛，君臣之間講禮義，賢者講智慧，聖人講天道，也由命運決定嗎？這其中有天性的必然，所以君子不把它們看作是命運的範疇。」

朋友圈縱橫談

※ 韓求仲

世人想要放縱欲望，就說人們天性如此，這裏孟子卻直接用一個「命」字來定性這類欲望（命運決定），表明上天本來沒有讓人去貪戀愛好、欲望。世人準備消沉、放棄，就說命運是這樣子，孟子這裏直接用一個「性」字來定性這類行為（天性必然），表明上天絕不會賦予昏亂、愚昧來限制人。孟子這是希望引導人

壓抑欲望，回歸天理，一起返回天性、命運的本來面貌而已。孟子的兩句話，本來就渾然一體。

原文：

> 韓求仲曰：世人期縱欲，則曰性實固然，此直曰「命」，見天原不命人以嗜欲。世人思委棄，則曰命實為之，此直曰「性」，見天決不限人以昏愚。要引人制欲歸理，同還性命之初而已。子輿二言，原自渾合。

※ 耿楚侗

聲音、顏色、味道、安逸等等跟命運相通，那麼愛好、欲望就都隱藏着天機。仁、義、禮、智、天道，是天性的圓滿，那麼天道也和人事渾然相融。

原文：

> 耿楚侗曰：聲色臭味安佚通於命，則嗜欲莫非天機。仁義禮智天道盡其性，則天道渾乎人事。

※ 張　岱

孟子明白，就性來說明性，人們就會執着「食色，性也」的說法，不如用命運來談性，則什麼是天性就清楚了；用命來解釋命，人們就會執着「降材，爾殊」的說法，不如用天性來說明命運，則什麼是命運就分明了。

「命」這個字，適合對境況順利與否來說，這才跟這章前面兩句的「命」字意思一致。晏嬰是一個智者，但他卻不懂孔子，這難道不是命運造成的嗎？用來批注此段，很妥帖。

原文：

　　孟子分明以性言性，人便得執「食色，性也」之說，不若以命言性，而性之說明。以命言命，人便得執「降材，爾殊」之說，總不若以性言命而命之說著。

　　「命」字正宜在境通塞上說，方與首節「命」字無兩。晏嬰智矣，而不知仲尼，豈非命也？此注甚合。

※ 陳洪範

　　我曾經問魏聘名，聖人對於天道怎麼樣？他回答說：就像是京城的人買床帷，一定用得上。

原文：

　　陳洪範問魏聘名，聖人之於天道如何？答云：如京師人買床帖，卻用得着。

※ 馬君常

　　到了聖人無計可施的狀態才叫做命運。命運，是理窮於數、明知卻不可為的意思。商湯、周武君臣和周公兄弟的事情，可以拿來做參照。

原文：

　　馬君常曰：到得聖人無如之奈何方謂之命；命者，理窮於數之謂也。湯武君臣，周公兄弟，可類觀矣。

※ 張　岱

　　根據上文的表述方式，這句本來該說「天道之於聖人」。不

懂天道是虛幻無形的，只是通過聖人來體現，就如克諧（舜克諧以孝）、放伐（伊尹放太甲、周武伐商等）之類事情，自古的聖人做法不一。但他們跟天道的相應，就像針芥相投，所以文章說「之於天道」。品味文中那個「也」字，已經透露出性、命的關鍵處。

「知之於賢者」這一句，人們常覺疑惑不明，你試着想象試官在簾子後面選取門生的情景，他遇到中意的考試卷，真是全副精神去批閱，等到錄用的名額已經確定，即便他中意的那份沒選取，他那中意也不會因此減少一點。「命也，有性」一句，可以從這裏面揣摩。

「聖人之於天道」，就好比孔子「五十而知天命，六十而耳順」，看上去似乎正好有個分界線，其實孔子只是日復一日、年復一年不懈努力，才抵達知天命、耳順的境界，這可不正說明聖人能否實現天道，有命運的因素，也有天性原因嗎？

原文：

照上數句該說「天道之於聖人」，不知天道虛而無形，只賴聖人做出，如克諧、放伐等事，千聖不一局。然其於天道相湊合處，如針芥相投，是以曰「之於天道」。味一「也」字，已透徹性命關捩。

「知之於賢者」句多不明，女試看試官在簾內取門生，其所得意卷子，真以全副精神注之，及至額數已定，落之孫山，其得意未嘗少減，「命也，有性」於此可想。

「聖人之於天道」，如孔子「五十而知天命，六十而耳順」，恰像有個分限，日復一日，年復一年，孔子只是不放手，可不是命也而又有性焉？

善信章

　　浩生不害問曰：「樂正子何人也？」

　　孟子曰：「善人也，信人也。」

　　「何謂善？何謂信？」

　　曰：「可欲之謂善，有諸己之謂信，充實之謂美，充實而有光輝之謂大，大而化之之謂聖，聖而不可知之之謂神。樂正子，二之中、四之下也。」

✼ 譯文：

　　浩生不害問孟子：「樂正子是怎樣的人？」

　　孟子答道：「好人，實在人。」

　　「怎麼叫好？怎麼叫實在？」

　　答道：「那人值得喜歡便叫做好；那些好處實際存在於他本身便叫做實在；那些好處充滿於他本身便叫做『美』；不但充滿，而且光輝地表現出來便叫做『大』；已經光輝地表現出來了，又能融會貫通，便叫做『聖』；聖德到了神妙不可測度的境界便叫做『神』。樂正子是介於好和實在兩者之中，但還沒達到『美』『大』『聖』『神』四者的境界。」

朋友圈縱橫談

✼ 袁七澤

　　若是說到本地的風光（人們本身），其實平淡、沒什麼可期

待的。不是自身具備的，本來就是虛無的不能稱為實在，也談不到光輝地顯現，一定要待融會貫通才能抵達聖的境界。所謂化，就像冰被陽光融化，就像金子被火熔化。

原文：

袁七澤曰：若論本地風光，實泊然其無可欲也，非己可有也，本虛而無所謂實，無所謂光輝也，故必化之而後入聖。化者，若冰之融於日，若金之熔於火。

※ 祝石林

善、信、美、大、聖、神，是有次第的。沒有次第，人們信服「神聖卻不可捉摸」的神妙，不信服日常使用卻未考究原因的神妙，《易經》說：「聖人了知天地的道理，依據它製作器物，人民都使用它，這就叫做神妙。」那善，也是神妙，但誰來信仰它？能夠信服善是神妙，然後擁有它，這才是信仰。

原文：

祝石林曰：善、信、美、大、聖、神有階級。無階級，人信「聖而不可知之」之神，不信百姓日用而不知之神，《易》曰：「利用出入，民咸用之謂之神。」夫善，一神也，誰則信之？能信善之為神，而後為有諸己，而後為信。

歸儒章

孟子曰：「逃墨必歸於楊，逃楊必歸於儒。歸，斯受之

而已矣。今之與楊、墨辯者，如追放豚，既入其苙，又從而招之。」

＊ 譯文：

　　孟子説：「離開墨子一派的一定歸入楊朱這一派來；離開楊朱一派的，一定回到儒家來。回來，接受他就可以了。今天同楊、墨兩家辯論的人，好像追逐走失的豬一般，已經送回豬圈裏了，還要把牠的腳拴住。」

朋友圈縱橫談

※ 張　岱 _____

　　這不是慈悲之心，純粹是降伏的法子。就像宗澤、岳飛抵禦盜賊，抗擊時，那他們就是敵人，收降後，那他們就成為幫手。其中有擒拿的手段、放縱的手段，恩威並施，不是手段高明的人物不能隨便採用。為自己是卑暗的法門，愛別人是高明的法門，所以有力量。人們早年常誤入墨子的一派，現在教導他從更近一點的楊子學説歸入儒家，是善巧，並不是因為楊子的學説勝過墨家學説。

原文：

　　不是慈悲心，全是降伏法，如宗、岳禦群盜，距之皆為吾敵，收之皆為吾用，其中有擒，有放，有恩，有威，非大法王不得輕試此手段也。自為是卑暗門，愛人是高明門，故有力量。人多先誤入墨子一路，卻教他近裏抽身，非楊能勝墨也。

布縷章

孟子曰：「有布縷之徵，粟米之徵，力役之徵。君子用其一，緩其二。用其二而民有殍，用其三而父子離。」

＊ 譯文：

孟子說：「有徵收布帛的賦稅，有徵收穀米的賦稅，還有徵發人力的賦稅。君子在三者之中採用一種，剩餘兩種便暫時不用。如果同時用兩種，百姓就會有餓死的；如果同時用三種，那就會導致父親顧不得兒子，兒子也顧不得父親了。」

朋友圈縱橫談

※ 張　岱

　　《禹貢》中記載：「細白絹，粗麻布，百里納總，二百里納銍，三百里納秸服，這都是諸侯向天子朝貢的規矩。」從五帝三王開始，粟米之徵、布帛之徵、力役之徵這些賦稅制度已大體齊備，不是末世才出現的。用一緩二，可以說是善法、善心用到了極點，並不是孟子所稱的暫且讓人民喘口氣、搭救一下人民的辦法，孟子說的是要先去推行分給田地、教種樹木等措施，不單單依賴催繳租稅來增加收入。現今那些統治者，只知道徵稅，只知道用先徵一種稅，暫緩其他兩種，治標不治本，人民怎麼會感戴呢？

原文：

《禹貢》：「纖縞絲纻，總銍銛服。」自帝王時，三徵大備，非起於末世也。用一緩二，良法美意至矣，非孟子之姑以云救也，但其先有分田樹畜諸政，不沾沾靠着催科。今世惟知有徵，但使用一緩二，民不德矣。

※ 張　岱

讀《禮記》，我懷疑按書上畫的，編織麻線叫做布，分開絲線叫做縷，帶殼的穀物稱為粟，脫了殼稱為米。那麼，布、縷是擁有五畝田宅的人民生產的，普通的農婦養蠶繅絲，收成在夏天，所以夏天用它作為賦稅。粟米是擁有百畝田地的人民生產的，普通農夫耕種所得，其收成是在秋天，所以秋天的時候繳收。力役是由共同耕作一塊井田的人家供給，由丁男承擔，到冬天的時候他們才有空暇，於是在這個季節使用。力役有兩種：一種是軍賦，到了冬天的時候輪換從軍；一種是工賦，到了冬天的時候去給政府幹活。徭役包含在軍賦裏面，顧役是工賦的一種變通，都是勞役。這三種之外，就沒有其他的稅、役了；它們在適當的時候施行，從中可見政府不擾民的原則。

原文：

讀《禮》，疑圖按織麻曰布，析絲曰縷，帶殼曰粟，脫殼曰米。布縷出於五畝之宅，匹婦所蠶也，其成在夏，故夏徵之。粟米出於百畝之田，匹夫所耕也，其成在秋，故秋徵之。力役出於同井之家，丁男所賦也，至冬有暇，而始徵之。力役有二：其一軍賦，以冬而更番；其一工賦，以冬而應役。徭役則在軍賦之中，顧役則從工賦之便，皆力役之徵也。三者之外，更無徵焉；而用之又各以其時，亦可以見民之不擾矣。

當才子遇上孟子

在上位的人,使用人民的時候要蘊含着寬緩的心意;底層的人民,使用時被寬緩一分,也就相當於得到一分的賞賜。

原文:

黃會稽曰:在上者,所用之時,即切所緩之心;在下者,寬一分之用,即受一分之賜。

寶三章

孟子曰:「諸侯之寶三:土地、人民、政事。寶珠玉者,殃必及身。」

❋ 譯文:

孟子說:「諸侯的寶貝有三樣:土地、百姓和政治。不以這三樣為寶而以珍珠美玉為寶貝的,災禍一定會降臨到他身上。」

朋友圈縱橫談

※ 韓求仲 _____

孟子這是提醒當世的王侯,關鍵就在「寶」字,應該把仁親當做寶貝,把善當做寶貝。孟子把「寶」字當做幫助王侯引經發汗的藥物。

原文：

　　韓求仲曰：提醒世主，全在「寶」字，仁親以為「寶」，惟善以為「寶」，每以「寶」字為世主引經發汗之藥。

盆成章

盆成括仕於齊，孟子曰：「死矣盆成括！」

盆成括見殺，門人問曰：「夫子何以知其將見殺？」

曰：「其為人也小有才，未聞君子之大道也，則足以殺其軀而已矣。」

＊譯文：

　　盆成括到齊國做官，孟子評論：「盆成括要沒命了！」

　　不久盆成括被殺，學生問道：「老師怎麼知道他會沒命？」

　　孟子答道：「他這個人有點小聰明，但是不知道君子的大道，那就足以害了他自己了。」

朋友圈縱橫談

※ 胡敬齋 _____

　　君子具備才華是一種幸運，小人沒有才華才是幸運。

原文：

　　胡敬齋曰：君子以有才為幸，小人以無才為幸。

※ 陳眉公

　　如果能夠聽聞君子的大道，這個人的才華已經不小了。

原文：

　　陳眉公曰：聞得大道，其才自不小。

上宮章

　　孟子之滕，館於上宮。有業屨於牖上，館人求之弗得。或問之曰：「若是乎從者之廋也？」

　　曰：「子以是為竊屨來與？」

　　曰：「殆非也。夫子之設科也，往者不追，來者不拒。苟以是心至，斯受之而已矣。」

* 譯文：

　　孟子到了滕國，住在上宮。有一雙沒有織成的草鞋在窗上不見了，旅館裏的人找不到。有人便問孟子說：「像這樣，是跟隨您的人把它藏起來了吧？」

　　孟子說：「你以為他們是為着偷草鞋而來的嗎？」

　　答道：「大概不是的。不過，你老人家開設課程，對學生的

態度是對去的不追問，對來的不拒絕。只要他們懷着學習的心來，就接受了，那難免良莠不齊呢。」

朋友圈縱橫談

※ 馮爾賡

世上不肖的人往往依賴有道者的門牆獲得蔭蔽，我們儒家成為那些雞鳴狗盜之徒逃亡的領地也有很久了呀，這是真事。

原文：

馮爾賡曰：世間不肖之人，往往藉蔭有道之門牆，儒教中，為盜賊逋逃藪久矣，此是實事。

※ 張　岱

東郭子惠問子貢：「孔夫子的門下為何那麼雜亂呢？」子貢回答說：「那糾正曲木的東西旁邊常長出歪樹，好醫生的屋子裏有很多病人，磨刀石的邊上都是頑石鈍料，夫子他老人家修養道德以等待天下人源源不斷來學習。這樣子他的門下就雜亂了。」

原文：

東郭子惠問於子貢曰：「夫子之門何其雜也？」子貢曰：「夫隱括之傍多枉木，良醫之門多疾人，砥礪之傍多頑鈍，夫子修道以俟天下來者不止，是以雜也。」

仁義章

孟子曰：「人皆有所不忍，達之於其所忍，仁也；人皆有所不為，達之於其所為，義也。人能充無欲害人之心，而仁不可勝用也；人能充無穿踰之心，而義不可勝用也；人能充無受爾汝之實，無所往而不為義也。士未可以言而言，是以言餂之也；可以言而不言，是以不言餂之也，是皆穿踰之類也。」

＊ 譯文：

孟子說：「每個人都有不忍心幹的事，把它擴充到所忍心幹的事上，便是仁；每個人都有不肯幹的事，把它擴充到所肯幹的事上，便是義。人能夠把不想害人的心擴而充之，仁便用不盡了；人能夠把不挖洞跳牆的心擴而充之，義便用不盡了；人能夠把不受輕賤的實際言行擴而充之，那無論到哪裏都合於義了。一個士人，不可以同他談論卻去同他談論，這是用言語來試探對方以便取利；可以同他談論卻不去同他談論，這是用沉默來試探對方以便取利，這些都是挖洞跳牆一類的行徑。」

朋友圈縱橫談

※ 蘇東坡

孟子認為聖人之道從不做鑽洞爬牆的事情開始，而那些鑽

洞爬牆的惡行是在與之談論或不談論後造成的。有人不想幹那些鑽洞爬牆的勾當，即便幹了這樣的勾當也不是成心的。從他們那不想做惡行的心去探求，那麼即使他曾鑽洞爬牆也可以不失為聖人。可以談論的人卻不跟他談論，不可以談論的人卻勉強去跟他談論，即便賢人君子也不免做這樣子的事情。用無法避免的過錯來衡量，那麼賢人君子有的時候大概也要被看作盜賊。這兩個方法，相互對立又能相互借鑒。

原文：

蘇子瞻曰：孟子則以為聖人之道始於不為穿窬，而穿窬之惡成於言不言。人未有欲為穿窬者，雖穿窬亦不欲也。自其不欲為之心而求之，則穿窬足以為聖人。可以言而不言，不可以言而言，雖賢人君子有不能免也。因其不能免之過而遂之，則賢人君子有時而為盜。是二法者，相反而相為用。

※ 楊復所

說到「人能夠把不受輕賤的實際言行推廣」，以及「用言語誘導（某人）」，「用沉默誘導（某人）」，按這樣的標準，那麼滿世界就都是鑽洞爬牆的人了。要不是孟子如此精闢的解說，誰能講得這麼透徹呢。這就是為什麼陶石簣把「去偷心」作為修學的要點。那些接受了禪家五戒，說絕不會犯偷盜罪的人，哪裏值得同他談論這些。

原文：

楊復所曰：說至「無受爾汝之實」及「以言餂」，「以不言餂」，則滿世界皆穿窬矣。非孟子精義之學，何以論至此。此陶石簣兢以去偷心為學也。彼漫受禪家五戒，而謂盜決不犯者，何足以語此？

言近章

孟子曰：「言近而旨遠者，善言也；守約而施博者，善道也。君子之言也，不下帶而道存焉；君子之守，修其身而天下平。人病捨其田而芸人之田 —— 所求於人者重，而所以自任者輕。」

＊ 譯文：

　　孟子說：「言語淺近，意義卻深遠的，這是『善言』；所操持的簡單，效果卻廣大的，這是『善道』。君子的言語，講的雖是常見的事情，可是『道』就在其中；君子的操守，從修養自己開始，然後去影響別人，從而使天下太平。有些人的毛病就在於放棄自己的田地，卻耕耘別人的田地 —— 要求別人的很多，對自己的要求卻很少。」

朋友圈縱橫談

※ 張　岱 ────────────────

　　過去認為這是同時抨擊兩種學說：「言近」這句是駁斥楊、墨學說，「守約」這句是斥逐以霸道得天下的做法。

原文：

　　舊說是兩平。「言近」句是辟楊、墨，「守約」句是黜伯功。

性反章

　　孟子曰：「堯舜，性者也；湯武，反之也。動容周旋中禮者，盛德之至也。哭死而哀，非為生者也。經德不回，非以干祿也。言語必信，非以正行也。君子行法，以俟命而已矣。」

✻ 譯文：

　　孟子說：「堯舜行仁德是出於本性，湯武經過修身來恢復本性然後力行。動作容貌無不合於禮的，是美德中極高的了。哭悼死者而悲哀，不是做給生者看的。依據道德而行，不致違禮，不是為着謀求官職。言語一定信實，不是為了要讓人知道我的行為端正。君子依章法而行動，結局如何就等待命運安排了。」

朋友圈縱橫談

※ 張侗初

　　德沒有聲音、沒有氣味，就是人的本性。禮，是本性沒有發露出來前中正的部分。哀，是本性發露出來時協調的部分。不回，不違背禮，是人們本具的正直。信，是沒有虛妄的真實。這些合起來就是性。

原文：

　　張侗初曰：德，以無聲無臭為主。性，體也。禮，是未發之中。哀，是已發之和。不回，是人生之直。信，是無妄之真。合之只一性。

※ 查伊璜

　　李漢在《〈昌黎先生集〉序》中説：「文者，貫道之器也。」把文章作為體現道的器物，可算是善於闡述韓愈之旨。我由此明白合乎禮儀這點，「動」這個字包羅的範圍很廣，可以涵蓋下面的三項（哀、不回、信），都歸於最高的德。蘇東坡認為仲尼一生專注治禮，沒有空去做其他的學問，正是這個意思。堯舜和他們之前的時代，還沒有《禮記》《周禮》這些書，但堯、舜的動作、容貌自然而然合乎禮儀，這難道不是本性使然嗎？

原文：

　　查伊璜曰：李漢以文為貫道之器，斯為善敘昌黎，因悟中禮一端，「動」字所該極廣，可包舉下三項，悉歸至德。子瞻稱仲尼一生治禮而不暇乎他，正屬此意。堯舜以前尚未有《禮記》《周禮》等書，放勳、重華動容自然中禮，豈非性之？

藐視章

　　孟子曰：「說大人，則藐之，勿視其巍巍然。堂高數仞，榱題數尺，我得志，弗為也。食前方丈，侍妾數百人，我得

志，弗為也。般樂飲酒，驅騁田獵，後車千乘，我得志，弗為也。在彼者，皆我所不為也；在我者，皆古之制也，吾何畏彼哉？」

＊ 譯文：

　　孟子說：「向諸侯進言，就得輕視他，不要把他高高在上的地位放在眼裏。殿堂的基礎兩三丈高，屋簷幾尺寬，我如果得志，不會這樣幹。菜餚擺滿桌，姬妾有幾百人，我如果得志，不會這樣幹。飲酒作樂，馳驅田獵，跟隨的車子千百輛，我如果得志，不會這樣幹。他所幹的，都是我所不會幹的；我所幹的都符合古代制度，那我為什麼要怕他呢？」

朋友圈縱橫談

※ 張汝霖

　　古往今來那些真正的英雄都是戰戰兢兢的，那些遊說之徒也有一些敢於藐視大人物來逞他們的勇武，那只不過是依仗俠氣罷了。至於孟子的浩然之氣，一旦猝然相遇，王公大人會喪失其貴，孟賁、夏育等猛士會喪失其勇，那必定是很不一樣的。

原文：

　　家大父曰：古來真正英雄皆從戰戰兢兢中來，彼遊說之徒亦有能藐大人而逞其雄者，要只是俠氣所使耳。乃孟子浩然之氣，有卒然遇之，王公失其貴，賁、育失其勇者，定自不同也。

　　孔子敬畏大人物，孟子藐視大人物，敬畏就不會驕傲，藐視則不會諂媚，都合乎中道。

原文：

　　陸庸成曰：孔子畏大人，孟子藐大人，畏則不驕，藐則不諂，中道也。

寡欲章

　　孟子曰：「養心莫善於寡欲。其為人也寡欲，雖有不存焉者，寡矣；其為人也多欲，雖有存焉者，寡矣。」

＊ 譯文：

　　孟子說：「修養心性的方法最好是減少物質欲望。如果一個人的為人，欲望不多，縱使喪失了一些善性，也不會多；如果他的為人，欲望很多，縱使保存了一些善性，也是極少的了。」

朋友圈縱橫談

※ 張　岱 _____

　　「養心」是「盡心」之後次一等的修養工夫。道家說：「不要顯露足以引起貪欲的物事，使人民的心思不被擾亂。」佛家說：

「心變得跟牆壁一樣屏絕外緣干擾，那就可以入道了。」也就是這章寡欲養心的主旨。

原文：

「養心」在「盡心」下一等工夫。道曰：「不見可欲，使心不亂。」釋曰：「心如牆壁，可以入道。」即此寡欲養心之旨。

※ 張元岾

愛好、欲望，紛紛擾擾，我們的心就沒有辦法安止於一處；減少欲望，養護心靈，就像水變清了，而魚卻肥了。

原文：

張元岾曰：嗜欲雜投，心無處所；寡欲養心，所謂水清而魚肥也。

羊棗章

曾晳嗜羊棗，而曾子不忍食羊棗。公孫丑問曰：「膾炙與羊棗孰美？」

孟子曰：「膾炙哉！」

公孫丑曰：「然則曾子何為食膾炙而不食羊棗？」

曰：「膾炙所同也，羊棗所獨也。諱名不諱姓，姓所同也，名所獨也。」

　　曾晳喜歡吃羊棗，曾子因而不忍吃羊棗。公孫丑問孟子：「炒肉末同羊棗哪一種好吃？」

　　孟子答道：「炒肉末呀！」

　　公孫丑又問：「那麼，曾子為什麼吃炒肉末卻不吃羊棗？」

　　答道：「炒肉末是大家都喜歡吃的，羊棗只是個別人喜歡吃的。就像避諱，只避諱名，姓卻不用避諱，因為姓是大家共用的，名卻是他一個人獨有的。」

朋友圈縱橫談

※ 張侗初

　　做人子女的，將父母雖死猶在這點念頭一直放在心裏，終生不忘，偶然見到某物就會被觸動。這裏特別借用羊棗這東西比擬，如果真去較真羊棗和炒肉哪個好吃，那就是把影子當作真實，離不忍心（惻隱、善）的源頭何止千里。曾子因為妻子藜飯沒有蒸熟，無法好好奉養父母而休妻。聯繫這章推斷，那麼就是父親曾晳愛吃羊棗，母親愛吃蒸藜飯。如此，曾子又會不忍吃蒸藜飯。

原文：

　　張侗初曰：人子如生如存這點念頭，終身不解，觸物偶動，特借羊棗形出，若計較羊棗膾炙，便認影作真，於不忍源頭何啻千里！曾子以蒸藜不熟出妻，然則曾晳嗜羊棗，而曾母嗜蒸藜也，曾子又當不忍食蒸藜。

　　曾參給瓜鬆土，不小心挖斷了瓜苗的根，父親曾皙大怒，揮起大木棒捶他的背，曾參被打得仆倒在地，過了一會才蘇醒。他爬起來走到曾皙跟前，臉上沒有任何不高興的表情，說：「剛剛我得罪了父親，父親用力打我，有沒有不舒服？」他回去後，又靠在房前彈着琴唱歌，讓曾皙聽到，以便知道他被打後身體安然無事，免得父親擔心。

原文：

　　曾參耘瓜，誤斬其根，曾皙怒，建大杖擊其背，曾子仆地，有頃乃蘇，欣然而起，進於曾皙曰：「向也參得罪於大人，大人用力教參，得無疾乎？」退而就房援琴而歌，令曾皙聞之，知其體康也。

反經章

　　萬章問曰：「孔子在陳曰：『盍歸乎來！吾黨之小子狂簡，進取，不忘其初。』孔子在陳，何思魯之狂士？」

　　孟子曰：「孔子『不得中道而與之，必也狂狷乎！狂者進取，狷者有所不為也』。孔子豈不欲中道哉？不可必得，故思其次也。」

　　「敢問何如斯可謂狂矣？」

　　曰：「如琴張、曾皙、牧皮者，孔子之所謂狂矣。」

「何以謂之狂也？」

曰：「其志嘐嘐然，曰：『古之人，古之人。』夷考其行，而不掩焉者也。狂者又不可得，欲得不屑不潔之士而與之，是狷也，是又其次也。孔子曰：『過我門而不入我室，我不憾焉者，其惟鄉原乎！鄉原，德之賊也。』」

曰：「何如斯可謂之鄉原矣？」

曰：「『何以是嘐嘐也？言不顧行，行不顧言，則曰，古之人，古之人。行何為踽踽涼涼？生斯世也，為斯世也，善斯可矣。』閹然媚於世也者，是鄉原也。」

萬章曰：「一鄉皆稱原人焉，無所往而不為原人，孔子以為德之賊，何哉？」

曰：「非之無舉也，刺之無刺也，同乎流俗，合乎污世，居之似忠信，行之似廉潔，眾皆悅之，自以為是，而不可與入堯舜之道，故曰『德之賊』也。孔子曰：惡似而非者：惡莠，恐其亂苗也；惡佞，恐其亂義也；惡利口，恐其亂信也；惡鄭聲，恐其亂樂也；惡紫，恐其亂朱也；惡鄉原，恐其亂德也。君子反經而已矣。經正，則庶民興；庶民興，斯無邪慝矣。」

✽ 譯文：

　　萬章問孟子：「孔子在陳國，說道：『何不回去呢！我鄉里的晚輩們志大而狂放，進取而不忘當初的志向。』孔子在陳國，為什麼思念魯國這些狂放之人？」

孟子答道：「孔子説過：『找不到不偏不倚、合乎道義的人相交，那一定只能結識狂放之人和狷介之士吧。狂放之人勇於進取，狷介之士有所不為。』孔子難道不想與不偏不倚、合乎道義的人結交嗎？不能一定得到，所以只想次一等的了。」

「請問，什麼樣的人才能叫做狂放的人？」

答道：「像琴張、曾皙、牧皮這類人就是孔子所説的狂放的人。」

「為什麼説他們是狂放的人呢？」

答道：「他們志大而言誇，嘴巴總是説：『古人呀，古人呀！』可是一考察他們的行為，卻和言語不相吻合。這種狂放之人如果又不可以得到，便想和不屑於做壞事的人來交友，這便是狷介之士，這又是次一等的。孔子説：『從我家大門經過卻不進我屋裏來，我也不覺得遺憾的，那只有鄉里的好好先生吧。鄉里的好好先生，是賊害道德的人呢。』」

問道：「什麼樣的人就可以叫他做鄉里的好好先生呢？」

答道：「這種人批評狂放之人：『為什麼這樣志氣高大呢？言語不能和行為相照應，行為也不能同言語相照應，就只會説古人呀，古人呀。』又批評狷介之士：『處事為什麼這樣落落寡合呢？』又説：『生在這個世界上，就要迎合這個世道，讓別人都説個好就是了。』曲意逢迎、四方討好的人就是好好先生。」

萬章説：「全鄉的人都説他是老好人，到處表現出是一個老好人，孔子竟認為他是賊害道德的人，為什麼呢？」

答道：「這種人，要指摘他，卻又舉不出什麼大錯誤來；要責罵他，卻也無可責罵的，他只是同流合污，為人好像忠誠老實，行為好像方正廉潔，大家也都喜歡他，他自己也以為正確，但是完全違背堯舜之道，所以説他是賊害道德的人。孔子説過，厭惡那種外貌相似內容全非的東西：厭惡狗尾草，因為

怕它混淆了禾苗；厭惡不正當的才智，因為怕它混淆了義；厭惡誇誇其談，因為怕它混淆了誠信；厭惡鄭國的靡靡之音，因為怕它混淆了雅樂；厭惡紫色，因為怕它混淆了正統的紅色；厭惡好好先生，就因為怕混淆了道德。君子使一切事物回到正道便行了。路子對了，老百姓就會奮發振作；老百姓奮發振作，就沒有邪惡了。」

朋友圈縱橫談

※ 張侗初

簡正是狂的好處，大道本來就易、就簡，它真率地流溢，不崇尚世上那些繁縟瑣屑的做法，這就是所說的簡而文，所以說：「富有文采，很值得看。」

原文：

張侗初曰：簡正是狂好處，道本易簡，真率而出，不效世之繁縟瑣屑，所謂簡而文也，故曰：「斐然成章。」

※ 王陽明

不修飾言論，這固然是狂放者的短處，但同時也是他們的優點，可見他們正大光明，完全不掩飾自己。

原文：

王陽明曰：不掩其言，固是狂者短處，是亦狂者好處，見其正大光明，全不自家掩護也。

※ 祝石林

　　狂放者得到了聖人的精神，狷介者得到了聖人的骨骼，鄉愿之人得到的只是聖人的皮毛。人們看人看皮毛，所以原諒鄉愿之人；聖人看人看神髓，所以把鄉愿視為賊害道德的人。

原文：

　　祝石林曰：狂者得聖人之神，狷者得聖人之骨，鄉愿得聖人之皮。眾人以皮相，故原之；聖人以神相，故賊之。

※ 楊復所

　　「其初」兩個字，最值得玩味，人類本來個個都是豪傑，個個都是聖賢，世上那無數的齷齪下流不長進的事情，都是後來增加進來的。現在我們不忘記當初，所以才能夠進取。如果一旦忘記了當初，就會把古代聖賢看作天上星辰，遙不可及，還敢上進以至於取代嗎？如果只是倚賴幾個狂放者、狷介者，踽踽獨行，恰又被鄉里的好好先生侮辱、譏嘲，能幹成什麼事情呢？企圖救世的君子之所以會想要結識狂放者、狷介者，正是希望我們這些人一起鼓舞普通民眾。普通民眾既然起來了，每個野夫、遊女都有志氣、骨力，則逢迎、諂媚的風氣就會跟雲霧一般消散，又何況那一兩個鄉里的好好先生呢？所以説，「這樣，就沒有邪惡了」。我們由此可知，現在人們奄奄不振，只是因為世上缺乏有大力量的君子。

原文：

　　楊復所曰：「其初」兩字，最可玩味，人之本來個個豪傑，個個聖賢，世上多少齷齪下流不長進之事，都是後來增入。今不忘其初，所以能進取也。若一忘其初，便視古人如天上矣，尚敢

進而取之乎？若靠幾個狂狷，潝潝踽踽，適遭鄉願侮慢，濟得甚事？救世君子所以思狂思狷，正要與吾黨共鼓舞庶民。庶民既興，野夫遊女皆有志氣骨力，那闒媚風氣，如雲霧之消散，何獨一二鄉願？故曰「斯無邪慝矣」。可知今日奄奄不振，只是世無大力君子。

※ 張　岱

> 通常說到「不屑」，都認為是看不過眼、不高興罷了。如果說「屑，就是潔」，那麼這話就變成了「不潔不潔」。理解得不對。
>
> 原文：
>
> 尋常說「不屑」，咸謂不愜氣耳。若云「屑，潔也」，則「不潔不潔」矣，未是。

道統章

孟子曰：「由堯舜至於湯，五百有餘歲；若禹、皋陶，則見而知之；若湯，則聞而知之。由湯至於文王，五百有餘歲，若伊尹、萊朱，則見而知之；若文王，則聞而知之。由文王至於孔子，五百有餘歲，若太公望、散宜生，則見而知之；若孔子，則聞而知之。由孔子而來至於今，百有餘歲，去聖人之世若此其未遠也，近聖人之居若此其甚也，然而無有乎爾，則亦無有乎爾。」

孟子說：「從堯舜到湯，經歷了五百多年，像禹、皋陶那些人，便是親身看見堯舜之道而知道的；像湯，便是只聽到堯舜之道而知道的。從湯到文王，又有五百多年，像伊尹、萊朱那些人，便是親自看見而知道的；像文王，便只是聽到而知道的。從文王到孔子，又有五百多年，像太公望、散宜生那些人，便是親自看見而知道的；像孔子，便只是聽到而知道的。從孔子一直到今天有一百多年了，離開聖人的年代如此之近，距離聖人的家鄉如此之近，卻沒有承繼聖人之道的人，那也就不會有繼承人了。」

朋友圈縱橫談

※ 張侗初

千古以來，聖人的道脈只是一個「知」字，一旦「知」了，也就通天徹地都清楚了，不通過心口傳播而通過道來延續，這裏是特別對當代異代的見道、聞道做點區分。其實，見而知道跟是否當面沒關係，聞而知道也跟是否親耳聽見沒關係，親身見到、聽到的知識有限，聖人通過心的傳承卻沒有窮盡。

原文：

張侗初曰：千古聖人道脈只是一「知」，「知」便徹天徹地，心口不傳而道以傳，特就當世異世分個見聞耳。其實見知不屬面承，聞知不關耳受；面承耳受之知有限，聖人傳心之知無窮。

※ 王陽明

聖人們本來沒有此心之外的訣竅，要通曉六經還需返歸自我來打掃心上的塵灰。又說：如今指點你本來面貌，那就是良知，不要懷疑。能有這個認識的，即便隔了幾千幾萬年，就依然像跟堯、舜、湯、文、孔子同處一室一樣。

原文：

王陽明曰：千聖本無心外訣，六經須拂鏡中塵。又云：如今指點真頭面，只是良知更莫疑。得此解者，則雖隔幾千萬歲，猶然若見堯、舜、湯、文、孔子於一堂。

※ 張　岱

堯傳舜，舜傳商湯，聽到過的有一個，見到過的一定有兩個。孟子領悟到這裏面的微妙大義，生出單絲不成線、孤掌難鳴的恐懼，於是這般說到。

這可以說是孟子一片憂危惕厲、懼道之不傳的苦心。因為他既然是私下學習的，又擔心自己不能參與這個道統的傳承而讓它幾乎斷絕。若是把這話當做孟子的自我承擔來對待，我覺得不對。

萊朱就是仲虺，他是商湯的左相。本是薛國的公子，因為做官的原因到了商朝。散宜生，是周文王四個重要臣子之一。呂尚因為有勇有謀做了將軍，散宜生則因文德出眾而當了丞相。

原文：

堯舜三傳，聞者一而見者必二。孟子領出微旨，覺單絲孤掌之懼，恍然言下。

此孟子一片憂危惕屬之心。蓋既以私淑，而又恐其不得與斯文道統幾絕也。作自任看者，吾不謂然。

萊朱即仲虺，為湯左相。蓋薛國之公子宦遊至商。散宜生，文王四臣之一也。呂尚有勇謀而為將，散宜生有文德而為相。

當才子遇上孟子

［明］張岱 著

陳麗 編譯

□ 責任編輯：王春永
□ 裝幀設計：高 林
□ 排　版：陳美連
□ 校　對：粟鐵英
□ 印　務：劉漢舉

出版　　中華書局（香港）有限公司
　　　　香港北角英皇道 499 號北角工業大廈一樓 B
　　　　電話：（852）2137 2338　傳真：（852）2713 8202
　　　　電子郵件：info@chunghwabook.com.hk
　　　　網址：http://www.chunghwabook.com.hk

發行　　香港聯合書刊物流有限公司
　　　　香港新界大埔汀麗路 36 號
　　　　中華商務印刷大廈 3 字樓
　　　　電話：（852）2150 2100　傳真：（852）2407 3062
　　　　電子郵件：info@suplogistics.com.hk

印刷　　美雅印刷製本有限公司
　　　　香港觀塘榮業街 6 號 海濱工業大廈 4 樓 A 室

版次　　2020 年 4 月初版
　　　　© 2020 中華書局（香港）有限公司

規格　　32 開（230mm×150mm）

ISBN　　978-988-8675-01-2